普通高校体育选项课系列教材

YOUYONG JIUSHENG JI
SHUISHANG YUNDONG

游泳救生及水上运动

李 华 编著

清华大学出版社
北 京

内 容 简 介

本教材对游泳救生及水上运动的相关内容进行了介绍，不仅包括游泳运动的概述、准备技术、各泳姿技术及现代水上技巧的相关知识，还涉及水上救生系统、游泳救生技术、救生员各项能力训练，并对游泳的卫生保健及游泳场馆制度方面的内容进行了阐述，能够让读者掌握游泳救生及水上运动的相关知识，适合高校师生及游泳运动爱好者使用。

本书封面贴有清华大学出版社防伪标签，无标签者不得销售。
版权所有，侵权必究。举报：010-62782989，beiqinquan@tup.tsinghua.edu.cn。

图书在版编目(CIP)数据

游泳救生及水上运动 / 李华 编著. —北京：清华大学出版社，2015(2022.7重印)
（普通高校体育选项课系列教材）
ISBN 978-7-302-39923-0

Ⅰ.①游… Ⅱ.①李… Ⅲ.①水上运动—救生—高等学校—教材 Ⅳ.①G861

中国版本图书馆 CIP 数据核字(2015)第 085580 号

责任编辑：王燊娉　胡花蕾
封面设计：赵晋锋
版式设计：周玉娇
责任校对：成凤进
责任印制：朱雨萌

出版发行：清华大学出版社
　　　　　网　　址：http://www.tup.com.cn, http://www.wqbook.com
　　　　　地　　址：北京清华大学学研大厦A座　　邮　编：100084
　　　　　社 总 机：010-83470000　　邮　购：010-62786544
　　　　　投稿与读者服务：010-62776969, c-service@tup.tsinghua.edu.cn
　　　　　质 量 反 馈：010-62772015, zhiliang@tup.tsinghua.edu.cn
　　　　　课 件 下 载：http://www.tup.com.cn, 010-62790226
印 装 者：北京富博印刷有限公司
经　　销：全国新华书店
开　　本：185mm×260mm　　印 张：17.5　　字　数：426千字
版　　次：2015年8月第1版　　印　次：2022年7月第7次印刷
定　　价：49.00元

产品编号：064692-02

丛书编委会

主　　编：赵志明

编　　委（按姓氏笔画排名）：

马　良	王彦旎	王晓旭	王晓军	王耀全
刘坤翔	刘积德	齐效成	孙　成	李　华
李明芝	何维彦	汪聚伟	沈　圳	迟永柏
张陶淘	张　鹏	陈志坚	苟小平	周　鹏
赵　蓉	侯邢晨	秦黎霞	高学锋	高淑艳
高　巍	郭玉洁	黄　荣	黄　艳	梁燕飞
屠建华	彭文军	覃兴耀	谢大伟	

丛 书 序

教育是立国之本,强国之基,没有优良的教育,一个国家就难以获得发展。在经济和社会的快速发展下,竞争日益加剧,而这种竞争逐渐演变为人才的竞争。在这一背景下,高等教育面临着培养全面型高素质人才的历史使命。而健康的体质是人才的基础,要培养合格的人才,高校必须重视体育教学。尤其是目前我国面临着国民体质日益下降的严峻形势,如何加强高校体育教育,进行体育教育改革,成为高校体育教育的重要工作。

我国对高校体育教育非常重视。《中共中央国务院关于深化教育改革全面推进素质教育的决定》中明确了体育教育工作的重要性,《全国普通高等学校体育课程教学指导纲要》也对体育课程进行了分析与定位,这些都为我国高校体育教育的发展指明了方向。高校体育教育要严格遵循"健康第一""以人为本""终身体育"的指导思想,以《全国普通高等学校体育课程教学指导纲要》为依据,遵循体育教育的客观规律,不断进行体育教育改革,提高体育教育质量,为实现培养全面人才的重任而努力。

高校体育教育的重要任务就是让学生获得体育运动的基本知识,掌握一两种体育锻炼的技能,从而促进自身身心健康与社会适应能力,增强体质,形成终身体育意识。基于这一任务,从高校体育教育与学生的实际情况出发,我们编写了《普通高校体育选项课系列教材》,包括《体育运动科学理论》《足球》《篮球》《排球》《乒乓球、羽毛球、网球》《健美操》《形体与体育舞蹈》《武术与养身》《跆拳道、散手及自卫防身术》《游泳救生及水上运动》《定向运动与野外生存》《休闲娱乐运动》等。

本套教材具有以下特点:

(1)内容丰富。本套教材根据高校体育教育的实际、学生体育学习的需要以及时代的发展要求,从庞大的体育系统中选择了一些对学生发展有利的、易于学生接受的、时代性强的内容进行讲解,既包含体育理论的相关知识,也包含体育运动项目的实践,编排全面、合理,能够满足高校体育教师教学与学生学习的需要。

(2)教育性强。本套教材在编写过程中突出教育性,不仅对学生进行体育文化的教育,还对学生进行体育实践的指导,更注重学生体育技能的掌握与体育意识的培养,体现出了体育在素质教育与人才培养方面的重要性。

(3)突出个性。本套教材在编写中严格遵守"以人为本"原则,内容选择上从学生的需要出发,讲解中考虑了学生的身心发展特征,并体现出了个体差异,有利于学生在学习过程中的个性培养,为终身体育奠定基础。

(4)实用性强。本套教材所选内容切合实际,编排上遵循人类认识的一般规律,语言通俗易懂,图文并茂,方便教师教学与学生学习,具有较强的实用性。

游泳救生及水上运动

本套教材在编写过程中吸收、借鉴了国内外专家和学者的研究成果与资料,并得到了清华大学出版社的大力帮助和支持,在此表示衷心的感谢。由于编写人员精力和水平有限,书中难免存在不妥之处,敬请广大读者批评指正。

赵志明

湖南科技大学体育学院教授

北京体育大学体育教育训练学博士

2015 年 1 月

前　言

　　游泳运动具有重要的健身价值,经常参加游泳运动能培养人良好的体能素质,同时还能起到改善形体的作用。发展到现在,游泳不仅成为一种广受大众青睐的健身运动,同时也是我国普通高校体育专业一门重要的专业课程。在游泳教学中,大学生要学习和掌握游泳的基本理论知识、基本技能,这对于促进我国游泳运动的普及和发展,推动全面健身计划的实施,形成"终身体育"的观念都具有重要的意义。

　　游泳运动的内容非常丰富,不仅包括竞技游泳、大众游泳和实用游泳等项目,同时还包括潜水、漂流、冲浪、帆板等各种水上运动项目。大学生参加这些项目的训练,不仅要掌握游泳的基本技能,同时还要充分了解游泳救生的基本知识与技能,这样才能降低游泳运动的风险,为自身安全提供必要的保障。正是基于此目的,特编写《游泳救生及水上运动》一书。

　　本教材共分为十章,第一章主要介绍了游泳运动的基本知识,包括游泳运动的发展历程、游泳运动的内容与分类、游泳运动的价值和功能,以及游泳组织与重大赛事等内容。第二章是游泳运动的准备技术,主要介绍了参加游泳运动前所需进行的准备活动以及基本的游泳技术。第三章主要介绍了蛙泳、爬泳、仰泳、蝶泳4种泳姿的基本技术,大学生可结合自身的特点及喜好选择适合自己的泳姿进行练习。第四章主要介绍了潜水、冲浪、漂流、皮划艇等水上运动项目,这些水上项目对参与者的技术要求较高,大学生要在熟练掌握其基本技术的基础上才能参加。第五章是关于水上救生系统及救生员要求的研究,主要介绍了水上救生系统是如何运作的,以及水上救生员的岗前要求等基本知识。第六章主要介绍了游泳救生的专项赴救技术,主要包括踩水技术、反蛙泳技术、侧泳技术、潜泳技术、观察与判断等技术。第七章介绍了游泳救生员的力量训练的基本知识,这对于希望将来从事游泳救生工作的大学生来说有一定的帮助。第八章为游泳救生员现场急救与心肺复苏技术,主要介绍了游泳救生员现场急救的原则、程序、基本技术、突发事故自救的方法等内容,这些都是作为一名游泳救生员所必须具备的知识与技能。第九章主要介绍了游泳救生的卫生与安全保障的基本知识,这些基本知识不仅是游泳救生员所需要具备的,同时大学生也要学习和了解。第十章主要介绍了游泳场馆的管理制度,不论是作为一名游泳场馆的管理人员还是游泳健身者,都需要了解和遵守游泳场馆的管理制度,以保证游泳运动过程中的安全,为游泳健身者提供一个良好的环境。

　　本教材内容丰富,涵盖的知识点比较全面,在吸收了其他同类教材优点的基础上,增加了一些实用性和趣味性较强的内容,能有效地提高学生学习的积极性。总之,本教材是一本适用于高校教学和游泳健身者运动的良好用书。

　　本教材在编写过程中,参考和借鉴了大量的有关游泳以及水上运动的书籍和资料,在此向有关专家和学者致以诚恳的谢意。由于时间和精力有限,不足之处在所难免,恳请广大读者批评指正。

李 华

海南师范大学体育学院

2015 年 1 月

目 录

第一章 游泳运动概述 ··· 1
第一节 游泳运动的发展历程 ·· 1
第二节 游泳运动的内容与分类 ·· 8
第三节 游泳运动的价值和功能 ·· 12
第四节 国内外游泳组织机构与重大赛事介绍 ···························· 17

第二章 游泳运动的准备技术 ·· 25
第一节 准备活动 ··· 25
第二节 熟悉水性练习 ·· 30
第三节 水中游戏的方法与要求 ·· 37
第四节 游泳运动出发技术 ·· 45
第五节 游泳运动转身技术 ·· 52

第三章 游泳运动各种泳姿及技术 ·· 59
第一节 蛙泳及技术 ·· 59
第二节 爬泳及技术 ·· 67
第三节 仰泳及技术 ·· 72
第四节 蝶泳及技术 ·· 76

第四章 现代水上运动技巧 ··· 85
第一节 潜水运动 ··· 85
第二节 冲浪运动 ··· 91
第三节 漂流运动 ··· 94
第四节 皮划艇运动 ·· 102
第五节 摩托艇运动 ·· 108
第六节 帆板运动 ··· 112

第五章 水上救生系统及救生员要求 ··· 119
第一节 水上救生活动系统及其运行分析 ································· 119
第二节 水上救生员岗前要求 ··· 123

第六章　游泳救生员专项技术 ……………………………………………… 127
第一节　踩水技术 …………………………………………………… 127
第二节　反蛙泳技术 ………………………………………………… 132
第三节　侧泳技术 …………………………………………………… 136
第四节　潜泳技术 …………………………………………………… 141

第七章　游泳救生员力量训练 …………………………………………… 149
第一节　游泳救生员的科学力量训练 ……………………………… 149
第二节　游泳救生员力量训练方法 ………………………………… 157
第三节　游泳救生员力量训练技术动作 …………………………… 167

第八章　游泳救生员现场急救与心肺复苏技术 ………………………… 179
第一节　现场急救原则 ……………………………………………… 179
第二节　现场急救常规程序 ………………………………………… 180
第三节　现场赴救技术 ……………………………………………… 189
第四节　紧急心肺复苏技术 ………………………………………… 202
第五节　突发事故自救的方法 ……………………………………… 210

第九章　游泳运动卫生保健与安全 ……………………………………… 215
第一节　游泳卫生常识 ……………………………………………… 215
第二节　游泳安全常识 ……………………………………………… 218
第三节　游泳场所安全工作程序 …………………………………… 221
第四节　天然游泳场的安全注意事项 ……………………………… 226
第五节　游泳场馆游泳安全保障 …………………………………… 229

第十章　游泳场馆管理制度 ……………………………………………… 235
第一节　游泳池与训练设备 ………………………………………… 235
第二节　游泳水质处理与卫生管理 ………………………………… 244
第三节　游泳池保养与维修 ………………………………………… 249

附　录　游泳场所卫生规范 ……………………………………………… 261

参考文献 …………………………………………………………………… 267

第一章　游泳运动概述

学海导航

游泳运动是作为一种生存技能而产生和发展起来的，游泳是人在水里凭借肢体的动作同水相互作用而进行的活动技能。学习游泳运动知识有利于大学生更加系统、全面地认识游泳运动，对大学生提高体育素养具有非常重要的意义。本章主要介绍游泳运动的发展历程、内容与分类、价值功能以及国内外游泳组织机构与重大赛事等游泳基本知识。

第一节　游泳运动的发展历程

一、游泳运动的起源

（一）游泳运动的萌芽

作为一种生产生活方式，游泳是在古时人们的生产生活实践中逐渐形成的。在距今大约400万年前，地球上就出现了最早的人类。追溯历史，人们可以发现，游泳产生于居住在江、河、湖、海一带的原始群落。古人类在布满了江、河、湖、海的地球上生活，不可避免地要与水打交道。人们依山打猎，傍水捕鱼，为了寻觅食物，躲避猛兽的侵袭，不得不跋山涉水。当时，生活在这里的人们通过观察和模仿鱼类、青蛙等动物在水中游动的动作，逐渐学会了游泳。

在人类早期，无论是为了生存时的逃避猛兽、捕猎，还是必要时的自救，游泳都是一门重要的求生技能。毫无疑问，游泳是人类最古老的生存手段之一。

（二）游泳运动的产生

作为一项运动，游泳运动产生的具体时间不详，可考证的国内外游泳运动的产生具体如下。

据考古显示,在古罗马时期,已经有了专供贵族们娱乐消遣的巨大浴场。古罗马卡拉卡拉大浴池遗址至今仍然存在。据悉,该浴池建于公元188—217年,气势恢弘,其中心处冷水浴池长达70米。

在我国,古时人们的游泳活动内容十分丰富,且形式多样,是人们生活的重要组成部分。在考古发现的距今5 000多年的中国古代陶器上,雕刻着人类潜入水中猎取水鸟的图案。在我国古代的一些艺术珍品中,也可以看到游泳活动的场面。如敦煌壁画上就有游水者出没起伏于莲花池中的图案,形象简练优美,动作舒展有力。夏禹治水时期,我国劳动人民在与洪水搏斗的过程中就已发明了不少泅水的方法。约在2 500多年前,我国的第一部诗歌总集《诗经》中就有了关于游泳活动的记载。《诗经·邶风·谷风》中有"就其浅矣,泳之游之"的诗句。这里,潜水而行叫"泳",浮水而行叫"游",两字合起来便成为后来的"游泳",说明当时人们就能够利用游泳技术来克服江河的天然屏障了。由此可见,这一时期的游泳已经逐渐脱离生产,成为一项正式的身体运动形式。

二、游泳运动的普及

古代游泳运动得以普及与军事有着密切的联系,不同阶级、国家、地区之间的战争促进了古代游泳运动在普通百姓间的普及。

(一)古代游泳在军事上的应用

在人类历史长河中,游泳最初是作为生产和军事上的特殊技能而受到重视的,而生产和军事的需要又反过来促进了游泳技术的发展。在阶级社会中,早期的游泳运动被视为贵族子女教育及士兵训练的一个重要部分。直至18世纪末期,工人阶级参与游泳的时间及机会增多后,游泳才开始成为一种普及的运动。

随着国家的出现,古时各国之间发生格斗和战争时,除了战车、骑士短兵相接外,也利用水作为攻战的手段,或利用泅泳潜行破坏敌人的防守,用泅泳配合陆上步兵和骑上作战达到获胜的目的。于是,游泳在封建割据中被各国用来作为训练水军的手段。

据我国史料记载,早在氏族社会末期,共工氏等就将水作为氏族间斗争的手段。进入封建社会后,各国建立水军、楼船军,如:"周师攻吴寿州,吴人大发楼船蔽川而下,泊于濠泇,周师颇不利,张永德使习水者没其船下,系以铁链,急行轻舟事之,吴人船不得进退,溺者甚众,于巨舰数十,永德解金带赏习水者。"公元前482年,吴王夫差两败齐国,大会诸侯于黄池,自居盟主,越王勾践则乘虚攻入吴国,越水师自海道入淮绝吴归路,雪耻复越。秦汉以后,在一些史书中有关修建训练基地、建设和教习水军设立官衔的记述就更多了。

由此可见,自古以来游泳在军队中就占有极为重要的位置,被统治者用来作为克敌制胜的重要手段。

(二)古代游泳在民间的流行

我国有着几千年的发展历史,古代游泳运动在我国民间的发展更具有代表性,具体如下。

首先,游泳的普及与人们的生产生活是分不开的。在我国的春秋战国时期,人们经常游泳猎取水中动物。《庄子·秋水》云:"水行不避蛟龙者,渔夫之勇也……"可见当时渔夫已经具有很高的游泳技能。《庄子·达生》中记载了孔子游历吕梁遇到一个游泳高手的故事,当泳者被问及游泳诀窍时,答"从水之道,而不为私焉。此吾所以蹈之也"。意思是说,遵循水的规律,而不以自己的主观意志为转移,这是我出没于波浪之中的奥秘。可见,当时的人们不仅已经掌握了高超的游泳技术,而且懂得了只有遵循水的客观规律才能真正获得水中自由这一深刻的道理。

其次,游泳最初成为游戏活动是和沐浴分不开的,隋、唐以来,统治者还专门设立了水殿,以进行游泳、水秋千、抛水球等水嬉活动,这类活动在宋朝更是盛况空前。

最后,游泳和划船竞渡也有着密切的联系。宋史《礼志》中有:"太宗淳化三年三月,幸金明池命为竞渡之戏,掷银瓯于波间,令人泅波取之,因御船奏教坊乐,岸上都人纵观者万计……",还记有"尔期惟仲夏节次端午,则大魁分曹,决胜河浒,饰画舸以争丽,建彩标而竞取……于溟渤掇弄以潜骇恒游泳而下逸……"。意思是说,在划船竞渡时,投掷银瓯于水中,由善泳者入水取之,划船时有人顺流而游,动作十分惊险。北宋时期,游泳运动具有广泛的群众基础。据《宋史·礼记》载,宋太宗赵炅于公元976年曾下令在开封城引金河水"筑金明池",大练水军。后来金明池亦成为水嬉的场所。赵炅曾"亲临金明池,命为竞渡之戏,掷银瓯于波间,令人泅波取之。……岸上都人纵观者万计"。据北宋孟元老所著《东京梦华录》载,宋徽宗赵佶常常到水殿观看表演。北宋文学家苏轼在《日喻》一文中曾写道:"南方多没人,日与水居。七岁而能涉,十岁而能浮,十五而能没矣。"宋末的周密在《观潮》一文中,也生动地描写了钱塘江弄潮儿踩水戏波的壮丽场景:"吴儿善泅者数百,皆披发文身,手持十幅大彩旗,争先鼓勇,溯迎而上,出没于鲸波万仞中,腾身百变,而旗尾略不沾湿,以此夸能。"

总之,从文献记述中可以看出,古代人们的游泳技术已经达到了相当娴熟、高超的水平,并在长期的实践中不断创造和发展了各种各样的游泳技术和泅水方法(如狗爬式、寒鸭浮水、扎猛子(潜水)、扁担浮(踩水)等),至今仍在民间广泛流传。

三、游泳运动的发展

(一)世界游泳运动的发展

现代游泳运动起源于英国。17世纪60年代,英国不少地区的游泳活动就开展得相当活跃。18世纪初传到法国,继而成为风靡欧洲的运动。1828年,英国在利物浦乔治码头修造了第一个室内游泳池,这种泳池到19世纪30年代,在英国各大市城相继出现。

随着生活条件的提高,人们越来越注重健康,而游泳场馆良好的环境也促使游泳成为人们喜爱的健身活动,成为老少皆宜的体育项目之一。

现代游泳运动在世界的发展主要表现在竞技游泳运动的发展上。竞技性游泳活动几乎是紧随着娱乐性游泳活动的产生而产生的,是娱乐性游泳的发展与提高。就时间来划分,竞技游泳运动的发展与演变历程具体如下。

1. 近代竞技游泳运动的发展

世界近代竞技游泳运动大约开始于19世纪初期,首先在英国等工业发达国家中发展起来。19世纪中期,在英国和澳大利亚等国出现了近代游泳,并随之逐渐发展起来。

1828年,英国在利物浦乔治码头修造了第一个室内游泳池,这种泳池到19世纪30年代,在英国各大城市相继出现。

1837年,在英国伦敦成立了第一个游泳组织,同时举办了英国最早的游泳比赛。

1869年1月,在伦敦成立了大城市游泳俱乐部联合会(现英国业余游泳协会前身),游泳作为一个专门的运动项目正式固定下来,并随之传入各英殖民地,继而传遍全世界。

2. 现代竞技游泳运动的发展

现代竞技游泳运动的发展,是以奥运会游泳比赛作为其显著标志的。历届奥运会比赛中游泳运动的发展具体如下。

1894年6月16日,国际奥林匹克代表大会在巴黎召开时,游泳被列为奥运项目之一。1896年,第1届奥林匹克运动会在希腊举行,游泳运动被列为竞赛项目之一,设有男子100米、150米和1 000米自由泳3个项目。以后又陆续增加了仰泳、潜泳(后来改为蝶泳)、蛙泳和接力等项目。

1900年,第2届奥运会在法国巴黎举行,该次奥运会比赛中增加了仰泳的比赛项目。1904年在美国圣路易举行第3届奥运会时,又增加了蛙泳比赛的项目。

1908年,在英国举行第4届奥林匹克运动会时,成立了国际业余游泳联合会,审定了各项游泳的世界纪录,并确定了国际游泳比赛规则。从此,世界竞技游泳运动有了一个权威性的管理机构和统一的规范。

1912年,在瑞典斯德哥尔摩举行第5届奥林匹克运动会时,又把女子游泳列为比赛的项目。但当时只有100米自由泳和4×100米自由泳接力两项。在奥运会上,游泳是最早设置女子比赛的项目。前5届奥运会中,游泳的优势国家是德国、英国、美国,分别夺得9、7、6枚金牌;匈牙利和澳大利亚也在强国队伍中占一席之地,各得4枚金牌。这一阶段在竞赛中取胜,主要靠游泳技术的改进。

从1920年第7届奥运会到1936年第11届奥运会,大部分游泳金牌都被未受第一次世界大战战火波及的美国和日本夺走。美国获得男子16块、女子14块金牌;日本获得男子9块、女子1块金牌。日本在1932年和1936年的两届奥运会上,实力超过美国,成为当时的世界第一。其他国家则成绩平平,只有荷兰女子尚有较佳表现,共获得5项桂冠。这一阶段,蛙泳技术的改进和创新十分活跃;速度训练受到重视,以变速游为主的训练方法取得了很大的成功。

发展至20世纪30年代,一些运动员在传统蛙泳的基础上创造了蝶泳技术,造成一段时间内在蛙泳比赛中传统蛙泳与蝶式蛙泳同池竞技的局面。到1952年第15届奥运会时已经确定了自由泳、仰泳、蛙泳、蝶泳4种泳式,游泳已成为奥运会上令人瞩目的大项之一。在1952年第15届奥运会后,国际泳联决定把蛙泳和蝶泳分开,作为两个独立的项目进行比赛。至此,现代竞技游泳的泳式演化基本完成,形成了以爬泳、仰泳、蛙泳、蝶泳4种泳式为基本技术的游泳竞赛项目群。

第二次世界大战之后,从1948年第14届奥运会到1964年第18届奥运会,游泳比赛的项目和参加比赛的运动员都逐届增多。这一时期,澳大利亚异军突起,成为世界泳坛的一支劲旅,奥运游泳金牌的竞争主要在美国和澳大利亚之间进行。美国获得男子22块、女子14块金牌;澳大利亚获得男子13块、女子5块金牌。这一阶段,各项技术的发展很快,出现了许多技术流派。训练方法借鉴了田径成功的间歇训练法,训练手段越来越丰富。

从1968年第19届奥运会到1988年第24届奥运会,世界竞技游泳运动全面发展、游泳训练逐渐走上科学化道路的阶段。在这一阶段,美国游泳仍然占很大的优势,共取得男子45块、女子34块金牌。

游泳运动的快速发展使得各种游泳赛事应运而生,从1971年开始,每两年举行一次世界游泳锦标赛,包括竞技游泳、跳水、水球、花样游泳等项目。此外,国际游泳联合会还决定举办两年一度的世界杯游泳比赛,以保证每年都有一次大型世界游泳比赛。现在的世界性的游泳大赛有4年1届的奥运会游泳比赛,也有4年1届与奥运会间隔进行的世界游泳锦标赛,还有2年1届的世界短池游泳锦标赛和每年都举行的世界短池游泳系列赛。这些重大比赛,促进了各国运动员之间的交流,推动着世界竞技游泳运动不断向前发展。

随着世界游泳运动技术水平的迅速提高,参加竞技游泳运动的人数不断增加,游泳运动员的选材、教学训练和场地器材设备,逐步向现代化、科学化发展。从1992年第25届奥运会到2004年第28届奥运会,游泳金牌之争愈演愈烈。世界泳坛格局发生了重大变化,出现了多极化趋势,由少数几个国家垄断金牌的局面开始为较多国家共同瓜分金牌的局面所取代。当前,现代科学理论和科学技术在游泳选材、训练、竞赛等方面的广泛应用,推进了游泳运动训练的科学化,这是现代竞技游泳水平迅速提高的主要原因。游泳技术的完善,训练方法和手段的更新以及高科技的应用,使得各国运动员的游泳成绩迅速提高,世界纪录一次又一次被刷新。2014年12月3日至7日,第12届国际泳联短池游泳世锦赛在卡塔尔多哈举行,共有来自世界各地的约900名选手参赛,在本届赛事中,共有23项世界纪录作古,中国队以2银1铜排在奖牌榜第19位。

当前,随着世界竞技游泳运动的水平不断提高,各项游泳世界纪录不断被打破。总体来说,欧美等国仍是游泳强国,我国游泳运动的水平正在迎头赶上,许多大赛中也时有不俗的表现,世界泳坛竞争激烈。

(二)我国游泳运动的发展

1. 群众性游泳活动的发展

群众性游泳活动在我国的开展有着独特的优势。自古以来,游泳运动就是我国广大人民

游泳救生及水上运动

群众喜爱的运动项目之一。一方面,游泳运动自产生起就有浓郁的群众特色,而我国人口众多,参与游泳的人口也较多;另一方面,我国具有开展游泳运动的优越的地理环境,我国有着18 000千米长的海岸线,还有5万多条江河、8万6千多个湖泊和水库,陆地上江、河、湖、库的总面积更是多达20万平方千米,这些天然水域为我国广大城乡群众参与游泳活动提供了有利的条件。

20世纪30年代,中国共产党在自己领导下的苏区和解放区里,即使在炮火连天的岁月,也十分重视开展群众性游泳活动。抗日战争时期,延河被当成了"天然游泳池",突出在清凉山下的石崖成了练习跳水的跳台。延安体育会经常组织游泳辅导活动。许多机关、学校和部队也经常组织各种形式的游泳比赛。在1942年举行的"九一"扩大运动会上,除了有自由泳、蛙泳比赛外,还有骑兵武装渡河、步兵武装渡河、水中寻物、水中救人、潜水、跳水等表演活动。

新中国成立后,在党和政府的领导下,为了实现体育强国的美好愿望,同时为了增强人民体质,我国体育运动发展态势良好,游泳运动取得了较快的发展。

20世纪60年代初,毛主席就向全国人民发出了"游泳是同大自然作斗争的一种运动,你们应该到大江大海去锻炼"的号召。同时,毛主席身体力行,多次横渡长江,极大地鼓舞了全国人民参与游泳活动的热情。当时,在全国范围内凡是有水域的地方,每到游泳季节,都有大批的人群前去游泳。一时间,全国范围内兴起了游泳活动的热潮,各种群众性游泳活动不断兴起。

20世纪90年代以后,随着《全民健身计划纲要》的颁布和实施,我国掀起了全民健身、参与体育活动的热潮。广大群众积极参与体育健身活动,认识到参与体育运动不仅是为了提高全民族的体质水平,而且也是丰富自身生活内容、提高自身生活质量和健康水平的需要。游泳运动以其自身的健身优势和独特的运动魅力受到了广大人民群众的喜爱,再加上游泳运动适合各种年龄的人群,健身健美效果极佳,预防疾病作用明显,更由于近些年我国游泳条件有了很大的改善和发展,新开辟了大批天然内陆湖、水库泳场和沿海海滨浴场,新建了大批人工游泳池、馆,在全民参与体育的热潮中,群众性游泳活动迅速普及和发展起来。

1997年以后,为了宣传和开展群众性游泳活动,我国相继成立了各级游泳运动管理中心及其下属专业组织,如游泳救生委员会、成人游泳委员会、游泳装备委员会、游泳池馆委员会、冬泳委员会等。上述游泳组织的成立和健全,对群众性游泳活动的开展起到了很好的推动和指导作用。

1998年,国家体育总局颁发了《全民健身游泳锻炼标准》。该标准面向全体国民,适用于任何年龄的人群,分男女各设4个级别,分别为高级(一级)、中级(二级)、初级(三级)和普及级(四级)。游泳爱好者凡通过达标考核或比赛,其成绩达到相应标准者,可同时取得多项多级别证书、证章,获得相应称号。该标准和办法实施以来,全国各地掀起了游泳达标热。该标准的推行,对提高群众游泳的技术水平和层次,激励广大游泳爱好者参与游泳锻炼,起到了积极的促进作用。

为了促进我国体育的产业化发展,同时,也为了适应现代人的游泳健身需求,我国各级体育部门不仅定期举办了各种层次的"游泳教员培训班""游泳救生员培训班""游泳池馆水处理培训班"等,而且还依托社会的力量,定期举办了"公开水域游泳比赛""成人分龄游泳比赛""冬泳比赛"等。这一系列培训与比赛也有效地激发了广大游泳爱好者的热情,在推动游泳运动发展的同时,也对提高我国人民群众的整体运动素质具有十分重要的意义。

新时期,寻求体育事业的可持续发展成为一个重要的课题,在游泳方面,我国因地制宜地开展"游泳之乡""先进游泳池馆"评选活动。自1983年起,每3年评选一次,至今已评选了5批。该项活动始终把社会效益以及是否对推动群众性游泳活动产生积极影响放在评选标准的首位,对促进地方游泳场馆建设,为我国地方游泳大众健身服务、进一步推动我国群众性游泳运动的发展起到了积极的促进作用。

2. 我国竞技游泳运动的发展

(1)新中国成立前竞技游泳的发展

从1896年起,包括竞技游泳在内的欧美体育运动开始在我国传播,主要在香港、广东、福建、上海、天津、青岛、旅大等少数沿海省市有所开展,尔后逐渐扩展到内地。但技术低,发展缓慢。

1887年,广州沙面修建了中国第一个室内游泳池,开始了我国近代的游泳竞赛活动。

1896年,国际奥林匹克运动恢复,欧洲体育运动发展很快。但亚洲各国尚未参加。1912年由菲律宾发起,中国、日本、菲律宾3国参加的远东运动会,每两年举行一次,竞赛项目有田径、球类和游泳3项,这是我国第一次参加在国外举行的国际游泳比赛。

1913年,我国参加了在菲律宾马尼拉举行的第1届远东运动会,这是我国参加国际游泳竞赛活动的开端。

1915年,在上海举办的第2届远东运动会上,我国游泳运动员在9个项目的比赛中获得5项冠军,这对我国游泳运动的开展起了一定的促进作用。在以后的几届远东运动会上,我国运动员的成绩都不理想。到1934年第10届远东运动会后,为抗议日本帝国主义侵占我国东北,我国拒绝参加远东运动会,因而远东运动会自行解体。

由于我国在1915年第2届远东运动会上的胜利,游泳运动更引起人们的兴趣,各地出现了很多游泳运动爱好者的组织:如香港的南华游泳会、华人游泳会、中华体育会等,广东的南华、东山水体会,还修建了不少游泳池,为开展游泳运动提供了必要的物质条件,部分省市和地区举办运动会时,增设了游泳项目的比赛,推动了游泳的发展。

1920年,国内的游泳比赛开始增设女子项目。随着游泳运动的逐步发展,一些游泳团体(如域多利游泳会、华人游泳会、南华水体会、东山水体会等)相继成立。"中国游泳研究会"也于1924年成立。自1925年第7届起,由中华全国体育协进会负责选拔工作、参加选择的有华南、华东、华中、华北等地的运动员。从那以后,华东、华北及中南各地区的竞技游泳活动逐渐兴起,我国的竞技游泳水平已有了一定的进步。

旧中国共举办过7届全国运动会。从1924年第3届全运会起均设有游泳比赛项目。但由于旧中国贫穷落后,游泳运动不可能得到广泛的开展。作为一个竞赛项目的游泳,也只局限于沿海城市,运动技术水平很低。大部分游泳比赛项目的成绩停留在20世纪30年代的水平。

(2)新中国成立后竞技游泳的发展

新中国成立后,党和人民政府十分重视游泳运动的发展,将游泳列入全国重点运动项目,促进全国广大城乡群众性游泳运动蓬勃发展。随着群众性游泳活动的广泛开展,各级各类的训练网点不断建立,竞赛制度逐渐完善,我国游泳运动水平迅速得到提高。

1953年,在莫斯科举行的第1届世界青年联欢运动会的游泳比赛中,我国游泳运动员吴传玉获得男子100米仰泳冠军,这是新中国获得的第一个国际游泳比赛冠军。1957年至1960年间,我国著名运动员戚列云、穆详雄、莫国雄3人,先后5次打破男子100米蛙泳世界纪录。

20世纪80年代后,我国的游泳水平显著提高,尤其是女子短距离项目,多次在世界大赛上夺得冠军。

20世纪90年代以来,我国游泳运动员取得的成绩震撼了世界泳坛,令世界刮目相看。1992年在巴塞罗那奥运会上,庄泳、钱江、林莉、杨文意分别获得女子100米自由泳、100米蝶泳、200米混合泳、50米自由泳冠军,乐靖宜在亚特兰大奥运会上获女子100米自由泳冠军;1993年12月,首届世界短池游泳锦标赛,我国夺得包括接力在内的10个项目的金牌,刷新9项世界纪录,成绩辉煌。

进入21世纪以后,我国游泳运动员在国内外赛事中都表现出了良好的竞技状态,并不断创造和刷新世界游泳纪录,我国竞技游泳运动水平发展迅速。

知识拓展

泳坛新秀——宁泽涛

1993年出生,是中国人民解放军海军游泳队运动员,主攻短距离游泳,强项为自由泳。是50米和100米自由泳亚洲纪录的保持者,他肌肉线条好,每划力量好,心理素质顽强,具备世界优秀短距离选手的品质,是新一代游泳新秀,更被誉为"全民偶像"。

第二节 游泳运动的内容与分类

一、游泳运动的内容

游泳历史悠久,在其长期的发展历程中不断得到丰富。目前,游泳运动内容丰富、形式多样,它将水浴、空气浴、日光浴3者很好地结合起来,对增强体质、陶冶情操、丰富生活、促进身心全面发展具有很好的作用。从古至今,游泳一直备受人们青睐,尤其为广大青少年儿童所喜爱。

具体来说,可以从以下几个方面来认识游泳运动的内容。

首先,游泳在人们的生活中,在生产和军事上,都有广泛的应用。游泳运动的内容是随着人类社会的发展、社会生产力的提高以及人们对文化娱乐生活的不断追求而发展变化的。游泳是人类在长期与大自然的斗争中逐步形成的,具有实用价值。

其次,游泳还是竞技体育的一类大项目,在重大比赛中,游泳运动的发展水平会直接影响一个国家在世界体坛上的地位。发展到现在,在竞技体育的推动下,竞技游泳逐渐成为游泳运动的最高级形式,具有广泛的影响力。

再次,游泳是一项娱乐性较强的体育活动形式。当游泳以娱乐性体育的身份出现时,游泳又成了满足人们精神文化生活需要的一种体育形式。

最后,就高校体育教育来讲,游泳是普通高等学校体育专业的一门重要专业课,也是非体育专业学生十分乐于选修的体育课程。系统地掌握游泳的基础理论、基本知识和基本技能,对于顺利开展游泳教学、训练,促进学生身心的全面发展,卓有成效地组织群众性游泳活动和游泳竞赛,推动我国游泳运动的普及与提高意义重大。

二、游泳运动的分类

游泳历史悠久,在其长期的发展过程中形成和衍生出多个种类。目前,游泳运动已经出现了多种多样的运动姿势,这些运动姿势都是人们在运动中逐渐摸索并经过实践验证的。其中,有的运动姿势是因模仿动物的动作而得名,如蛙泳、狗爬泳、蝶泳、海豚泳等;有的运动姿势是按人体在水中的姿势而得名,如仰泳、侧泳等;有的运动姿势则是按动作的形象而得名,如爬泳、踩水等。

根据游泳活动的直接目的,可以将游泳的内容归纳为竞技游泳、实用游泳和大众游泳3大类(图1-1)。除此之外,游泳还包括冬泳、长途游泳(10公里以内5公里以上)、马拉松游泳(10公里以上),跳水、水球、花样游泳、水中健身操等项目,各个项目都有具体的比赛规则。本书涉及的游泳项目主要是竞技游泳、实用游泳和大众游泳3大类。

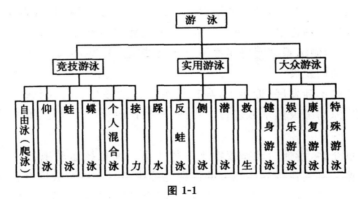

图1-1

不同种类的游泳运动及其发展主要表现如下。

(一)竞技游泳

竞技游泳是游泳运动的重要组成部分,具体是指具有特定的技术规格,并按游泳竞赛规则进行比赛的游泳运动项目。大部分游泳竞赛都是在游泳池中进行的。比赛用的标准游泳池有50米池(长池)和25米池(短池)两种,运动员在两种游泳池中创造的游泳纪录是独立的,都得到承认。

竞技游泳一经出现就受到了广泛的关注,经过一个多世纪的发展,竞技游泳的内容不断充实和丰富。目前,根据国际游泳联合会的规定,正式的游泳竞赛项目共6类,主要包括自由泳、仰泳、蛙泳、蝶泳、个人混合泳和游泳接力,每一类又按比赛的距离分成若干个小项目。其中,个人混合泳的泳式顺序依次是蝶泳、仰泳、蛙泳、自由泳。接力项目又分为自由泳接力和混合泳接力,混合泳接力的泳式顺序依次是仰泳、蛙泳、蝶泳、自由泳。目前,列入世界纪录的竞技游泳项目总共有46项,男、女各23项(表1-1)。大部分项目为长、短池所共有,但有少数几个项目仅限于短池。游泳竞赛的项目可由竞赛的组织者根据竞赛的性质、任务、规模、条件等具体情况来确定,但大型竞赛的项目一般是相对固定的。

表1-1 竞技游泳项目

泳式	距离/米					
自由泳	50	100	200	400	800	1 500
仰泳	50	100	200			
蛙泳	50	100	200			
蝶泳	50	100	200			
个人混合泳	100	200	400			
接力	4×50自由泳;4×100自由泳;4×200自由泳;4×50混合泳;4×100混合泳					

注:100米个人混合泳、4×50米自由泳接力、4×50米混合泳接力只限于25米池。

当前,世界性游泳大赛主要有奥运会游泳比赛、世界游泳锦标赛、世界短池游泳锦标赛以及世界游泳短池系列赛。其中,奥运会游泳比赛每4年举办一届,影响力十分广泛;世界游泳锦标赛始于1973年,目前也是4年举办一届,与奥运会间隔进行;世界短池游泳锦标赛则是两年举办一届,世界短池游泳系列赛每年都举行。这些重大比赛,促进了各国运动员之间的交流和世界竞技游泳运动的发展。

随着竞技游泳的不断发展,近年来,马拉松游泳日渐盛行。马拉松游泳的比赛距离为10公里,通常在湖泊、海湾等天然水域进行。目前,马拉松游泳广受欢迎,而且已经被列为正式的比赛项目。

竞技体育项目众多,游泳运动是仅次于田径的第二大竞技运动项目,因此,一个国家的游泳水平的高低直接关系其在世界体坛上的综合地位排名。一些竞技体育整体实力并不突出的国家在奥运会的激烈竞争中能在金牌总数前10强中站稳脚跟,其重要原因是这些国家的游泳水平较高,有一定的夺取金牌的实力。以2000年在澳大利亚的悉尼举办的第27届奥运会为例,澳大利亚共夺得16枚金牌,位居金牌榜第4位,其中游泳项目就夺得5枚金牌,占其金牌总数的31.3%。荷兰共夺得12枚金牌,金牌数位列参赛国第8位,其中游泳项目也夺得5枚金牌,占其金牌总数的41.7%。再如,美国在游泳项目上所具有的明显优势,就保证了其在历届奥运会上金牌总数的领先地位。在第28届奥运会上,美国队共夺得35枚金牌,金牌数位列参赛国之最,其中游泳就夺得了12枚金牌,占其金牌总数的34.3%。这也是世界上许多国家和地区都将游泳作为重点发展的体育运动项目的重要原因所在。同样,我国也非常重视游泳运动的发展。

(二)实用游泳

实用游泳是一类专门技能,具体是指直接为生活、生产或军事服务的游泳技术。当前的实用游泳主要包括踩水、反蛙泳、侧泳、潜泳和救生等,在泅渡、水下作业、水上救生、水中科学考察等方面有着广泛的应用。

顾名思义,实用游泳更强调实用性。在游泳运动中,蛙泳、爬泳等竞技游泳技术虽不归入实用游泳的行列,但在实际上也常被用于实现各种实用目的。例如,泅渡常采用蛙泳;水上救生快速游近溺者时常采用抬头爬泳。

(三)大众游泳

大众游泳的主要群体是社会大众,其主要目的是增进身心健康、丰富业余生活,泛指以游泳动作为基本手段的各种游泳活动。大众游泳包括健身游泳(我国各地广泛开展的冬泳活动,大、中、小学开展的游泳活动等,都属于健身游泳)、娱乐游泳、康复游泳等。它不受姿势与速度的限制,不追求严格的技术规范,注重锻炼价值,可以借鉴竞技游泳和实用游泳的各种技术来进行水中活动。

游泳活动自诞生起就具有健身性、娱乐性,但是,只有在物质文明高度发达的现代社会,大众游泳才能得以迅速发展,成为现代游泳的重要组成部分。大众游泳内容丰富,形式简便,自由自在,情趣盎然,适合男、女、老、幼及不同体质的人群,很容易为人民大众所接受,游泳运动具有广泛的群众基础。

随着社会物质生活水平的提高,人民群众对文化生活、体育锻炼的要求也日益增强,游泳在健身、娱乐、康复等方面的功能也越来越广泛地为人们所认识,世界性的"大众游泳热"正在蓬勃兴起,使游泳成了世界上参加人数最多的季节性体育活动项目。目前,我国正在实施全民健身计划,国家大力提倡参加游泳活动,还为不同年龄段的人群设立了游泳锻炼的标准。

随着现代群众性游泳热潮的兴起,一些新的游泳运动形式逐渐在社会大众中备受关注,这些特殊游泳活动融竞技性、健身性、娱乐性为一体,以游泳为手段,锻炼体魄,检验人体的极限工作能力。这类游泳活动常以创造某项特殊世界纪录为目标,如最长时间踩水、最长时间游泳、最长距离游泳等。

世界范围内,各个国家和地区都不乏游泳运动爱好者,每年在世界各地都会举行一些渡海游泳、渡江游泳、渡湖游泳和环岛游泳等活动,其中最著名的是横渡英吉利海峡的活动。这些活动参加人数或多或少,虽然不是正规比赛,却都要求参加者具有娴熟的游泳技艺、超凡的勇气和强健的体魄,是游泳爱好者对自身的一种挑战。

第三节　游泳运动的价值和功能

游泳运动具有丰富的价值和功能,它不仅对人体十分有益,是广大青少年所喜爱的运动项目,而且男女老幼都适宜进行,是一项简单易行、健身益智、愉悦身心、实用性强的体育活动。

一、游泳运动的健身价值

游泳运动集日光浴、空气浴、水浴于一体,对机体产生着深刻的影响。经常从事游泳运动,能有效地促进身心健康。游泳运动简单易行,适合男女老幼终身锻炼。长期坚持游泳锻炼,不但能使神经、呼吸和血液循环等系统的机能得到改善,而且还能有效促进身体全面、匀称、协调地发展,并使肌肉发达、富有弹性,使精神焕发、体力充沛,从而有利于学习工作及事业的发展。作为健身的一种重要手段,它对增进人的身心健康具有独特的、其他体育活动无法替代的作用。

游泳运动的健身价值主要表现在以下几个方面。

(一)强心健肺

游泳运动的强心健肺功能主要表现在以下两个方面。

首先,经常参加游泳的人,往往具有更好的心脏功能。一方面,游泳能使心脏得到很好的锻炼,使心肌发达,收缩能力增强,促进机体的新陈代谢。另一方面,游泳可促进血液循环,从而间接地作用于个体的心脏,使游泳者的心脏的机能活动出现节省化现象,表现为人体在安静状态下的心率徐缓。研究表明,游泳运动员的安静心率一般为40~60次/分(优秀的女子游泳运动员的心率甚至可低达38次/分);经常参加游泳锻炼的儿童,其心率也可以降至62~64次/分。

其次,在游泳过程中,游泳者所需的大量氧气要通过增大呼吸深度的方法取得,经过长期的游泳锻炼,首先可使呼吸肌逐渐发达和强壮有力。由于呼吸肌的力量增加,在吸气时就能把胸腔扩张得更大,所以经常游泳的人,安静时的呼吸显得深而慢,每次呼吸后能有较长的休息时间,既不易产生疲劳,又能满足机体的需氧量。

(二)改善呼吸

游泳运动是所有运动项目中对呼吸系统影响最大的一个项目。这是因为水的密度是空气密度的800多倍。在水下,深度每增加1米,每平方厘米面积上承受的压力就增加0.1千克。

人站在齐胸深的水中,感觉呼吸急促,就是因为胸腔大约承受着12~15千克的水压力。这种压力使游泳者的呼吸比在陆上呼吸要费劲得多。

人在游泳时和在陆上的呼吸有着很大的区别。在陆上,人体为平和呼吸,吸气时肋间外肌和膈肌收缩,胸腔扩大,肺内压下降低于外界大气压,在气压差的作用下气体进入肺部;呼气时肋间外肌和膈肌放松,胸腔由于自身的弹性而回缩,肺内压上升将气体排出肺部。而游泳时的呼吸,吸气时吸气肌必须用更大的力量收缩以克服水的压力、使胸腔扩大,使气体进入肺部;呼气时由于要克服水的阻滞以加快呼气速度,除了吸气肌要放松外,肋间内肌和腹壁肌等呼气肌也要参与主动收缩。因此,游泳可以使吸气肌和呼气肌都得到锻炼。

有研究表明,儿童在经过两年系统游泳锻炼后,肺活量可提高74%,而仅进行陆上锻炼的儿童,肺活量只提高了23%。对于成年人来说,普通人的肺活量只有3 000~4 000毫升,而游泳运动员一般可达4 000~6 000毫升,个别优秀运动员甚至高达7 300毫升。

因此,如果想要改善自身呼吸系统机能,可以通过游泳的方式进行。事实证明,游泳是提高呼吸系统机能的一项很有效的运动,经常进行游泳锻炼,可以增强呼吸肌的力量,增大肺的容量。

(三)调节体温

物理学指出,水的导热能力约是空气的25倍,人体浸入水中时体温散失的速度大大加快,必然要相应地加强体内的能量代谢过程,以产生更多的热量来维持体温恒定。在水温较低,尤其是在冷水中进行游泳时,冷水的刺激会引起皮肤血管的收缩舒张反应。

经常参与游泳运动,可以改善人体的体温调节机能,使大脑皮质对热的产生及散热的调节形成条件反射,提高对外界温度变化的适应性,增强身体的抵抗力。尤其是坚持冬泳的人,对寒冷刺激的适应能力增强,对呼吸道传染病具有一定的免疫力。

(四)促进血液循环

游泳运动可促进人体血液循环,主要表现在以下几个方面。

首先,在水中进行游泳时,人体处于平卧姿势,下肢、腹部与心脏基本上位于同一水平,这能有效减小重力作用对血液循环的影响。

其次,由于受到水的挤压作用的影响,可使人体下肢及腹部静脉血液回流,有利于心室充满回心血液,这对于提高心脏的泵血功能是非常重要的。经常进行游泳锻炼,心脏会出现明显的运动性增大现象,表现为心腔容积扩大,心肌纤维增粗,心脏收缩强而有力,每搏输出量增多。此外,水的压力使肺循环的阻力增大,因此,经过系统游泳训练者其右心室的运动性增大现象往往十分明显,这是其他项目的锻炼无法取代的特殊效果。

最后,游泳时水对肌肉的刺激和按摩作用,还可以提高血管壁的弹性,从而有利于减小血液循环的外周阻力。

(五)提高身体素质

坚持游泳锻炼,能促进速度、力量、耐力、柔韧、灵敏等身体素质的全面协调发展,从而使人体的运动能力得到提高。具体如下。

首先,提高力量素质。游泳运动表明,游泳对力量素质的影响很大。人体在水中运动时受到很大的水阻力,需有关肌群产生足够大的持续力量来克服水的阻力,以保证身体快速游进。力量不足就游不动。因此,力量是游泳运动的重要素质基础,特别是肌肉的爆发力,对短距离游泳来说显得更为重要。经常进行游泳锻炼,可以促进肌肉力量的发展,使肌肉发达而富有弹性。

其次,强化耐力素质。根据运动的周期性划分,游泳属于周期性运动,对游泳者的耐力素质要求很高。这种耐力表现为肌肉长时间重复收缩放松的能力及呼吸、血液循环系统维持持续性大强度活动的能力,其实质是身体有氧代谢供能的能力。经常进行较长时间、较长距离的中等强度游泳活动,可以有效地提高有氧代谢的能力,从而在各种活动中表现出很高的耐力水平。可见,游泳对耐力素质有着深刻的影响。

最后,改善柔韧素质。游泳对运动者的柔韧素质有特殊的要求,尤其是对肩关节、膝关节和踝关节的灵活性要求很高。一方面,肩关节灵活,可以轻松自如地完成各泳式的空中移臂和呼吸动作,可以加长划水距离;另一方面,膝关节和踝关节灵活,不仅使打腿动作轻松省力,而且能提高打腿动作效果,提供较大的推进力。通过系统的游泳训练,可以提高全身各关节的灵活性,从而更好地满足运动技术的要求。例如,优秀游泳运动员往往表现出超乎常人的关节柔韧性,有些人两手相握可以轻松地转肩,有些人足跖屈可超过200°,足背屈可小于90°。

(六)增强机体免疫力

个体的免疫力的提高与身体素质有着较大的联系,从生理学的角度来讲,身体素质在一定程度上是身体发育状况和生理机能状况的综合表现。因此,身体素质的提高,有助于个体机体免疫力的提高。

在室外游泳,尤其是在自然环境中游泳,这种接触大自然、适应大自然的运动方式对于提高人体的免疫力具有重要作用。

(七)预防和治疗疾病

据报道,经常游泳对于身体瘦弱者和许多慢性疾病患者,如慢性肠胃病、神经衰弱、习惯性便秘、慢性支气管炎、哮喘等有明显的疗效。

此外,由于水流和波浪对全身体表产生特殊的按摩功效,游泳能帮助和促进功能恢复,对瘫痪病人和残疾人的康复十分有益,很多康复中心都将包括游泳在内的水中运动作为治疗慢性疾病和身体恢复的重要手段之一。

二、游泳运动的健心价值

(一)愉悦身心

大众游泳活动可以不拘泥于形式与内容,也不受年龄、性别等的限制,是一种休闲运动。例如,人们可以以团体、家庭等集体形式,或和亲朋好友到水中嬉戏,从而缓解紧张的状态,放松身心,使心情舒畅、精神愉悦。

(二)锻炼意志

游泳是在水环境中进行的,它与陆上运动相比,无论在运动条件还是运动形式上都有极大的差别。

对于初学者来讲,由于身体失去固定支撑呈漂浮状态、呛水或溺水等情况,往往会产生怕水心理。但通过学习游泳,可以熟悉水性,消除怕水心理,进而掌握各种游泳技能,具备对付各种水情、风浪的能力。

对于经常进行游泳锻炼的运动者来讲,游泳不仅可以激发人们为保持健康而积极参加体育运动的良好愿望和要求,还可以锻炼意志,培养自信、果敢、坚毅、临危不惧等优良品质。尤其是到江、河、湖、海去游泳,或坚持冬泳,可以培养吃苦耐劳、不畏艰险的坚强毅力,从而使游泳运动者形成良好的心理品质,更好地适应社会生活。

三、游泳运动的美体价值

(一)滋润皮肤

游泳时,由于身体在水中受到水流轻轻的摩擦,再加上水中含有一些矿物质和游泳池水的漂白作用,促进了皮肤毛细血管中的血液循环和表皮细胞的代谢,如果游泳后抹上一些防晒霜或护肤霜等化妆品,还可以使皮肤洁白柔嫩,光滑滋润,富有弹性。

(二)健美体型

游泳是一种全身运动,可以使全身都得到锻炼和塑造。

首先,游泳时,游泳者必须臂、腿并用,四肢有节奏地做划水和打水动作,肌肉周期性地收缩与放松,肩带、胸、背、腰、腿部的大小肌群都参与工作。在各种游泳姿势中,相当一部分动作是左右交替或左右对称的。近年来,一些研究人体形体和形态的专家指出,游泳能帮助人矫正某些不正常的体型。

其次,游泳时,人总是要尽量伸展脊椎,加长划水动作路线,这对矫正驼背、脊椎侧弯和预防驼背和脊椎弯曲都大有好处。同时,游泳时人体靠水的浮力托起,身体各部位特别放松,非常舒展。在这种情况下活动,可以使身体各部分机能得到均匀和全面的发展。事实证明,经常参加游泳锻炼,不仅能使人体颈、肩、脊柱、髋、膝、踝各关节及全身肌肉都得到锻炼,而且有利于矫正和改善身体姿势,使人体匀称协调地发展,形成健美的形体。

最后,由于人体在水中活动时的散热比在陆上快得多,故游泳时消耗的能量比在陆上运动多。这些能量的供应要靠消耗体内的糖和脂肪来补充,尤其是较长时间的游泳,主要是靠消耗脂肪来提供能量。

总之,经常参加游泳锻炼能够帮助游泳者塑造一个健美的体型。经过系统游泳锻炼的人,具有肩宽、胸厚、背阔、腰细、体形匀称、肌肉圆润而富有弹性等特点。经常进行游泳锻炼,可以消除体内多余的脂肪,有利于保持人体的健美。

四、游泳运动的实用价值

(一)生存技能

地球上,2/3 的地表覆盖着江、河、湖、海。人类的生活离不开水,但溺水事故却威胁着人们的生命安全。据有关组织的统计,在全世界每年的意外死亡事故中,溺水死亡居首位。在一些国家,少年儿童的溺水事故仅次于交通事故。在日常生活中,少年儿童的溺水事故也时有发生。

学会游泳可以有效预防溺水的危险,要想不溺水,最有效的办法并不是远远地躲开水,而是以积极的态度学会游泳,真正获得在水中活动的技能。只有这样,在发生险情时,才有可能镇定地自救或互救。在许多发达国家,为了保证少年儿童的生命安全,各级中小学都把游泳列为学生必须掌握的技能。因此,游泳是保证生命安全的重要手段,是人类的一种基本生存技能。

(二)生产技能

游泳在生产建设上的实用价值早在远古时代就已经被人们所认同,游泳是人类生存的一种重要技能。在我国明代的一本记载各种工艺制作技术的著作《天工开物》中,就描述了采珠人潜海拾蚌的情景:"舟中以长绳系没人腰,携篮投水。……极深者至四、五百尺,拾蚌篮中。气逼则撼绳。"

随着社会生产力的发展,游泳在生产上的用途也越来越广。在现代生产建设中,也有许多水中作业需要工作者掌握一定的游泳技术,如渔业生产、水利工程施工、水上运输、水下科学考察、打捞救助、抗洪抢险等。

此外,对于一些从事特殊职业的个体而言,学会游泳能使他们克服水的障碍,顺利完成本职业所要求的既定生产任务。

(三)军事技能

游泳作为一种重要的军事技能,其军事价值历来为兵家所重视,古今中外一直如此。

早在古希腊时期,古希腊人、斯巴达人和雅典人,都把游泳作为青少年军事训练的内容。在古罗马时代,游泳是武士训练的重要内容。

我国古代兵书中也有关于游泳作为军事技能的记载,《六韬·奇兵》中就称"奇技者,所以越深水、渡江河者也"。春秋战国时期,我国南方各诸侯国都相继设立水师。齐桓公就采纳了管仲提出的"遏原流""立沼池""深渊垒池练浮身"的意见,"千金悬赏善泅之士",组建了一支由5万善于游泳之勇士组成的水师,终于打败了越国,跃居五霸之首。在出土文物中(战国时期铜壶表面精美的宴乐渔猎攻战图饰纹),可以看到巨大的战船旁边弋游勇士的形象。明代,民族英雄郑成功在抗击倭寇侵犯时,就曾专门训练了一支潜水队,战时潜入水下凿沉敌船,大显神威。

在近现代化战争中,军队中仍十分重视士兵游泳技能的训练。第二次世界大战以来,游泳受到世界各国的高度重视,至今仍是各国军事训练的一个重要科目。在我国的抗日战争和解放战争时期,各根据地的军民凭借水上功夫,神出鬼没地打击敌人的事例就很多。

现代化国防建设中,游泳不仅仅能使战士通过水上战术的应用来达到消灭敌人的目的,对于个体而言,练就一套过硬的水上功夫,对于战时顺利战胜天然险阻,更好地保护自己也是十分重要的。总之,掌握过硬的游泳技术有利于战时杀敌,保家卫国。

第四节　国内外游泳组织机构与重大赛事介绍

一、国内外游泳组织机构简介

(一)国际业余游泳联合会

国际业余游泳联合会(Fédération Internationale de Natation Amateur, FINA),简称国际泳联,1908年成立,秘书处设在美国,正式工作语言为英语和法语,现在会员协会179个(截至2014年11月)。我国在中华人民共和国成立前即为国际泳联会员,1958年退出,1980年7月

游泳救生及水上运动

恢复会员资格。

国际泳联的组织体系由代表大会、技术代表大会、办公局、常设委员会、专门委员会和仲裁法庭组成。代表大会是其最高权力机构,有权对除技术代表大会权限以外的任何事宜进行决策,每4年召开一次。一个协会会员可派2名代表,有2票表决权。代表大会听取执行局的报告、听取司库的报告、修订章程与规则、选举执行局及其官员。

国际泳联的宗旨是:促进和鼓励世界游泳、跳水、水球、花样游泳以及其他水上运动项目的发展,保证世界游泳运动的业余性;制定世界游泳运动各个项目的规则,监督和管理奥运会、世界游泳锦标赛和其他国际性游泳、跳水、水球、花样游泳比赛的技术安排。

(二)亚洲业余游泳联合会

亚洲业余游泳联合会(Asian Amateur Swimming Federation,AASF),成立于1978年12月,在曼谷举行的第8届亚运会期间,由孟加拉、巴林、伊拉克、科威特、巴基斯坦、菲律宾、沙特阿拉伯、韩国、斯里兰卡、泰国和中国发起,总部在孟加拉的达卡。

亚洲业余游泳联合会的宗旨是:通过促进游泳运动发展加强亚洲国家之间的友谊;组织和监督游泳(包括跳水、水球、花样游泳)比赛。其最高权力机构是全体代表大会。

(三)中国游泳协会

中国游泳协会(Chinese Swimming Association,CSA)是中国游泳运动的全国性群众组织,是中华全国体育总会领导下的单项运动协会之一,简称中国游协,成立于1956年,会址设在北京,现任主席是张希让。

中国游泳协会的主要机构有:代表大会、协会委员会。下设游泳、跳水、水球、花样游泳4个项目的裁判委员会、教练委员会、科研委员会,分别负责竞赛、裁判、组织和技术、训练、科研等具体工作。

目前,中国游泳协会的主要任务是宣传和开展群众性游泳、跳水、水球、花样游泳活动,提高技术水平,发展人才,培养后备力量;参与举办国际和全国性游泳、跳水、水球、花样游泳等比赛活动;培训、考核、审查国家级游泳、跳水、水球、花样游泳裁判员、教练员,并向国际泳联推荐裁判员;负责修改、审查竞赛规则和裁判法;审定及公布全国游泳纪录;开展科学研究活动;研究和促进本运动项目的场地、器材的改革。

二、游泳重大赛事简介

现代的游泳比赛,可以分为两种。一种是国际、国家级的高水平的竞赛,这种竞赛水平高,多受新闻媒体的关注,是游泳竞赛的"正规军"。另一种是分年龄组的、俱乐部之间的比赛或邀请赛之类的游泳比赛。这种比赛,在公平竞争、有利于运动员出成绩的原则下,竞赛方法与组织办法多样。

(一)世界重大游泳竞赛

国际比赛的组织者是国际和洲际的游泳联合会。他们所组织的重大国际比赛有以下几种:奥运会游泳比赛、亚运会游泳比赛、世界游泳锦标赛、世界杯游泳短池系列赛、世界短池游泳锦标赛、泛太平洋游泳锦标赛、欧洲游泳锦标赛、亚洲游泳锦标赛、亚太地区年龄组游泳锦标赛等。

1. 奥运会游泳比赛

奥运会游泳比赛是当前世界上最隆重、规模最大、水平最高的国际游泳比赛。奥运会游泳比赛共设有男、女 34 个项目,比赛 7 天,有固定的竞赛日程,也就是说每天比什么是固定不变的。这种固定的竞赛日程对所有参加者来说机会是均等的,固定的日程也有利于教练员和运动员采取有针对性的训练。奥运会游泳比赛设有报名标准,只有达到了报名标准的运动员才能够参加比赛。

一般来说,奥运会的游泳比赛分为预赛和决赛,预赛一般安排在上午,决赛在晚上。每项所有参加预赛的运动员按比赛成绩取前 16 名参加决赛。第 1～8 名参加 A 组的比赛,按成绩排出第 1～8 名,前 3 名发给金、银、铜奖牌;第 9～16 名参加 B 组决赛,按比赛成绩排列第 9～16 名的名次。

最近 3 届奥运会游泳比赛中,我国游泳运动员都有良好表现。

2004 年,在第 28 届奥运会上,罗雪娟摘得女子 100 米蛙泳金牌。2006 年多哈亚运会上吴鹏夺得了 200 米蝶泳金牌,成绩是 1 分 54 秒 91,位列当年世界第二的好成绩。

2008 年,第 29 届奥运会在北京举办,在这场家门口的运动会上,我国游泳选手刘子歌在女子 200 米蝶泳比赛中以 2 分 04 秒 18 的成绩刷新世界纪录并夺得了冠军。

2012 年,在伦敦奥运会上,我国游泳选手孙杨在男子 400 米自由泳决赛中以 3 分 40 秒 14 的成绩打破奥运会世界纪录,成功夺得中国男子游泳奥运会第一枚金牌;在此届奥运会的男子 1 500 米自由泳决赛中,孙杨又以 14 分 31 秒 02 的成绩获得冠军,并再次刷新了世界纪录。与此同时,我国游泳选手叶诗文在女子 400 米混合泳比赛中以 4 分 28 秒 43 打破世界纪录,摘得金牌。

2. 亚运会游泳比赛

综合性的运动会中较为重大的游泳比赛还有亚运会中的游泳比赛。在亚洲,游泳实力较强的是日本,近年来韩国正在崛起,与中国相差无几。其余的如新加坡、泰国等,偶尔也会取得出色成绩,但远不是中、日的对手。

中国游泳水平的提高首先是从冲出亚洲的第 9 届亚运会上开始的,从那一届取得 3 金 10 银 8 铜的成绩开始,到第 11 届亚运会 23 金的成绩全面战胜日本,整整用了 8 年的时间。也就是从这时起,中国游泳开始走向世界。

最近一次的亚运会,即 2014 年在韩国仁川举办的亚运会,在该届亚运会游泳比赛中,中国游泳队获得了38枚金牌中的22枚,成绩稍有退步,男队和上届亚运会(2010年广州亚运会)一样,获得了7枚金牌,但本届男子在接力项目上是有进步的,在男子4×100米自由泳接力赛中,被誉为"全民偶像"的宁泽涛绝地反超,中国力压日本夺冠。此外,宁泽涛在男子50米自由泳中为中国男子游泳赢得本届亚运会的第一金;男子400米自由泳中,孙杨力挽狂澜获得冠军;男子1 500米自由泳决赛中,孙杨以巨大优势夺得冠军。游泳项目女子3个项目的决赛,中国选手表现出色,包揽所有金牌,另外还获得两个第3名。其中,沈铎以1分57秒66获得女子200米自由泳冠军;焦刘洋则以2分07秒56获得女子200米蝶泳冠军;傅园慧以59秒95获得女子100米仰泳冠军;叶诗文在女子200米混合泳的比赛中获得冠军。中国游泳队的表现让更多人开始关注游泳运动,并进一步参与到游泳运动中来。

3. 世界游泳锦标赛

世界游泳锦标赛(FINA World Championships)始于1973年,这是由国际泳联组织的单项锦标赛,它吸引了世界各地的高手参加。世界游泳锦标赛每隔两年举行一次。第1届在前南斯拉夫的贝尔格莱德,第2届在哥伦比亚的首都卡利,第3届在前联邦德国的西柏林,第4届在厄瓜多尔首都基多,第5届在西班牙的马德里,第6届在澳大利亚的珀斯,第7届在意大利的罗马。中国从第4届起开始参加(表1-2)。

表1-2 中国队在历届世界游泳锦标赛中的比赛简况

届数	地点	金	银	铜	总数	奖牌榜排名
1982年第4届	厄瓜多尔	0	0	2	2	13
1986年第5届	西班牙马德里	2	4	1	7	6
1991年第6届	澳大利亚珀斯	8	3	2	13	2
1994年第7届	意大利罗马	16	11	1	28	1
1998年第8届	澳大利亚珀斯	6	8	4	18	4
2001年第9届	日本福冈	10	6	4	20	4
2003年第10届	西班牙巴塞罗那	7	4	8	19	4
2005年第11届	加拿大蒙特利尔	5	5	7	17	3
2007年第12届	澳大利亚墨尔本	9	5	2	16	4
2009年第13届	意大利罗马	11	7	11	29	2
2011年第14届	中国上海	15	13	8	36	2
2013年第15届	西班牙巴塞罗那	14	8	4	26	2
总计		103	74	54	231	

4. 世界杯短池系列赛

游泳运动受天气、温度的限制,天气寒冷时都要在温水池及游泳馆内进行训练。游泳馆的造价往往高于游泳池的造价,因为它多了许多的附属设备。出于各种原因,25米的室内游泳池开始大批出现于世界各地。这种25米馆比起50米的大馆不仅造价低,而且使用、维护都很方便、经济。从20世纪80年代起,我国也建了大批的25米室内馆。夏天在室外长池(50米)进行训练,冬天在室内短池(25米)进行训练。25米池内的短池比赛也就应运而生。首先是欧美各国、德国、前苏联等国有短池对抗赛,继而出现世界杯短池系列赛。

世界杯短池系列赛由若干站的比赛组成。在一段时间内,在世界各地进行相同项目的比赛,我国的北京和香港曾多次承办这一比赛。中国游泳运动员也在这一比赛中多次打破短池世界纪录。

世界杯短池系列赛每年举行一次,短池赛一般放在上半年举行,是这一赛季的重要比赛。

5. 世界短池游泳锦标赛

随着世界杯短池系列赛的规模越来越大,参加人数越来越多,最后出现了世界短池游泳锦标赛。短池比赛的项目与长池略有不同,主要是增加了50米仰泳、蛙泳、蝶泳,100米个人混合泳,4×50米的自由泳和混合泳接力。

世界短池游泳锦标赛每两年举行一次,历届比赛情况见表1-3。

表1-3　世界短池游泳锦标赛概况

届	年	举办国家、城市	日期	参赛国家	运动员人数	比赛项目数(男/女)
1	1993	西班牙 帕尔马	12月2日至5日	46	313	16 / 16
2	1995	巴西 里约热内卢	11月30日至12月3日	57	350	16 / 16
3	1997	瑞典 哥德堡	4月17日至20日	71	501	16 / 16
4	1999	中国 香港	4月1日至4日	61	516	20 / 20
5	2000	希腊 雅典	3月16日至19日	78	563	20 / 20
6	2002	俄罗斯 莫斯科	4月3日至7日	92	599	20 / 20
7	2004	印第安纳波利斯	10月7日至11日	94	502	20 / 20
8	2006	中国 上海	4月5日至9日	117	578	20 / 20
9	2008	英国 曼彻斯特	4月9日至13日	116	607	20 / 20
10	2010	阿联酋 迪拜	12月15日至19日	153	780	20 / 20
11	2012	土耳其 伊斯坦堡	12月12日至16日	162	958	20 / 20
12	2014	卡塔尔 杜哈	12月3日至7日			
13	2016	加拿大 温莎	TBC			
14	2018	中国 杭州	TBC			

6. 欧洲游泳锦标赛和泛太平洋游泳锦标赛

欧洲游泳锦标赛是欧洲传统的国际比赛,它一般每隔两年举行一次,比赛安排在8月份。

竞赛日程与奥运会游泳比赛相同。由于欧洲国家水平较高,因此这项比赛的争夺十分激烈。其中具备夺金牌实力的国家有德国、俄罗斯、匈牙利、英国、瑞典、法国、芬兰、西班牙等。这么高水平的比赛,其他一些游泳强国如美国、澳大利亚、日本、加拿大都无缘参加,据此,由这4国发起泛太平洋游泳锦标赛。

1985年开始,举办泛太平洋游泳锦标赛,每两年举行一次,迄今已举行了10届。为了给破世界纪录创造良好的条件,比赛日期要抢在欧洲游泳锦标赛之前。

目前,环绕太平洋沿岸的国家都可以参加这个比赛,它安排在单数年举行,也就是奥运会和亚运会双数年的间隙年举行,是长池的重要比赛。它吸引了许多世界级的高手参加,因此和欧洲锦标赛一样,已经发展成为一项传统游泳赛事。

(二)国内重大游泳比赛

1. 全运会游泳比赛

中华人民共和国全国运动会简称"全运会",是中国国内水平最高、规模最大的综合性运动会。全运会的比赛项目除武术外基本与奥运会相同,其原意是为国家的奥运战略锻炼新人、选拔人才。全运会每4年举办一次,一般在奥运结束后一年举行。

全运会游泳比赛是全运会比赛项目之一。全运会是国家体育总局主办的全国综合性运动会,从1959年第1届开始就设有游泳比赛。每4年举办一次,至今共举办了10届。全运会比赛是国家运动水平的总检阅,各省、市、自治区均派出最优秀的运动员参加比赛。每届比赛都创造出了一批好成绩。

2. 全国游泳冠军赛

全国游泳冠军赛每年上半年最重要的比赛安排在4月上旬,固定日程,竞赛日程与奥运会相同。该比赛有中国游泳协会颁布的报名标准,只要在自上一年的锦标赛至当年冠军赛之前达到其中的一项标准,即可参加由国家体育总局批准的游泳比赛。

从2000年开始,全国游泳冠军赛成为国内最高水平的游泳赛事之一,受到广泛关注。各个地区的游泳队通过这项赛事让运动员积累大赛经验、促进运动员的成长,同时选拔人才,参加国际大赛。

知识拓展

中国泳坛首个金满贯得主——叶诗文

叶诗文,1996年3月1日生于浙江杭州,中国国家游泳队女运动员。2010年,14岁首次参加亚运会就夺得女子200米、400米个人混合泳冠军;2011年上海世锦赛上夺得200米混冠军;2012年伦敦奥运会上,女子400米混决赛中,以4分28秒43的成绩夺得冠军并打破世界纪录;在女子200米混比赛中,两次打破奥运会纪录,创造了中国游泳个人单届获得两项奥运冠军的历史。2012年底,土耳其伊斯坦布尔短池世锦赛比赛夺冠后成为中国泳坛第一个大满贯得主。2013年辽宁全运会200米混夺冠后,叶诗文拿完包括全运会、亚运会、游泳世界杯、长池世锦赛、短池世锦赛、奥运会在内的所有国内外重大比赛的金牌,成为中国泳坛首个金满贯得主。在青岛举行的2014年全国游泳冠军赛暨亚运会选拔赛女子400米个人混合泳决赛中,叶诗文以4分30秒84的成绩获得冠军。

3. 全国游泳锦标赛

全国游泳锦标赛由国家体育总局游泳运动管理中心主办,是每年下半年最重要的比赛,也是全国游泳界最高水平的赛事。安排在每年的9月。竞赛项目比冠军赛多,包括了所有设有全国纪录的项目,参加办法与冠军赛相似,在冠军赛、达标赛及国家体育总局组织的比赛中达到报名标准的都可以参加。各省(市)自治区都会派出最强的专业阵容参赛,包括38名国家队队员。

4. 全国短池锦标赛

我国从20世纪80年代中期开始有短池比赛,从短池邀请赛开始,逐步发展为锦标赛。参赛者必须符合国家体育总局颁布的报名标准方能参加比赛。

全国短池锦标赛自始至终在上海市举行,还没有在中国的其他城市举办过。全国短池锦标赛安排在每年12月份的中下旬举行。

全国短池锦标赛和全国游泳冠军赛、全国游泳锦标赛由我国优秀运动队的运动员参加,是代表我国游泳最高水平的比赛。

5. 全国少年儿童年龄组游泳锦标赛

全国少年儿童年龄组游泳锦标赛是我国年龄组游泳运动员(业余体校、运动学校)的最高水平的比赛。安排在每年的寒假期间进行比赛。

比赛按年龄分组,分为10岁组、11岁组、12岁组、13~14岁组、15~17岁组。男、女年龄组分组相同。参加比赛的运动员都是经过省市选拔的优秀运动员。国家体委根据上一年度比赛的成绩水平分配名额。由于参加人数多,赛区规模大,给承办者的组织工作带来很大的难度。从1993年起,锦标赛划分为两个赛区,10岁、11岁组在一个赛区,12岁、13~14岁、15~17岁组在另一个赛区。

分年龄组的比赛项目与成人比赛项目不同,除了设有全国纪录的项目外,还有专门为年龄组运动员设计的全能比赛。该比赛是为了检查年龄组运动员全面基础训练水平而设立的,设有蝶、仰、蛙、自四项全能的比赛,每个运动员必须参加一项全能比赛。每种姿势的全能比赛包括50米、100米、200米个人混合泳、400米自由泳或800米自由泳4个项目,各比赛项目具体如下。

(1)50米、100米(这两项比赛所选的必须是同一泳式)代表运动员的专项水平,按泳式录取名次。

(2)200米个人混合泳。200米个人混合泳是检查4种泳式技术水平的项目。

(3)400米自由泳(12岁以下年龄组)或800米自由泳(13~14岁组)。400米或800米自由泳是代表耐力水平的比赛,这两项比赛按年龄组大排序录取名次,所以这两项比赛的名次奖含金量要高于50米、100米的比赛。由于是按年龄组大排序,每个年龄组的参赛人很多,每个人都游400米或800米,比赛时间长,运动员、裁判员都很疲劳。为了降低运动员的体力消耗,比赛的组织者们决定两个人一条泳道比赛。由于小运动员们训练有素,所以绝不会出现相撞的现象。16个人一起出发,场面十分壮观。

四项全能比赛是按游泳年龄组教学训练大纲的要求安排的比赛,它是我国年龄组比赛所特有的,这种比赛极大地推动了我国游泳后备人才的培养。

第二章　游泳运动的准备技术

学海导航

在游泳运动中,熟悉水性是学习游泳不可逾越的重要阶段。只有在适应水环境,并掌握水中活动的一些最基本技能后,才能较快地学会游泳,尽情享受游泳带来的乐趣。本章就游泳运动中的准备活动、熟悉水性练习、水中游戏方法与要求,以及出发和转身等准备技术进行阐述。

第一节　准备活动

一、准备活动的目的

准备活动的目的是从人的生理和心理两方面集中人的注意力,调节大脑皮层,以达到最适宜的兴奋状态。从生理上使氧合血红蛋白分解,增加肌肉的供养,使肌红蛋白释放氧增加,使肌肉黏滞度降低,机械效率提高,加快神经冲动传递,增加神经受体的灵敏性,增加肌肉血流量,减少肌肉、肌腱、韧带及其他结缔组织的损伤,改善心血管对突然剧烈运动的适应性。因为任何物体从静止状态起动,都需要克服其本身的惰性。人体从静止状态进入工作状态,也需要克服其本身的惰性,而这个过程比其他物体更复杂。为了较快地克服这种生理惰性,上课开始,要做好准备活动,逐渐提高神经系统和内脏器官的机能,使健身人群在正式运动一开始,就能发挥出最好的效率。其生理机制是通过预先进行的肌肉活动在神经中枢的相应部位留下痕迹,这一痕迹效应使正式练习时中枢神经系统的兴奋性提高,调节功能得到改善,内脏器官的惰性得到克服,生化反应加快进行,因此对其后进行的动作练习有良好影响。

二、准备活动的生理作用

（一）提高神经系统的兴奋性

人在剧烈运动前处于相对安静状态，大脑皮层神经的兴奋性比较低，运动器官的活动能力也没有动员起来，处于这种情况时人体不能适应立即开始的剧烈运动。通过准备活动，肌肉、肌腱会不断地把冲动传到大脑皮层，使大脑皮层神经细胞的兴奋性提高到一个适宜的水平，从而加强各神经中枢之间密切协调的关系，迅速准确地调节和支配人体各器官系统的活动，充分发挥它们的活动能力，以适应运动的需要。

（二）提高呼吸、循环内脏器官的机能

肌肉活动时，内脏器官的活动也跟着发生相应的变化，但内脏器官的惰性比肌肉的惰性大。有人通过实践证明：在不做准备活动的情况下，跑 1 500 米时，呼吸、循环系统的活动要在运动后 2～3 分钟才能达到最高水平；而运动器官 20～30 秒即可发挥出最高水平。因此运动前做好准备活动，可以预先将内脏器官机能动员起来，减轻正式练习时内脏器官机能与肌肉不协调的现象，避免由于呼吸、循环机能跟不上而影响肌肉运动的现象。

（三）使体温升高，提高工作效率

做准备活动时，肌肉组织新陈代谢加强，产热增加使体温有所升高。体温升高又能进一步促进新陈代谢，体温升高 1℃，组织的代谢率增加 13%；体温升高还可以使肌肉收缩加快，体温升高 2℃，收缩速度可增加 20%；体温升高，还能提高酶系统活性，加快生化反应的过程；体温升高，还能使血液中的氧气向组织细胞释放，保证氧的供应，并能使神经系统的机能提高；体温升高，还能使肌肉中的小动脉管及毛细血管扩张，减小外周阻力，增加肌肉中的血液供应，从而提高工作效率。

三、准备活动的具体方法

（一）各关节活动

1. 头部活动

两手叉腰、两腿并拢、提气，向前低头还原 1×2 拍、向后抬头还原 1×2 拍、向左歪头还原 1×2 拍、向右歪头还原 1×2 拍、向左转头 1×2 拍、向右转头 1×2 拍，再重复两次，头向左环

绕 1×8 拍、向右环绕 1×8 拍,共做 4×8 拍。

2. 手腕活动

两手前或侧平举都可,两手腕同时向里绕腕 1×8 拍,然后再向外绕腕 1×8 拍,两手手指交叉至胸前绕腕活动 1×8 拍,两手互相推撑活动 1×8 拍。

3. 踝关节活动

脚尖点地、踝关节向里环绕 1×8 拍,然后,再向外环绕 1×8 拍,两脚交替进行,也可做全脚掌着地、四位脚、拉跟腱 1×8 拍。

4. 膝关节活动

两腿并拢,同时向左环绕 1×8 拍,再向右环绕 1×8 拍,也可做两腿分开向里环绕 1×8 拍,向外环绕 1×8 拍,或屈、伸活动。

(二)上身运动

1. 提肩

双腿并拢,两臂下垂,提右肩还原 1~2 拍,再提左肩还原 1×2 拍,反复 1×8 拍。

2. 双提肩

双腿并拢,两臂下垂,双肩同时上提还原 1×2 拍,反复做 1×8 拍。

3. 肩环绕

两臂平举、手心向上,小臂弯曲,手至肩,两臂同时向前环绕 1×8 拍,然后再向后环绕 1×8 拍,交换做 4×8 拍。

4. 振臂

一臂上举向后振,一臂下摆向后振,两臂交换进行,也可双臂同时上举向后振臂,节拍自己掌握。

5. 扩胸

两臂弯曲平端胸前,向后扩胸,1×2 拍,两臂经前打开到两侧,打平向后扩胸、1×2 拍,反复做 4×8 拍。

(三)全身运动

1. 体前屈

两臂上振 $1×2$ 拍,体前屈 4 拍,蹲 1 拍,起立 1 拍,反复做 $4×8$ 拍。

2. 体转运动

两臂前平举,随身体向左扭身 $90°$,下身不动,$1×2$ 拍,上身转回,两臂右带,同时右腿提起弯曲膝碰左臂肘还原,$1×2$ 拍,反方向做,共 $4×8$ 拍。

3. 体前屈涮腰

两腿分开,两臂上举,向左前、右前、正后、前屈,$1×4$ 拍,向右涮腰,$1×4$ 拍,反方向 $1×8$ 拍,反复做 $4×8$ 拍。

4. 蹲撑提臀

双手撑地成蹲撑,脚用力蹬地,使膝伸直、臀部上提,手尽量扶在地板上,一蹲、一提为一拍($4×8$ 拍)。

5. 腹撑提踝

双手撑地成腹撑式,一提一落,为一拍($4×8$ 拍)。

(四)跑跳活动

(1)前踢腿跳。两腿交换前踢,要求蹬地起,两腿绷直,落地要轻($4×8$ 拍)。
(2)后踢腿跳。两腿交换后踢时,两腿后踢弯曲最大限度($4×8$ 拍)。
(3)高抬腿跑跳。上腿端平,底腿蹬直、腰立直、蹬起交换($4×8$ 拍)。
(4)原地小跳。$4×8$ 拍。

以上是根据舞蹈武功课的内容编选的部分准备活动,这些活动也可行进间进行,以达到热身为准,同时,根据课堂内容负担量的大小和年级不同选做即可。

此外,也可选编部分健身、热身操作为准备活动。

四、准备活动的实际效果

(一)提高肌肉温度,克服肌组织的黏滞性,预防运动损伤的发生

水上救生体能训练前进行一定强度的准备活动,使肌肉温度升高,可以使肌肉的黏滞性下降(不发僵),从而提高肌肉的收缩和舒展的速度,增加肌力;在较高体温情况下,血液释放更多的氧,从而增加了肌肉的氧供应;肌肉中温度升高还可以使其中小血管扩张,减小小血管外周阻力,增加肌肉中的血供应。这些变化可以加大人体运动的幅度,提高速度、力量、灵敏和柔韧性等,从而达到预防肌肉、韧带和关节损伤的目的。

水上救生体能训练前进行一定强度的准备活动,可以增强肌肉和关节的弹性与伸展性,使肌腱和韧带舒展,还可以使关节囊滑膜层分泌黏液。这样,运动起来就能大大减少手指、脚踝、膝关节的挫伤、肌肉的捩伤和腰部扭伤等许多意外伤害事故。

在做准备活动时可以特别加强易伤部位的训练,对于预防运动损伤也有重要意义。例如,为预防腰部损伤,应着重加强腰肌和腹肌的练习;为预防膝关节损伤,应加强大腿肌肉的练习等。

(二)提高循环、呼吸等内脏器官的机能水平

水上救生体能训练前进行一定强度的准备活动,预先动员内脏器官的运动机能,使内脏器官的活动一开始就达到较高水平。内脏器官的机能特点之一为生理惰性较大,即当活动开始,肌肉发挥最大功能水平时,内脏器官并不能立即进入"最佳"活动状态。例如人们在训练跑步时,如果没有做准备活动进行跑四百米障碍,跑时呼吸急促,而做了准备活动后再进行跑四百米障碍,呼吸就比较轻松,就是这个原因。

水上救生体能训练前进行一定强度的准备活动,可以减轻开始运动时由于内脏器官的不适应所造成的不舒服感。那么,救生员在水上救生体能训练前进行一定强度的准备活动对提高内脏器官的机能,克服其惰性,改善氧供应,使极点出现晚、症状轻具有很好的作用,有利于救生员训练成绩的提高。

(三)调节心理状态,提高神经系统兴奋性

水上救生体能训练前必须进行具有一定强度的准备活动,可以提高神经系统的兴奋性。如心脏中血液输出、输入量的增强,肺对气体交换量的提高,这些都促使新陈代谢加强,保证了肌肉的营养供应和废物的排除,从而提高整个机体的运动能力,提高运动成绩。

水上救生体能训练前进行一定强度的准备活动,可以使训练者的心理状态调整到水上救生体能训练的情景中来,激发训练者的训练动机,调动训练者的积极性和主动性。水上救生体

能训练不仅是身体活动,而且是心理活动。研究表明,心理活动在水上救生体能训练中起着非常重要的作用。通过准备活动的心理活动,形成对训练者水上救生体能训练所需的良好个性心理特征,使心理状态适应训练和比赛的要求。水上救生体能训练前的准备活动既可以起到这种心理调节作用,同时接通各运动中枢间的神经联系,使训练者处于最佳的兴奋状态,投身于水上救生体能训练之中,可达到事半功倍的效果。

第二节　熟悉水性练习

对于初学者来说,熟悉水性是非常重要的阶段。在这一阶段,初学者可以了解和体会水的特性,消除怕水的心理,逐步适应水环境,即习惯水的浮力、压力和阻力,习惯游泳时身体姿势的改变,并初步掌握一些水中活动的基本技能,从而为进一步学习各种泳式技术打下良好的基础。本节就熟悉水性练习的要求与方法等进行介绍。

一、水中行走

水中行走是熟悉水性的第一步。其目的是使初学者初步体会并适应水的浮力和阻力,初步掌握在水中站立和行走时维持身体平衡的方法,消除初学者怕水的心理。

(一)基本要求

水中行走一般在齐腰深的水中进行。迈步时,身体应略往行进方向倾斜,大腿略为抬起,小腿和脚提起来后往行进方向伸出,下踏站稳后再提另一腿;两臂在体侧轻轻拨水保持平衡。开始行走时步子不宜太大,速度不宜太快。身体重心的移动要与腿的动作协调一致。

(二)练习方法

(1)在游泳池中,侧对池壁,手扶池边,向前、向后迈步行走(图 2-1);或面向池壁,手扶池边,向左、向右迈步行走。
(2)集体手拉手,在游泳池中向前、向后、向侧行走。
(3)在游泳池中,进行向各个方向的跳跃式行走。
(4)在游泳池中,进行各种水中行走的游戏或比赛。

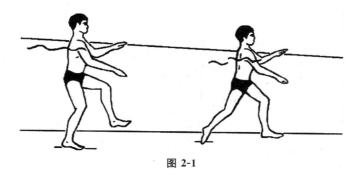

图 2-1

二、呼吸训练

在游泳运动中,呼吸训练也是熟悉水性阶段的重点。很多初学者在游泳时老是抱怨"吸不到气",这不仅是因为没有掌握好具体泳式中特殊的呼吸技巧,更主要的原因可能还在于没有掌握好水中呼吸的基本方法。只有通过了呼吸关,才能把握住打开游泳世界大门的金钥匙。

(一)基本要求

游泳时的呼吸,要用口在水面上吸气;吸气后脸浸入水中稍闭气;然后用口和鼻在水中缓慢呼气,并一直呼出水面。由于脸部大部分时间浸在水中,抬头吸气的时间比较短,因而要求在口露出水面时不停顿地迅速把气吐尽,并借此动作将附着在口、鼻周围的水吹开,然后立即快速吸气。呼气要尽,吸气要深,呼与吸之间不能停顿。总的来说,水中的呼吸要按照"快吸→稍闭→慢呼→猛吐"这一特殊的节律进行。

需要注意的是,为了在以后能够真正在水中自由活动,在开始学习游泳时,就要养成水下睁眼的习惯。为了保护眼睛,可以戴游泳眼镜,但为了避免过于依赖游泳眼镜,不提倡初学游泳者戴游泳眼镜。

(二)练习方法

1. 水中闭气

扶池边或拉同伴的手,深吸气后闭气,慢慢下蹲,把头浸入水中,睁开眼睛,停留片刻后起立,在水面上换气(图 2-2)。反复练习,逐渐延长每次水下闭气的时间。可以采用比赛的办法,看谁闭气时间长。

图 2-2

2. 水中呼气

扶池边或拉同伴的手,深吸气后闭气,慢慢下蹲,把头浸入水中,睁开眼睛。稍停片刻后,用口、鼻慢慢呼气,直至呼尽,然后起立在水面上用口吸气(图 2-3)。反复练习,逐渐习惯这种有控制的呼气动作。

图 2-3

3. 连贯呼吸

站立水中,上体略前倾,两腿略下蹲,两手扶池边或扶大腿。水面上吸气后,低头将脸浸入水中;闭气片刻,然后开始均匀缓慢地呼气,并向上抬头;当口露出水面时,不停顿地迅速将气吐尽,紧接着快速吸气。连续练习,体会"快吸→稍闭→慢呼→猛吐"的要领(图 2-4)。开始时可慢速进行,而后适当加快速度,做到连贯而有节奏。每组做 20~30 次呼吸,或持续 1~2 分钟,反复进行。

图 2-4

(三)呼吸训练常见的错误与纠正方法

呼吸训练中常见的错误有"假呼吸""含水""憋一下""抽吸",纠正方法如下。

1."假呼吸"

呼气不尽,吸气不深,大部分空气只是在口腔和气管之间流动,没有真正进入肺部实现气体交换,所以总感觉憋得难受。纠正时应强调"呼尽气再深吸"。

2."含水"

吸气后口没有合拢,在水下口张开向外呵气,结果口内总是充满着水,无法充分换气,还容易发生呛水。纠正时应强调"水下把口合拢"。

3."憋一下"

气呼完后没有紧接着快速吸气,而是先憋了一下,再吸气。在游泳中若这么憋一下,身体会因来不及吸气而沉入水中。纠正时应强调"呼完紧接着吸"。

4."抽吸"

吸气时口缩得很小往里抽气,好像是通过一根细吸管来吸气。这种方法吸气慢,来不及完成快速换气。纠正时应强调"张大口用力快吸气"。

三、浮体训练

在学习游泳的过程中,要想真正学好这个项目,必须让自己在水中能漂浮起来,并能从漂浮状态平稳地站立下来。通过浮体训练,可以进一步熟悉水性,体会水的浮力,适应身体无固定支撑的悬浮姿势,初步掌握在水中控制身体平衡的能力,进一步消除怕水心理,增强学会游泳的信心。

(一)基本要求

在做浮体练习前,应先学习漂浮后的站立方法,以保证练习的安全。

要使身体漂浮起来,首先是要吸足气,使人体像一个充满气的皮球浮在水面上。吸气不足则胸腔没有充分扩张,无法使人体的平均密度变小,因而很难漂浮起来。同时,在漂浮过程中还要保持屏息。如果把气呼出,则人体平均密度变大,会沉入水中(图2-5)。

图 2-5

(二)练习方法

1. 展体浮体

水中开立,略下蹲,两臂放松自然前伸。深吸气后闭气,身体前倒并低头,两脚轻轻蹬池底后,两腿上摆,自然伸直稍分开,身体成俯卧姿势漂浮于水中。站立时,先收腹屈腿屈膝,然后两臂下压,抬头,同时两腿下伸,脚触池底站稳,两臂在体侧轻轻拨水维持身体平衡(图 2-6)。

图 2-6

2. 抱膝浮体

水中原地站立,深吸气后闭气下蹲,低头屈腿抱膝团身,双膝尽量贴近胸部,前脚掌轻蹬池底,身体就会自然漂浮于水中。站立时,两臂前伸下压,抬头,同时两腿下伸,脚触池底站稳,两臂在体侧轻轻拨水维持身体平衡(图 2-7)。

图 2-7

四、滑行训练

滑行训练是熟悉水性阶段的重点。它可以帮助初学者掌握在漂浮状态下维持身体平衡的能力,体会游泳的基本身体姿势,为以后学习各泳式技术打下基础。

(一)基本要求

滑行应力求熟练,做到既滑得远,又滑得稳。滑行中,要注意保持流线型身体姿势,腰、腹部肌肉要适度紧张,臂、腿伸直并拢,头夹在两臂之间,使身体伸展成一直线,以利于减小滑行阻力。注意不要过分抬头或低头,不要屈髋、屈膝或勾脚尖。滑行时,要尽量延长闭气时间,努力增长滑行距离。

(二)练习方法

1. 蹬底滑行

两腿并拢站立水中,两臂前伸并拢。深吸气后上体前倒,一腿向前迈出,略屈膝下蹲。头和肩浸入水中后,两脚掌依次用力蹬池底,两腿随即伸直上浮并拢,身体成流线型贴近水面向前滑行(图2-8)。

图 2-8

2. 蹬壁滑行——同时提腿

两脚并拢背对池壁站立水中,两臂并拢前伸。深吸气后闭气低头,上体前倒成俯卧姿势浸入水中,头夹在两臂之间。同时,两腿轻蹬池底向上屈膝收腿,迅速将两脚掌贴在池壁接近水面处,臀部提高至水面。两腿随即用力蹬壁,全身充分伸展成流线型贴近水面向前滑行(图2-9)。

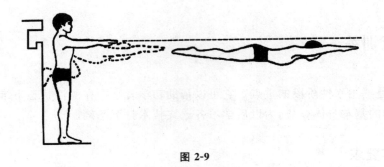

图 2-9

3. 蹬壁滑行——依次提腿

背对池壁站立水中,一臂前伸,另一手拉住池槽。前伸臂一侧的腿站立池底,抓槽臂一侧的腿屈膝上提使脚掌贴在池壁接近水面处。深吸气后闭气低头,上体前倒成俯卧姿势浸入水中。此时,支撑腿迅速屈膝上提将脚贴在池壁上,臀部尽量提高并靠近池壁。抓池槽之手随即松开,一臂迅速前伸与另一臂并拢,头夹在两臂中间。两腿接着同时用力蹬壁,全身充分伸展成流线型贴近水面向前滑行(图 2-10)。

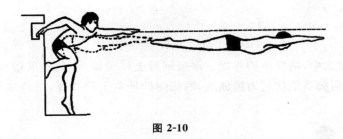

图 2-10

4. 助力滑行

帮助者站在侧前方。练习者先做蹬壁滑行或蹬底滑行。当滑行速度减慢时,帮助者先抓住练习者的双手用力前拉,然后再抓住双脚用力前推,以帮助延长滑行距离(图 2-11)。

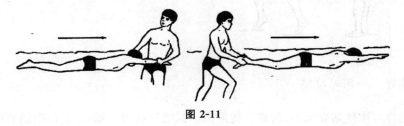

图 2-11

(三)滑行训练常见的错误与纠正方法

滑行训练常见的错误有"漂离池壁""向上窜",其纠正方法如下。

1."漂离池壁"

蹬壁滑行开始时,身体过于前扑,腿收不紧,脚贴不上池壁,或是单、双腿过早蹬伸,都会使身体漂离池壁,造成蹬不到壁或滑行不远。纠正时应强调上体前倒低头入水是在原位进行的翻转动作,腿要收紧,全身像一个被压紧的弹簧紧贴在池壁上。

2."向上窜"

蹬壁滑行开始时,上体没有前倒入水,脚贴壁的位置太低,臀部提不高,造成蹬腿时身体向前上方跃出水面。纠正时应强调"上体前倒至水中,臀部提高到水面"。

第三节　水中游戏的方法与要求

在游泳教学和训练中,适当地安排一些游泳活动,可以使课的内容更加丰富多彩,帮助掌握和巩固游泳运动技能;可以使初学者在兴奋情绪中忘掉对水的畏惧,克服怕水心理;可以更好地培养初学者的集体主义精神,养成遵守纪律的习惯,提高自我控制的能力。

一、水中游戏的特点与作用

水中游戏的目的是促进身体健康,帮助加快熟悉水性、提高水感,是它特有的内容、情节、形式、规则及要求为特征的一种有组织的水中体育活动。它既可以作为一般的身体锻炼和帮助身体机能积极恢复的训练方法,又可以作为游泳教学的辅助练习。同时,还能培养遵守纪律、战胜困难、团结互助、积极进取的优良品质。

水中游戏的内容生动活泼、丰富多样,且融知识性、趣味性、娱乐性和竞赛性为一体,容易激发学生和广大游泳爱好者的积极性。水中游戏简单易行,受场地器材的限制较小,因此,在游泳教学课和社会游泳活动中,深受人们欢迎。

二、水中游戏的组织方法

(一)游戏前的准备

1.选好游戏内容

水中游戏的选择,主要为所学习游泳技术的内容或游泳活动的目的服务。因此,所选的内容必须与学习或活动的内容有密切的联系,并且要考虑到参加游戏者的年龄、性别、生理和心理的特点及实际活动的能力。如在课前,为使参加者更好地进入运动状态,可以选择一些趣味性较强和便于集中注意力的游戏,也可以选择与教学内容有关的诱导性游戏,作为游泳教学的辅助练习;为提高某种技术或发展某项素质,可以安排一些具有竞争性和对抗性内容的游戏;为了得到体力上的恢复和情绪上的调节,可以选择放松性内容的游戏。这样使教学或活动寓于游戏之中。

2. 充分做好场地、器材的准备工作

做好场地、器材的准备工作是保证完成游戏任务、达到预期效果的必备条件。水中游戏的设计首先要考虑安全的因素,要结合游戏的内容来确定在浅水区还是深水区(一般在浅水区进行为多),了解游泳池池底是否平整、光滑,所用器材有无锐利处,并注意在游戏场地的一定范围内,不能有危险物件,不存在危险因素,以防发生伤害事故。为确保游戏能安全进行,事先最好由组织者亲自试做1~2次,以便发现问题,及时解决。

(二)水中游戏的组织与进行

进行水中游戏,不仅要选择好游戏的内容,还要有一套科学的组织方法,才能取得良好的效果。

1. 游戏的讲解

组织水中游戏前,必须讲清游戏的要求、方法与规则。讲解时,组织者要站在适当的位置,让游戏的全体参加者都听得清楚,并看得到示范动作。做游戏前要讲解的内容有:游戏名称、目的、意义、方法(过程)、规则与要求,以及游戏的结果,其中应特别讲清楚游戏的方法、规则和要求。讲解时应该结合示范,这样会取得更好的效果。

2. 游戏的组织和指导

游戏的组织方法取决于内容和性质。有的需要引导人,有的需要分组、分队进行。引导人应该根据游戏的不同内容和要求来确定,通常由组织者指定,或按引导人的条件与要求由大家推荐。分组和分队的方法也要与游戏的内容结合,一般可以采用报数分队的方法,也可先推选几名队长,然后由队长轮流选择自己的队员,直至全部选完,两队人数均等。

3. 组织者要始终指挥和主导水中游戏

水中游戏应该始终在组织者的直接指挥下进行,既要发挥主导作用,同时也要调动游戏者的积极性。游戏进行中发现问题要及时解决,使游戏正确、顺利地进行。对违反规则和要求、不守纪律和有危险行为者,要及时制止。游戏过程中如需要裁判员,应该由组织者来担任,以保证游戏在公正、公平的情况下顺利进行。

三、水中游戏的方法及要求

(一)水中赛跑

游戏目的:熟悉水性,消除怕水心理,体会水的阻力。
游戏准备:游泳教学池,水深80～120厘米,用一根水线或其他标志物作为终点线。
游戏方法:将初学者排成一列或两列横队站在起跑线上,当听到口令后即刻向前跑,两臂可划水加快前进速度。
规则与要求:
(1)两脚不得同时离开池底。
(2)不得以任何游泳方式游进。
(3)按口令起跑,先到达终点者为胜。

(二)憋气比赛

游戏目的:熟悉水性,提高肺活量。
游戏准备:游泳池浅水区。
游戏方法:将学生分为人数相等的若干队,前后、左右相距2米成横队面向教师。当听到口令后,即下蹲、闭气、抱膝,在浮起后,将四肢慢慢松开,展体呈水母状(图2-12)。
规则要求:
(1)坚持1分钟,人数多的队为胜。
(2)站立后,应站好队形。

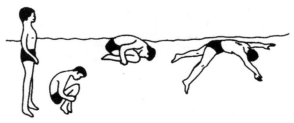

图 2-12

(三)"火车"赛跑

游戏目的:体会水的阻力,提高兴奋性。
游戏准备:在齐腰或齐胸深的水中,在规定20～25米的水中或岸上放一个标志物。
游戏方法:把游戏者分成若干组,各成纵队,扶肩相连赛跑(图2-13)。

规则要求：

(1)游戏者必须双手扶前一个游戏者的肩,不允许脱手。

(2)先到达终点的队为胜。

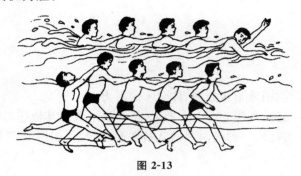

图 2-13

(四)穿山洞

游戏目的:消除怕水心理,体会水的阻力,提高游泳兴趣。

游戏准备:游泳教学池,水深 60~100 厘米。

游戏方法:分若干组,各成两行,面对面拉手举成"山洞",从排头起,一对一对地从"洞"中穿过,走到"洞"尾又接连成"洞"(图 2-14)。

规则与要求：

(1)做"洞"的游戏者面对面拉手前举,不能脱手。

(2)穿"洞"的游戏者必须一手拉住同伴,另一手划水前进。

(3)最后一对先穿过山洞的组为胜。

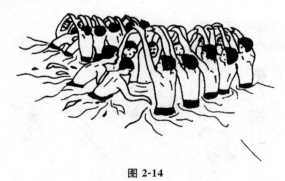

图 2-14

(五)撒网

游戏目的:熟悉水性,提高兴奋性。

游戏准备:游泳池浅水区。

游戏方法:先由一人当"渔夫",其余学生在规定的区域里分散开,被"渔夫"拍到的人,则与"渔夫"拉手结网,直至全部"捕获"为止(图 2-15)。

规则与要求:
(1)必须在规定的区域奔走,不能游进。
(2)"渔网"不能脱手,否则无效。

图 2-15

(六)水下寻宝

游戏目的:巩固潜水技术,提高闭气能力。
游戏准备:游泳池深水区,鸡蛋大石块若干个。
游戏方法:在游泳池深水区的岸上,学生成一列横队站立。将石块放入规定区域的水中。当听到"开始"的口令后,全体学生入水中捞"宝",捞到"宝物"最多者为胜(图 2-16)。
规则要求:
(1)潜水时必须按教师的口令统一行动。
(2)在水中必须睁开眼睛。

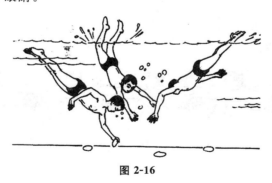

图 2-16

(七)打水鸭

游戏目的:熟悉水性,克服怕水心理。
游戏准备:游泳池浅水区;两个水球。
游戏方法:初学者围成一个圆圈为"水鸭",2 人拿水球站于圆圈中心为"猎人","猎人"可将球投向任何人,周围的"水鸭"可躲闪,还可躲入水中。当球触到"水鸭"身体任何部位时即为打中。被打中的"水鸭"与"猎人"交换,游戏继续进行(图 2-17)。

规则要求：

（1）"猎人"可在圆中心掷球，也可追逐用球碰"水鸭"。

（2）"水鸭"在规定的圆圈内躲避。当"水鸭"躲入水中30秒后再站起，"猎人"不能马上打该"水鸭"。

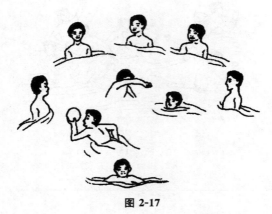

图 2-17

（八）青蛙成队比赛

游戏目的：巩固蛙泳腿部技术，培养协调性。

游戏准备：游泳池深水区。

游戏方法：将学生分成人数相等的两队，踩水成两列纵队，当听到"开始"口令后，排头的队员游蛙泳，后面的学生扶前一位同伴的腰，蹬蛙泳腿前进。距离为25米（图2-18）。

规则要求：

（1）先到达终点的队为胜。

（2）游进中不能脱手。

图 2-18

（九）蹬底滑行赛

游戏目的：锻炼滑行能力，提高肺部功能。

游戏准备：游泳池浅水区。

游戏方法：在浅水区，将学生分为人数相等的若干组。当听到"开始"的口令后，排头同学先吸一口气蹬底向前滑行，第二位同学紧跟着蹬底滑行并用手抓前一同伴的脚腕往前推，依次进行，排尾的同学则用手推前一同伴的脚腕，并蹬蛙泳腿或打爬泳腿前进，使整队看起来像火车在前进（图2-19）。

规则要求:
(1)在前进中,若哪一队有先站起者,则被淘汰。坚持到最后的队为胜。
(2)游戏过程中,除排尾同学以外,其他人员不能打腿或蹬腿。

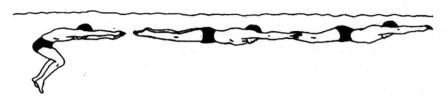

图 2-19

(十)吹乒乓球比赛

游戏目的:增强呼吸肌力量,提高兴奋性。
游戏准备:游泳池浅水区。
游戏方法:将学生分成人数相等的甲、乙两队,各队再分成两组,相距6～8米面对面成纵队站立。教师发令后,排头吹乒乓球,吹给本队另一组排头,依次进行(图2-20)。
规则要求:
(1)最后一名队员先吹到终点的队为胜。
(2)吹乒乓球时不能用手抓球或拨球。

图 2-20

(十一)穿越水下隧道

游戏目的:提高潜水技术,提高水中憋气能力。
游戏准备:游泳池浅水区。
游戏方法:将学生分成人数相等的若干纵队,后面人扶前面人的腰,两腿叉开形成一个水下隧道。当听到"开始"口令后,队尾的人立即潜入水中从地下隧道穿过,然后排在队首并叫一声"到",队尾听令后,马上又穿过,依次进行。
规则要求:
(1)队尾必须在听到本队穿过隧道的同学叫"到"时才能潜入水中。
(2)先穿越完成的队为胜。

(十二)反蛙泳比赛

游戏目的:巩固蛙泳腿部技术,提高兴奋性。

游戏准备:游泳池深水区。

游戏方法:将学生分为人数相等的4队,将游泳池的两条端线分别规定为起、终点线,各队左右相距2米成纵队站在深水区一端池岸上。当听到"开始"的口令后,各队排头跳入水中,背对游进方向,用双脚蹬池壁使身体仰卧水中,蹬蛙泳腿,两臂位于体前。各队排头至终点后,第2名队员出发,依次类推(图2-21)。

规则要求:

(1)先到达终点的队为胜。

(2)各队前者触终点池壁时举手,后者才可出发。

图 2-21

(十三)双人游泳赛

游戏目的:锻炼双臂划水和腿部蹬夹水技术及身体协调配合的能力。

游戏准备:游泳池浅水区。

游戏方法:两人1组,将全体学生分为若干小组,各组靠池边按横队排列。听到比赛开始的信号后,各组同时向对面池边游进,前面的人在水中行走,手臂做蛙泳的划臂动作,后面的人俯卧水中,双手扶前面人的腰部做蛙泳腿的动作(图2-22)。

规则要求:

(1)先到达终点的前5组为胜。

(2)两人配合要自然协调,不能脱手。

图 2-22

(十四)对抗打水赛

游戏目的:提高爬泳打腿能力,培养集体主义精神。

游戏准备:游泳池深水区、两个救生圈(或浮体物)、一根 5 米长竹竿。

游戏方法:把竹竿的两头系在救生圈上。将学生分成甲、乙人数相等的两组,两组队员面对面,当听到开始信号后,立即抓住竹竿爬泳打腿,相互对抗(图 2-23)。

规则要求:

(1)必须按统一口令开始打水。

(2)在规定时间内,使竹竿往前移动的队为胜。

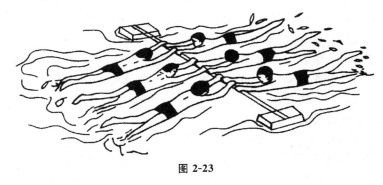

图 2-23

第四节　游泳运动出发技术

现代游泳运动中常用的出发技术主要是出发台出发技术和仰泳出发技术两种,本节主要就这两种出发技术进行介绍。

知识拓展

游泳运动中,最早的出发台出发技术是摆臂式出发。最初的摆臂式出发由于在做预备姿势时两臂向后伸,起跳时两臂前摆带动身体向前跃出,因此又称为"直接前摆式"出发。之后又演变成"预先后摆式"出发。后来发展出一种"环绕摆臂式"出发。20 世纪 60 年代末期,出现了"抓台式"出发技术,其后,又出现了一种"团身出发"技术。近年来,类似于短跑起跑动作的"蹲踞式"出发技术已被现代高水平运动员采用。另外,腾空和入水姿势也是出发技术演变过程中的另一重大变化。

一、出发台出发技术

出发台出发技术一般划分为预备姿势、起跳、腾空和入水、滑行和开始游泳 4 个阶段。

(一)抓台式出发技术

1. 预备姿势

站在出发台上,两脚分开与髋同宽,脚趾扣住出发台的前沿,膝关节屈成 130°～140°角,上体前屈,胸部贴近大腿,臀部抬高,体重均衡地落在两前脚掌上;两臂放松伸直,两手抓住出发台面前沿;颈部自然放松,眼看下方水面。此时全身肌肉适度紧张,身体保持静止,集中注意力听出发信号(图 2-24)。两手在两脚之间抓台称内抓式,在两脚外侧抓台称外抓式。

预备姿势时,两脚分开,使蹬台动作所产生的反作用力垂直作用于骨盆,有效地推动身体蹬离台面。双脚不宜并得太紧,也不宜分得太开,否则,蹬台动作所产生的反作用力将出现侧向分量,影响向前蹬跳的速度。两膝弯曲的程度因人而异,但一定要抬高臀部使身体重心尽量靠前,以便起跳时重心垂线能迅速向前移出台面,形成向前倾倒的力矩。过分屈膝会造成臀部位置降低,身体重心偏后,起跳时重心前移的距离较长,势必造成起动时间的延长(图 2-25)。

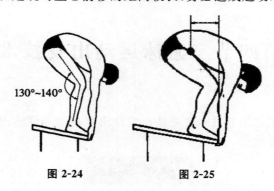

图 2-24　　　　图 2-25

2. 起跳

听到出发信号时,两臂屈肘向上提拉,上体贴紧大腿,身体重心迅速前移使重心垂线超出台面,膝关节进一步弯曲成约 90°角。紧接着,两手松开,略抬头,两臂迅速向前摆出,两腿用力蹬伸,身体迅速展开。在蹬离台面的一瞬间,髋关节、膝关节、踝关节完全伸直,腿与水平面构成 15°～20°的起跳角(图 2-26)。

起跳是出发的关键环节,应当做得快而有力。抓台式出发起跳时两臂的快速提拉是引起身体前倒、重心前移的直接原因。

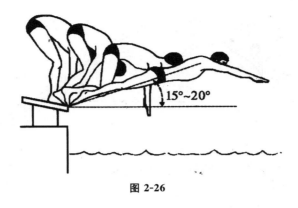

图 2-26

3. 腾空和入水

腾空和入水主要包括展体式和洞式两种,内容如下。

(1)展体式:两脚蹬离出发台后,身体伸展,两腿并拢,两臂前摆至前下方时制动,身体保持一定的紧张度。由于起跳时身体重心位于台面对身体反作用力的作用线的下方,这就形成了一个转矩,使身体在腾空后沿抛物线运动的过程中绕髋部的横轴前翻,上体向下倾斜,两腿继续上摆,由头高于脚的姿势翻成头低于脚的姿势。随后,两臂充分伸直并拢,头稍低,夹在两臂之间,身体按手指、臂、头、躯干、腿的顺序插入水中,入水角(入水时身体纵轴与水平面的夹角)为 10°～20°(图 2-27)。

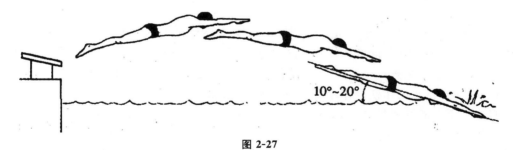

图 2-27

不同的泳姿,入水角也有所不同。一般来说,爬泳和蝶泳的入水角比较小,入水时身体比较平,以利于身体及时浮出水面转入途中游。而蛙泳出发后可以在水下做一次长划臂和一次蹬腿的动作,滑行比较长,因而入水角应大些,入水应深些。

(2)洞式:该入水技术所具有的特点,主要有:①起跳角较大,为 35°～40°;②腾空较高,腾空至最高点时手臂即指向前下方入水点;③入水时身体迅速依次展开,两手上下重叠,头夹于两臂之间。手、头、躯干和腿依次从水面同一位置像钻洞一样插入水中,入水角为 30°～40°;入水后身体略成反弓形向前上方滑行,注意用手臂控制滑行的深度,避免入水过深的错误(图 2-28)。

图 2-28

洞式入水技术，入水时身体与水的接触面小，可以有效降低入水时身体受到的水阻力，并能通过入水后的挺身动作把身体下落的速度转化为向前滑行的速度，因而水下滑行速度较快。但这种入水方式由于技术比较复杂，较难掌握，对腿部力量及身体协调的要求较高，且安全性较低，入水角掌握不好时容易发生头撞池底的事故，故不宜作为初学者的学习内容，也不宜在游泳池的浅水区练习。

4. 滑行

在入水后，身体要保持适度的紧张，使身体成流线型，并利用起跳所获得的速度在水中向前滑行，注意用手臂和头控制滑行的深度与方向。当入水过深时，手臂应当上翘并略抬头，以使滑行路线接近水面。

5. 开始游泳

当滑行速度略降低接近正常游速时，即开始衔接正常游泳动作。若是蛙泳出发，则在水下做一次长划臂和一次蹬腿（同蛙泳转身后的水下长划臂和蹬腿动作），在第2次划臂至最宽点并在两手向内划水前头露出水面，转入正常的途中游；若是蝶泳出发，则先做若干次海豚式打腿，然后做第一次划水动作使身体浮出水面转入正常的途中游；若是自由泳出发，则先做上下交替打腿或若干次海豚式打腿，然后做第一次划水动作使身体浮出水面转入正常的途中游。需要注意的是，根据游泳规则，自由泳或蝶泳出发后，在离池壁15米前，头应露出水面，否则将被判犯规。

（二）摆臂式出发技术

环绕摆臂式出发技术具有蹬台力量大、腾空较高、入水点较远、滑行速度较快等优点。其弱点是预备姿势不够稳定，台上起动较慢。

1. 预备姿势

站在出发台上，两脚分开与髋同宽，脚趾扣住出发台的前沿；两膝微屈成160°～170°，上体前屈，体重均衡地落在两前脚掌上；两臂伸直自然下垂，掌心向后；颈部自然放松，眼看前下方。此时身体保持静止，集中注意力听出发信号（图2-29之1）。

2. 起跳

在听到出发信号时，头略低，身体前倒，重心前移，膝关节进一步弯曲，两臂先向前、向上、向外摆起，然后向后、向下、向内弧形摆至体后。紧接着，略抬头，两臂经大腿两侧向前摆出，两腿在膝关节弯曲至 90°左右时开始用力蹬伸。当两臂摆至前下方与躯干成 150°～160°角时，立即制动，身体迅速展开，髋关节、膝关节、踝关节伸直，身体以 25°～30°的起跳角蹬离台面（图 2-29 之 2～7）。

环绕摆臂式出发两臂的弧形摆动可以达到较高的速度，从而产生较大的角动量。当两臂绕摆一周在身体前下方制动时，手臂所具有的动量立即转移到身体上，从而带动身体快速向前上方跃出。同时，由于起跳角较大，所以环绕摆臂式出发比抓台式出发跳得高些、跳得远些。

3. 腾空

两脚蹬离出发台后，两腿并拢；身体在沿抛物线运动的过程中绕髋部的横轴前翻，上体向下倾斜，两腿继续上摆，由头高于脚的姿势翻成头低于脚的姿势。随后，两臂充分伸直并拢，头稍低夹在两臂之间，身体挺直成流线型，按手指、臂、头、躯干、腿的顺序以 15°～20°的入水角插入水中（图 2-29 之 8～9）。

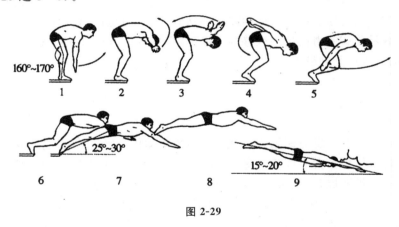

图 2-29

4. 入水

环绕摆臂式出发既可以采用"展体式"入水，也可以采用"洞式"入水。

5. 滑行和开始游泳

摆臂式出发的水下滑行和开始游泳的动作与抓台式出发相同。在接力比赛交接棒时，允许出发台上的运动员提前做出发动作，只要其双脚是在前一棒运动员触及池壁后才蹬离台面即可。因此，一些运动员在交接棒时常采用环绕摆臂式出发技术，以求起动早些，跳得更远些。其关键在于准确判断前一棒运动员的游速和离池边的距离，以便适时开始摆臂动作，又不至于造成犯规。

二、仰泳出发技术

仰泳比赛的出发是在水中进行的,起跳后身体必须成仰卧姿势。由于出发条件的限制,以及身体姿势的不同,仰泳的出发技术与出发台出发技术相比有很大的差异。

(一)预备姿势

仰泳出发时,下水后,应面对池壁,两手握住出发台上的仰泳出发握手器,两臂伸直,屈膝收腿团身,大小腿自然折叠,两脚稍分开,两前脚掌平行蹬在池壁上,脚趾与水面平齐,臀部和大腿部分浸入水中。此时全身放松等待出发命令(图2-30之1)。

当听到发令员发出"各就位"的口令时,膝关节稍展开,两臂立即屈肘至90°左右,将身体向前上方拉起靠近出发台,低头,胸腹贴紧大腿,两前脚掌抵紧池壁防止滑脱,使身体的大部分升出水面并保持静止。此时集中注意力听出发信号(图2-30之2)。

预备姿势时两脚的距离与髋同宽,蹬壁所产生的反作用力会直线作用于髋关节,推动身体向前跳出。如果两脚分得太开或靠得太紧,则反作用力会产生侧向分量,影响蹬跳速度。

做准备动作时,两臂屈肘提拉身体的高度要适宜。若提拉过高,会使起跳角增大,造成身体腾空过高,还容易使脚蹬滑而失去取好的支撑;若提拉不足,则难以使身体跃出水面,会使身体在蹬离池壁的过程中受到较大的水阻力。

(二)起跳

听到出发信号时,两腿迅速深屈做一个微小的预蹲动作。紧接着,两臂迅速伸肘推压握手器,仰头,挺胸,将身体向上向后推离池壁。两臂接着经上或经侧向头前挥摆,两腿同时用力蹬伸,身体像弹簧一样迅速展开,髋关节、膝关节、踝关节充分伸展,整个身体略成反弓形蹬离池壁(图2-30之3~4)。由于在预备阶段提拉身体等待出发信号时,臂、腿的肌群处于静力工作状态,为了使静力紧张的肌肉迅速转为动力工作,并使肌肉在收缩前适当拉长,以通过初长度的增加来增大收缩力量,在蹬壁前先做一个微小的预蹲是必要的。这个动作应做得快速而富有弹性。

仰泳出发时,两臂的挥摆,既可加大双腿蹬壁的力量,又有助于控制起跳角度,使身体形成良好的腾空入水姿势。两臂的摆动方式主要有两种:一是两手分别抓握出发握手器的横杠,向下推压后,两臂略屈向上挥摆,并随着身体的后倒摆至头前并拢伸直。这种方式由于摆臂时肘关节稍后,缩短了转动半径,因而摆动速度较快,而手臂过头后的前伸动作又有利于增大腿的蹬壁力量,提高蹬离池壁的速度。但由于手臂向上挥摆会造成上体向后翻转,从而降低身体腾空的高度。因此,这种方式较适合于起跳早、腾空高的人采用;另一种是两手分别抓握出发握手器的竖杠,向内推压后,两臂伸直经身体两侧摆至头前并拢。这种方式可以使躯干保持较高的腾空位置,不致造成跃起高度的降低,适合于起跳晚、跃起低的人采用。

(三)腾空和入水

双脚蹬离池壁后,两臂伸直并拢,头夹在两臂之间;两腿伸直并拢,脚尖绷直;继续保持仰头挺胸的姿势,身体成反弓形,沿一条低平的抛物线向前运动。在臀部经过抛物线的最高点时双脚提出水面;整个身体略后翻,由头高于脚的姿势转为脚高于头的姿势。腾空结束时,身体保持流线型姿势下落,以手指领先,按手臂、头、躯干、腿的顺序依次入水,手臂及躯干与水面形成一个不大的入水角。由于仰泳出发时身体接近水面,所以臀部的入水点稍靠后。腾空中两腿要稍上摆,以使双脚能在臀部的入水点处入水,避免出现双腿拖水的错误,以减小入水时的水阻力(图 2-30 之 5)。

(四)滑行和开始游泳

入水后,手臂适当上扬,躯干、髋关节、膝关节、踝关节伸直,身体伸展成流线型在水面下向前滑行(图 2-30 之 6)。滑行中,用鼻缓缓呼气以防鼻腔进水。

当滑行速度略降低,接近正常游速时,便开始仰泳的打腿动作,然后接着做划臂动作,使身体升出水面转入途中游。目前,一些运动员在滑行后采用反海豚式的打腿动作在水下游进一段距离再升出水面。这种技术减小了水面的波浪阻力,有利于发挥腰腹肌群的力量,充分利用海豚式打腿动作所产生的较大的推进力来提高潜游速度。但在离池壁 15 米前,头应露出水面,否则将被判犯规。

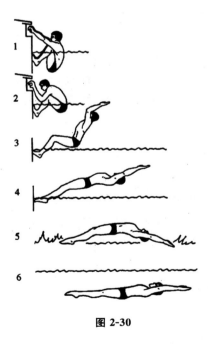

图 2-30

第五节　游泳运动转身技术

现代游泳比赛大多是在 50 米或 25 米长的游泳池中进行的。除了在 50 米池进行 50 米项目的比赛外,在其他所有项目中,运动员游到池端后,都必须折返回头继续游进。转身是游泳比赛中的一个重要阶段,比赛距离越长,转身的次数就越多。转身动作的快慢,对比赛成绩有着直接影响。

下面就现代游泳运动中常用的转身技术进行介绍。

知识拓展

游泳转身的方式有很多,不同的泳式有不同的转身方法,同一种泳式也有多种不同的转身方法。根据其动作形象,大体可分为平转式、摆动式和滚翻式。平转式转身常见于仰泳平转身,在转身时不改变身体原来的卧水方式,身体在水平面上绕垂直轴像磨盘一样转动。摆动式转身因在推离池壁时有一个上体的侧向摆动动作而得名,常见于爬泳摆动式转身、蛙泳摆动式转身和蝶泳摆动式转身。滚翻转身常见于爬泳前滚翻转身、仰泳半滚翻转身及仰泳前滚翻转身。

一、蛙泳、蝶泳摆动式转身

在游泳运动中,蛙泳和蝶泳在技术方面有着很多相似之处。游泳比赛规则对它们也有一些共同的要求,即在转身时,两手要同时触壁;手触壁前身体必须保持俯卧;转身后,从第一个手臂动作开始,身体应恢复俯卧姿势。因此,蛙泳和蝶泳都是采用摆动式转身,只是在蹬壁后的水下动作略有差别。

(一)游近池壁和触壁

游近池壁时,应尽量保持途中游的速度,并根据身体与池壁的距离及时调整好动作。蛙泳应该是最后一次蹬腿结束,两手前伸触壁。蝶泳应该是最后一次划水结束,两臂经空中前摆触壁。两手的触壁点在正前方水面处或略高于水面处,两手间的距离约为 10~15 厘米,手指向上(图 2-31 之 1)。

(二)转身

以向左转身为例,两手触壁后,在惯性的作用下身体继续接近池壁,这时两臂应屈肘缓冲,同时屈髋、屈膝,两腿前收,身体绕横轴转动,使头和肩部露出水面并张口吸气。紧接着,左臂屈肘拉回左胸前,同时身体绕纵轴向左转。当身体转到侧对池壁时,右手推离池壁,身体绕贯穿腹背方向的矢状轴向左侧倒;右臂在空中经头部上方甩向转身后的游进方向,并随着头、肩的入水以手指领先在头前插入水中。与此同时,继续屈膝团身提臀,使两脚向池壁贴靠。完成翻转动作后,两脚右上左下斜蹬在水面下约 40 厘米的池壁处,两腿屈膝,身体侧卧,躯干伸直,两臂稍屈,准备蹬壁(图 2-31 之 2~6)。

(三)蹬壁

身体沉入水中两脚贴壁后,两臂立即向前伸直并拢,头夹于两臂之间。接着,两腿用力蹬离池壁,身体伸直成流线型在水面下向前滑行,并逐渐转回俯卧姿势(图 2-31 之 7)。

(四)滑行和开始游泳

滑行时,身体应保持一定的紧张度,两臂、两腿都要并拢伸直,腿尖绷直,在水面下 40~50 厘米深处滑行,以尽量减小压差阻力和波浪阻力。

蛙泳转身蹬壁时,身体应适当向下倾斜,以使身体在滑行中达到足够的深度,便于完成水下长划臂和蹬腿动作。当滑行速度下降至接近正常游速时,两掌心转向外斜下方,略屈腕,两臂开始向外划水;随后逐渐屈肘,形成高肘姿势,两手掌转为向下、向内、向后划水至腹部下方,此时两手相距较近;接着两臂加速伸肘向后、向外、向上划至大腿旁,掌心转朝上。在长划臂的过程中,头稍上抬,使身体向前上方水面滑行。当滑行速度再次下降接近正常游速时,两手贴着腿、腹收至胸侧,并不停顿地前伸。在收手的同时收腿、翻脚。两臂即将伸直时,两腿迅速向后蹬夹,使头向前上方升出水面转入正常的途中游(图 2-32)。

图 2-31　　　　图 2-32

蝶泳转身蹬壁时,身体基本成水平,滑行路线比较平直。当滑行速度下降至接近正常游速时,可先做一次或多次海豚式打腿动作,然后开始划水,使头向前上方升出水面转入正常的途中游。

二、爬泳转身

(一)爬泳摆动式转身

摆动式转身是爬泳转身方法中比较简单的一种,这种转身方法速度较慢,但动作结构简单,比较省力,便于呼吸,易学,是初学者或训练水平较低的运动员常采用的转身方式。

1. 游近池壁和触壁

以右手触壁做转身动作为例。游近池壁时不减速,随着左臂做最后一次划水动作,右臂经空中摆向头的正前方,手指向上在高于身体重心投影点的水面上触壁(图2-33之1~2)。

2. 转身

随着身体向前游进的惯性,右肘弯曲缓冲,身体继续靠近池壁并围绕纵轴向左转动成侧卧姿势,同时开始屈髋、屈膝、向前收腿。紧接着,右臂伸肘推池壁,使身体围绕贯穿腹背方向的矢状轴转动,头、肩露出水面,张口深吸气。与此同时,髋部下沉,两腿由于运动惯性而继续靠近池壁。紧接着,头、肩积极侧倒,右臂经头上方甩向游进方向,稍屈肘,以手指领先在头前插入水中,两脚继续向池壁贴靠。此时左手由下向上划水,帮助身体侧摆并使上体迅速沉入水中。完成转身时,身体没于水中成左侧卧姿势,躯干伸直对着游进方向,两臂稍屈,屈髋、屈膝,两脚右上左下贴在水面下约30厘米处的池壁上(图2-33之3~7)。

3. 蹬壁

完成转体后,两臂在头前并拢伸直,头夹在两臂之间,两腿用力蹬壁,髋、膝、踝依次迅速伸展,身体继续绕纵轴向左转(图2-33之8)。

4. 滑行和开始游泳

两脚蹬离池壁后,身体成流线型姿势在水下向前滑行。在滑行中,腹背肌保持适度紧张,臂、腿并拢并充分伸直,以减少身体在游进方向上的投影截面,减少滑行阻力。当滑行速度下降至接近正常游速时,立即开始打腿,接着做一次划臂使身体升至水面向前游进。

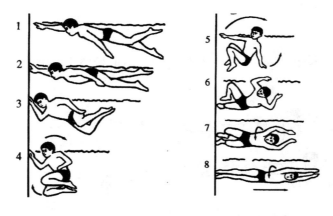

图 2-33

(二)爬泳前滚翻转身

前滚翻转身是爬泳中最快的一种转身技术。在转身的过程中,手不触壁,身体先是围绕横轴前滚,再同时围绕横轴和纵轴转动,完成翻转后用脚触壁并用力蹬出。这种技术能很好地把向前的游进速度转化为旋转速度,故转身速度快。这种转身技术比较适合于有一定运动水平的运动员。

1. 游近池壁

游近池壁时尽量保持速度,并注意看池底的"T"形标志线,以准确地判断自己与池壁的距离,及时调整好划水动作。一般在距池壁1.5～2米时,即头部抵达池底"T"形标志线正上方或略超过时,做最后一次划水动作。身材较高或游进速度较快者做最后一次划水动作时可距离池壁远些,身体较矮者或游进速度较慢者则应近些。为了能在合适的位置做转身动作,在最后两次划臂期间不要转头呼吸,眼睛盯住池壁或池底"T"形标志线(图2-34之1)。

2. 转身

以右臂做最后一次划水为例。在转身前,左臂用力划水至大腿边停住,右臂入水后加速向后做最后一次划水至大腿旁。紧接着低头,并腿屈膝,两臂外旋使掌心转向下。随着头、肩的下潜,收腹屈髋,两手掌向下推压,两腿做一次轻快的海豚式打腿动作帮助提臀。此时头和背部受到水的强烈阻滞,上半身向前的运动趋于停止,而髋部和两腿仍继续向前运动,从而形成身体绕横轴的翻转(图2-34之2～4)。当向前滚翻臀部越过头部上方时,左手朝着头部的方向划水,使身体在继续向前滚翻的同时开始绕纵轴向右转动。当身体滚翻使两脚完全出水时,两腿屈膝,两脚迅速经空中甩向池壁。滚翻结束时,身体继续向右转成侧卧,两脚左上右下斜蹬在距水面约20厘米深处的池壁上,髋关节与膝关节都稍展开,两臂稍屈。在滚翻的过程中应始终用鼻慢慢呼气,以避免鼻腔进水(图2-34之5～6)。

3. 蹬壁

紧接着滚翻的结束,两臂前伸并拢,头夹于两臂之间,两腿用力蹬伸,身体继续绕纵轴向右转(图 2-34 之 7~8)。

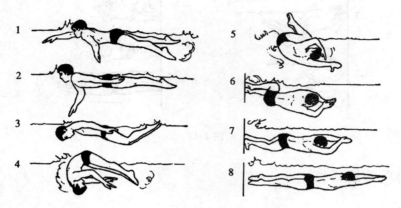

图 2-34

4. 滑行和开始游泳

两脚蹬离池壁后,身体继续绕纵轴转成俯卧姿势,全身充分伸展成一直线在水面下向前滑行。当滑行速度下降至接近正常游速时立即开始打腿,然后做第一次划臂动作使身体升到水面转入正常的途中游。

爬泳前滚翻转身的另一种形式是,身体先绕横轴完成正前滚翻成仰卧,然后在蹬壁和滑行的过程中再绕纵轴转体180°成俯卧。这种技术将前滚和侧转分开,动作相对简单,故也为相当一部分运动员所采用。

三、仰泳转身

(一)仰泳平转身

平转身是仰泳转身中最简单的一种方式。平转身速度慢,但动作简单,初学者容易掌握。

1. 游近池壁和触壁

对于仰泳来说,由于其是背向游进,所以对自己与池壁距离的准确判断比较困难。一般是当头部经过离池端5米的仰泳转身标志线下方时就开始数划水动作次数并调整划水动作。通过反复练习形成动力定型,做到准确触壁。

以左手触壁为例。游近池壁时,在右臂完成最后一次划水的同时,左臂经空中摆至头部右前方,同时头和肩偏向右侧,左手在右肩前方约离水面20厘米深处触壁(图2-35之1)。

2. 转身

左手触壁后,屈肘缓冲,身体因惯性而继续接近池壁,此时迅速屈膝团身收腿。由于触壁时左臂及头、肩的右偏,身体开始在水平面上绕垂直轴旋转,两腿屈膝并拢沿水面摆向池壁。此时左手向左推拨池壁,右手屈肘,掌心向内,朝自己头部的方向划水。左臂推拨池壁和右臂划水所产生的反作用力将加快身体的旋转。身体完成180°平转后,两脚蹬在水面下约30厘米深处的池壁上,上体正对游进方向,两臂屈肘移至头侧(图2-35之2~6)。

头不出水的平转身动作,上体较平,下肢位置较高,阻力较小。头抬出水面吸气的平转身动作,上体稍斜,下肢较沉,比较适合于初学者。

3. 蹬壁

完成转身动作后,两臂并拢向前伸出,头夹在两臂之间,两腿用力蹬伸,髋、膝、踝迅速伸展,身体伸直成一直线以仰卧姿势蹬离池壁(图2-35之7~8)。

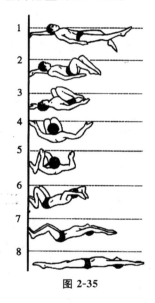

图 2-35

4. 滑行和开始游泳

两脚蹬离池壁后,身体保持流线型姿势在水面下向前滑行。当滑行速度下降至接近正常游速时即开始打腿,然后接着做第一次划水动作使身体升至水面转入正常的途中游。

(二)仰泳前滚翻转身

仰泳的前滚翻转身与爬泳的正前滚翻转身十分相似,只是因仰泳是仰卧游进,在做前滚翻之前必须先使身体翻转成俯卧姿势,而滚翻之后正好成仰卧姿势,即可蹬壁滑行,不必像爬泳转身一样还要绕纵轴转成俯卧姿势。

由于做前滚翻转身时,身体团得紧,翻转半径短,同时能有效地将水平游进的速度转化为滚翻的速度,因而滚翻速度快。再加上滚翻之后身体即成仰卧姿势,双脚一触壁马上就可蹬壁,因而滚翻与蹬壁动作连得紧。整个动作圆滑、紧凑、快速,适合较高水平的运动员采用。

1. 游近池壁和翻转

以向左转体为例。以正常仰泳动作游近池壁,在左臂做仰卧姿势下的最后一次划水动作时,身体绕纵轴向左转成俯卧姿势。在身体左转的同时,右臂经空中摆至头前入水(图2-36之1~2)。

2. 转身

左臂继续划水至大腿边停住,右臂加速向后划水至大腿旁。紧接着迅速低头,并腿屈膝,两臂外旋使掌心转向下。随着头、肩的下潜,收腹屈髋,两手掌向下推压,两腿做一次轻快的海豚式打腿动作帮助提臀,身体绕横轴向前滚翻。当身体翻转两腿提出水面时,两腿屈膝,两脚迅速经空中甩向池壁。滚翻结束时,上体平直仰卧水中,两臂夹于头侧,髋关节稍展开,两脚贴在离水面约30厘米深处的池壁上(图2-36之3~7)。

3. 蹬壁

完成正前滚翻后,两臂朝游进方向伸出,头夹在两臂之间,两腿用力蹬伸,身体成仰卧姿势蹬离池壁(图2-36之8)。

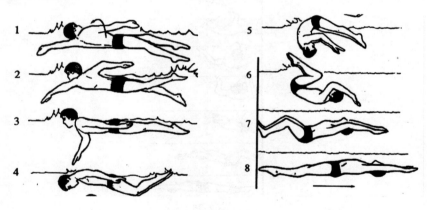

图 2-36

4. 滑行和开始游泳

两脚蹬离池壁后,身体充分伸展成流线型在水面下向前滑行。当滑行速度稍降低时,即开始仰式打腿(许多运动员采用反海豚式打腿),然后接划水动作使身体升至水面转入正常的途中游。

仰泳前滚翻转身,需准确判断身体与池壁的距离,适时开始翻转动作。如果离池壁太近,则影响转身动作;如果离池壁太远,滚翻之后脚仍够不着池壁,则动作失败,不能重新触壁游出。此外,应注意避免犯规。身体一旦翻转成俯卧姿势,则所有动作都必须是完整连贯转身动作的一部分。常见的犯规动作是翻转成俯卧姿势后多划一次臂或继续打腿游进。

第三章　游泳运动各种泳姿及技术

学海导航

游泳运动是考验人对水的感觉的一项体育运动。经过长期的发展，直到今天，游泳共有4种正式比赛泳姿，分别为蛙泳、爬泳、仰泳和蝶泳。本章就对这4种泳姿及相关技术进行详细的研究与分析。

第一节　蛙泳及技术

一、蛙泳简介

蛙泳的泳姿在很久以前就已经出现，与其他3种泳姿相比，蛙泳是最为古老的。民间通常都会以蛙泳泳姿作为实用性游泳的姿态，由此便一直流传至今。由于这种泳姿的出现最初是模仿青蛙的游泳动作，因而形象地得名"蛙泳"。

尽管在实用游泳中，蛙泳的泳姿是应用频率最高的，但从技术的角度上来说，蛙泳却是 4 **种姿势**中最为复杂的。这种复杂性主要体现在其臂腿变化方向多，与其他泳式的差别很大，所以较难掌握好。技术较为复杂并不代表蛙泳可以游出很快的速度，它是 4 种姿势中速度最慢的一种，这是因为人在蛙泳游动过程中从水下移臂到收腿都会给身体带来很大的阻力，使前进速度骤然下降，身体前进速度极不均匀，由此给游泳速度的提升带来了非常大的制约。不过蛙泳也有一些专属的优点，其中最为典型的就要数蛙泳的呼吸比较容易掌握，而且每个动作周期结束后都有一定的滑行放松时间，所以较容易学会，而且掌握动作节奏后很快就能游较长的距离。此外，蛙泳的泳姿特点还特别有利于游泳者观察前方和周边情况，这在实用游泳（救生等）领域有重要的地位。

蛙泳的发展经历比较曲折，从成为奥运会正式比赛项目以来，蛙泳的技术变化是最多的，也是最富戏剧性的。曾几经波折数次险遭淘汰，又几经发展最终走向成熟。

在第 1 届和第 2 届奥运会上由于只设自由泳项目，而蛙泳速度又慢，因此很少有人采用，到1904年第3届奥运会时蛙泳成为独立的比赛项目,才开始被人使用。这个阶段蛙泳技术仍较为落后,开始盛行的"跑马式",划水到大腿才开始收手移臂,收腿收到腹下,以至于身体上下起伏,阻力很大,前进速度极不均匀。后来德国运动员改进了技术,减小了划水和收腿的幅度,采用蹬夹水动作,充分发挥了腿部动作的作用,使蛙泳水平迅速提高。在此技术的基础上形成了"平航式"蛙泳技术,其特点是身体位置平稳,蹬腿力量突出。此后,日本运动员进一步发展了蛙泳技术,加长了划水路线,突出了手臂力量,创造了"日本高航式"技术,并在1932年和1936年奥运会上取得了优异成绩。日本高航式蛙泳的特点是划水到腰下,收腿快速,蹬夹分离,收手后吸气,头和肩的位置较高。

1936年国际泳联正式作出决定,允许蛙泳划水后从水面上移臂。之后,运动员纷纷采用"蝶式蛙泳",即蛙泳腿、蝶泳臂技术,这是因为空中移臂的阻力小,游进速度快。这样一来,传统的蛙泳受到了冷落,在1952年第15届奥运会200米蛙泳比赛中,全部运动员都采用蝶式蛙泳。传统蛙泳第一次面临着被淘汰的局面。

第15届奥运会后,国际规则把蝶泳列为新的项目,将蝶泳和蛙泳分开比赛,使蛙泳技术得到恢复和发展。由于水下潜泳能减少波浪阻力,并能充分发挥手臂的力量,于是在蛙泳比赛中运动员纷纷改用"潜水蛙泳"。到1956年奥运会上,只有一人采用传统的蛙泳技术,传统的蛙泳技术又面临第二次被淘汰的局面。

在1956年第16届奥运会后,国际规则规定蛙泳比赛除出发和转身后可以做一次水下动作外,头不得没入水中。此项规则的改变主要是针对运动员在水下潜泳的行为给蛙泳比赛带来了诸多不公平因素。规则的改变使蛙泳重新回到了发展的正确道路上,在公平的环境中,运动员的成绩也有了大幅度提高,并形成了许多种不同的技术风格。1957年我国运动员戚烈云采用"高航式"、1958年穆祥雄采用"半高航式"、1960年莫国雄采用"平航式"相继5次打破男子100米蛙泳世界纪录。1961年美国运动员亚斯特列姆斯基革新了蛙泳腿技术,创造了鞭状窄蹬腿技术,取得了优异成绩,使蛙泳的两项世界纪录得到大幅度提高。在20世纪70年代,美国的亨肯以充分加强划臂力量、晚呼吸、以手为主的配合技术和英国的威尔基以腿为主的快速划手配合技术,使蛙泳技术的发展又推进了一步。

二、蛙泳技术学练

(一)身体姿势

蛙泳运动是模仿青蛙游泳动作的一种泳姿,它是世界上最早的游泳姿势之一。其整个动作与青蛙游水十分相似,所以取名为蛙泳。蛙泳的特点是省力、持久、易观察、声音较小,头部可以出没水中呼吸,视野广阔,实用性较强。

运动员在游进过程中,身体姿势是不断变换起伏的,它是随着臂、腿及呼吸动作的周期性变化而不断变化着的。在一个动作周期中两臂前伸、两腿向后蹬直并拢时,身体是几乎水平地俯卧于水中,头部夹在两臂之间,两眼注视前下方,腹部与大、小腿位于同一水平面上,臀部接近水面,身体纵轴与水平面约成 5°～10°角(图 3-1 之 1)。这种身体姿势,可以减小游进时的水阻力。

技术要点:游进过程中注意胸部自然伸展,稍收腹,微塌腰,两腿并拢,脚尖伸直,两臂并拢尽量前伸,全身拉伸成一直线。而在划水和抬头吸气时,上体会向前上方抬起,肩和背部的一部分上升露出水面,此时躯干与水面的角度较大(图 3-1 之 2)。当两臂前伸、两腿向后蹬夹时,肩部随低头动作再次浸入水中,使身体恢复比较平直的流线型姿势继续向前滑行。

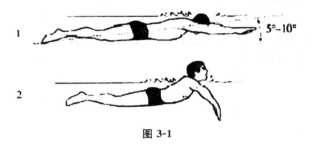

图 3-1

(二)腿部技术

运动员在蛙泳时的腿部动作,可以分为收腿、翻脚、蹬夹水与滑行 4 个阶段。

1. 收腿阶段

收腿技术是翻脚技术、蹬夹技术的准备动作,是从身体伸直成流线型向前滑行的姿势开始的。收腿时,腿部肌肉略为放松,大腿自然下沉,两膝开始弯曲并逐渐分开,小腿和脚跟在大腿后面向前运动。收腿时,踝关节放松,脚底基本朝上,脚跟向上、向前移动,向臀部靠拢,两腿边收边分开。两小腿和两脚在前收的过程中要落在大腿的投影截面内,以避开迎面水流,减小收腿的阻力。收腿动作应柔和,不宜太用力。在收腿的过程中臀部略下降。收腿结束时,两膝内侧的距离约同肩宽;大腿与躯干约成 130°～140°角,大、小腿折叠紧,小腿接近于与水面垂直,整个收腿就像压缩弹簧一样,为翻脚和蹬夹做好准备(图 3-2)。

技术要点:收腿速度要先慢后快,以尽力减少阻力。

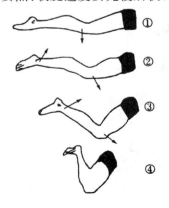 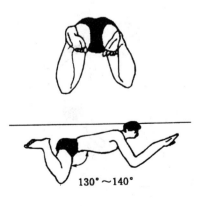

图 3-2

2. 翻脚阶段

翻脚技术实质上是运动员从收腿到蹬水的一个过程,是收腿的继续、蹬水的开始。它的主要目的在于使腿在蹬夹时有一个良好的对水面。在蛙泳技术中,翻脚动作的好坏会直接影响到蹬水的效果,而翻脚动作的好坏则取决于踝关节的灵活性和腿部的柔韧性。当收腿使脚跟接近臀部时,大腿内旋,两膝稍内扣,小腿向外张开,两脚背屈使脚掌勾紧向外翻开,脚尖转向两侧,使小腿和脚的内侧面向后,形成良好的对水面,为蹬夹动作作好准备。翻脚实际上是收腿的结束动作和蹬夹的开始动作。在收腿接近完成时就开始翻脚,翻脚快完成时就开始蹬夹,在蹬夹的开始阶段继续完成翻脚。

技术要点:收、翻、蹬夹3个动作应紧紧相连,一环扣一环,以在游泳过程中形成一个连贯圆滑的鞭状动作。

3. 蹬夹阶段

蹬夹技术是蛙泳游进中获得推进力的主要阶段。它在翻脚即将完成时就已开始。由于翻脚动作的惯性,脚在后蹬的开始阶段是继续向外运动,完成充分的翻脚。随后,由腰腹和大腿同时发力,依次伸展下肢各关节,两脚转为向后向内运动并稍下压,直至两腿蹬直并拢,完成弧形的鞭状蹬夹。蹬夹动作是"蹬"与"夹"的结合,两腿是边后蹬边内夹,当两腿蹬直时两膝也已并拢了。既不是完全向后蹬,也不是向外蹬直了再内夹并腿(图3-3)。蹬夹时,下肢各关节的伸展顺序是保持最大对水面积的决定因素。正确的顺序是:先伸髋关节,后伸膝关节,最后伸踝关节,直至两腿伸直并拢。蹬夹开始时,主要是大腿向后运动,膝关节不宜过早伸展,以使小腿尽量保持垂直对水的有利姿势,避免出现小腿向下打水的错误。在蹬夹过程中,脚应保持勾脚外翻姿势;在蹬夹将近结束时,脚掌才内旋伸直,完成最后的鞭水动作。如果先伸踝关节,则会破坏翻脚所形成的良好对水面,造成用脚尖蹬水的错误。

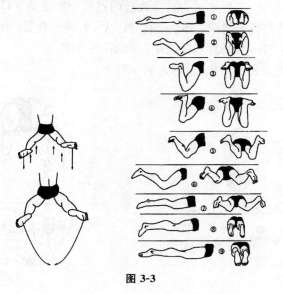

图 3-3

技术要点：在蹬夹过程中，脚相对于静止的水的运动轨迹是一条复杂的三维曲线，既有向后的运动，又有向外、向内、向下的运动，水对腿部动作的反作用力，由蹬腿升力和蹬腿阻力构成。在蹬夹过程中，蹬腿升力起着重要的推进作用。但由于小腿和脚的内侧面是向后对水，且相对于自身来说腿部向后运动的幅度较大，故蹬腿阻力对推进力的贡献更大些。这就要求大腿内收肌群在蹬夹过程中积极工作，限制腿脚过分的外张，以保证蹬夹方向主要向后。另外，由于升力和阻力都与速度的平方成正比，蹬夹动作的速度越快，产生的推进力就越大。强有力的蹬夹可以最大限度地提高蛙泳速度。因此，蹬夹时要充分发挥腿部肌肉的力量，逐渐加速。蹬夹开始时，动作应比较柔和，而最后伸直小腿和脚掌的动作则要快速有力。

4. 滑行阶段

当运动员的蹬腿结束时，蹬夹结束后，其腿处于较低的位置，脚距离水面约为30～40厘米。此时，身体在水中获得最大速度，两腿伸直并拢，腰、腹、臀及腿部的肌肉保持适度紧张，使身体成流线型向前滑行，准备开始下一个腿部动作周期。

技术要点：注意保持两腿较高的位置，减少滑行时的阻力。

（三）臂部技术

蛙泳运动中运动员的整个手臂动作都是在水下完成。对游泳者来说，手的划水路线近似于两个相对的"桃心形"。即两手从"桃心"的尖顶开始，不停顿地划动一周回到尖顶（图3-4）。为便于分析，把蛙泳的一个划水动作分为外划、下划、内划、前伸4个紧紧相连的阶段。

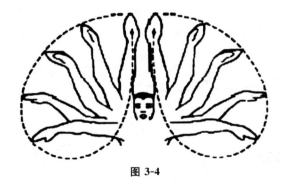

图 3-4

1. 外划动作

外划是从两臂前伸并拢、掌心向下的滑行姿势开始的。外划时两臂内旋，两手掌心转向外斜下方，略屈腕，两臂向外横向划动至两手间距离约为两倍肩宽处（图3-5）。

技术要点：外划的动作速度较慢。

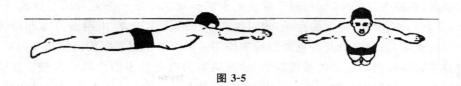

图 3-5

2. 下划动作

当运动员的手臂在继续外划的同时,前臂稍外旋,肘关节开始弯曲,转腕使掌心转为朝后下方,以肘关节为轴,手和前臂加速向下、向后划动。下划结束时,肘关节明显高于手和前臂,手和前臂接近垂直于游进方向,肘关节约屈成130°(图3-6)。

技术要点:在下划的过程中,手和前臂的运动速度快,幅度大,而上臂的移动不多,前臂与上臂之间的夹角迅速缩小。

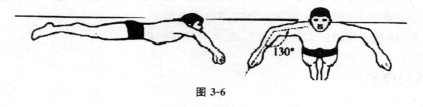

图 3-6

3. 内划动作

内划是手臂划水产生推进力的主要阶段。下划结束,掌心迅速转向内后方,手臂加速由外向内并稍向后横向划动,屈肘程度进一步加大,肘关节也同时向下、向后、向内收夹至胸部侧下方,两手划至胸前时的动作应规范,尽量将双手靠在一起(图3-7)。

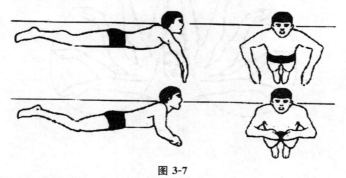

图 3-7

技术要点:蛙泳时,手相对于静止的水的运动轨迹实际上是一条复杂的三维曲线。手在划水时并没有大幅度的向后的运动,而主要表现为明显的横向和上下方向的运动,就好像是手握着一个固定的把手将身体拉引向前。蛙泳划水阻力朝内,两臂上的划水阻力互相抵消。但由于屈腕动作,手掌平面与划动方向约成40°的迎角,所产生的划水升力起着推动身体前进的作用。手臂向下、向后的划动不仅为强有力的内划作好了准备,还可以产生升、阻力并重的推进力推动身体前进。内划阶段手臂的对水面大,手掌平面与手的划动方向约成30°~40°的迎角,水的反作用力以划水升力为主。此时胸背部和肩带的肌群亦处于收缩发力的最有利部位,两臂的向内划动可以有很大的加速度。所以内划阶段是蛙泳手臂划水产生推进力推动身体前进的主要阶段。

4. 前伸动作

当运动员的内划接近完成时,两手在继续向内、向上划动的过程中逐渐转为向上、向前弧形运动至颌下。此时两手靠拢,两掌心逐渐转向下,手指朝前。接着,肘关节不停顿地沿平滑的弧线前移,推动两手贴近水面向前伸出。与此同时迅速低头,将头夹于两臂之间。伸臂动作完成时,两臂伸直并拢,充分伸肩,两手掌心向下,呈良好的流线型向前滑行(图3-8)。

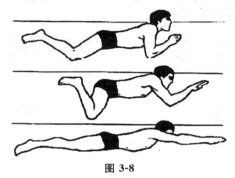

图 3-8

技术要点:初学者应注意在内划结束转前伸时,手臂不能停顿。

(四)完整配合技术

蛙泳一般采用呼吸、手臂和腿1∶1∶1的配合技术,即在一个完整动作周期中,蹬夹一次,划臂一次,呼吸一次。配合游时应在充分发挥臂、腿力量的基础上,努力做到协调、连贯、有节奏和匀速前进。

1. 臂与腿的配合

蛙泳运动中,臂和腿的配合是一种交替进行、稍有重叠的技术。两臂外划和下划时,两腿保持稍紧张的伸直姿势;两臂内划时,两腿放松,两膝下沉,开始收腿;两臂开始前伸时,迅速完成收腿并做好翻脚动作;两臂接近伸直时,开始向后快速蹬夹;蹬夹结束后,全身伸直成良好的流线型向前滑行(图3-9)。对于初学者来说,注重蹬夹后的滑行具有十分重要的作用。只有在带滑行的从容游进中,才能掌握配合技术的要领,形成正确的动作节奏。

技术要点:初学者可以经常做长滑行计动作次数的游进练习来检验自己臂、腿动作的效果。

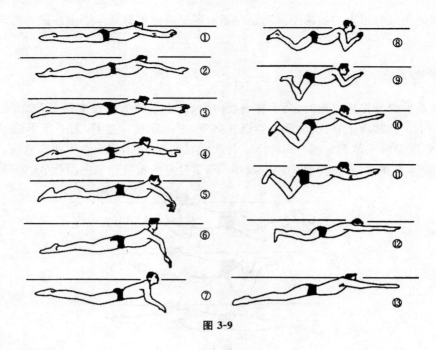

图 3-9

2. 呼吸与臂的配合

蛙泳的呼吸是和手臂的划水动作紧紧结合在一起的,主要有以下两种类型。

(1)早吸气配合。两臂开始外划时,颈后肌收缩,开始向上抬头,下颌前伸,使口露出水面将气吐尽;在两臂下划和内划的过程中吸气;两臂前伸时低头闭气;滑行时在水中呼气。这种呼吸方式利用了划水开始阶段手臂向外、向下划动所产生的向上的反作用力,使头部比较容易抬出水面,整个呼和吸气的时间较长,动作比较从容。早吸气配合技术比较适合于初学者采用。

(2)晚吸气配合。晚吸气配合技术没有明显的抬头和前伸下颌的动作。两臂外划和下划时,身体仍保持较平直的流线型姿势;在两臂内划的过程中,随着头、肩的上升,口露出水面将气吐尽;内划结束时头、肩向前上方升至最高位置时快速吸气;两臂前伸时迅速低头闭气;滑行时向水中呼气。这种呼吸方式有利于减小水的阻力,同时有利于更好地发挥手臂划水的力量,动作紧凑连贯,前进速度均匀。

技术要点:无论采用哪一种呼吸类型,都应该注意和手臂配合协调,大学生运动员可结合自身实际情况科学选择呼吸方式。

三、蛙泳竞赛规则

(1)出发或转身后,只能在水下做一次长划水和蹬腿动作,第二次划水时,头部必须露出水面。

(2)游途中,身体必须保持俯卧,两肩平行,两臂划水,两腿蹬水动作必须保持对称,并在同一水面上进行。

（3）两腿蹬水时，两脚外翻，不能做上下交替打水或剪腿动作。

（4）转身或到达终点时，双手应同时触壁。

第二节　爬泳及技术

一、爬泳简介

爬泳，顾名思义就是一种动作类似爬行的游泳姿态。游爬泳时，身体俯卧在水面，两腿上下交替打水，两臂轮流划水，动作很像爬行，故被称为"爬泳"。

可能一提到爬泳很多人会感到困惑，认为并没有在国际赛场上见到过这种泳姿，实际则不然。在现代竞技游泳比赛中，确实没有"爬泳"这个项目名称，但所设置的"自由泳"项目是每个人都知道。在自由泳比赛中，运动员可以使用任何姿势游进，而由于爬泳在所有泳姿中的游进速度最快，因此在自由泳比赛中几乎所有运动员都会选择使用爬泳姿势。因此，爬泳几乎就与自由泳等同了起来。

爬泳的历史较为悠久，在国内外的诸多历史文献中或其他文物中都能看到这类泳姿的存在。古代人类所采用的泅水姿势，就有很多动作很像今日的爬泳，如两臂的轮流划水和两腿的上下分离打水动作。

在1896年希腊雅典举办的第1届奥运会上就已经将游泳设为正式比赛项目了，当时的游泳比赛只设有自由泳项目。在比赛中，运动员有些采用了单手出水的侧泳技术，有些采用两臂轮流划水、从空中移臂、两腿蹬夹的技术。在1900年第2届奥运会上，匈牙利人左丹·哈尔梅采用了两臂轮流划水、拖着两腿的爬泳姿势，获得200米自由泳的第二名和1904年奥运会100米自由泳的第一名。1902年后，在澳大利亚、英国、美国相继出现采用爬泳臂和两腿有节奏向后下打水的技术，这是现代爬泳技术的雏形。美国人丹尼尔斯最先使用规则的2次划水、6次打水技术，在1904年奥运会获220码和440码自由泳金牌，在1908年第4届奥运会上获100米自由泳金牌并创世界纪录。

1922年，美国运动员韦斯摩勒在男子100米自由泳比赛中，第一个突破1分钟大关，他采取的游泳姿势成为当时爬泳的典型，开创了爬泳技术的新纪元。1924年，他把100米自由泳的世界纪录提高到57.4，并保持了10年之久。这之后的爬泳优秀运动员数不胜数。爬泳技术经过不断实践和改进，在技术配合和风格上出现了多种不同的形式和流派，如先后出现的"6∶2∶1"配合、"4∶2∶1"配合、"2∶2∶1"配合、"规则打水"配合、"不规则打水"配合等技术，使爬泳技术不断得到发展、完善。美国短距离自由泳名将贾格尔、比昂迪、汤普森和俄罗斯运动员波波夫的技术就各有千秋，而长距离运动员美国的埃文斯和澳大利亚的帕金斯、哈克特、索普等人的技术更是各具特色。

由于自由泳的游进速度最快,所以运动员在这个项目上的争夺也最激烈。在游泳比赛中,自由泳的项目最多,在奥运会游泳比赛32个项目中,自由泳项目就占14项。此外,在男、女个人混合泳项目和混合泳接力项目共6项中也都有自由泳段落。由此可以知道自由泳在游泳竞赛中的重要地位,它是最重要的项目,以至于一个国家的游泳技术水平高低,往往以该国的自由泳水平来衡量。

爬泳技术动作由身体姿势、腿部动作、臂部动作、呼吸及完整配合几部分动作通过协调的配合构成。

二、爬泳技术学练

(一)身体姿势

爬泳运动中,运动员的身体应平直地俯卧在水中,身体的纵轴与水平面保持3°～5°角(图3-10)。头微微抬起,这种平直的姿势能缩小前进时的截面,有助于减少阻力,颈部自然后屈与水平面成20°～30°角,两眼注视前下方。两臂轮换前伸向后划水,两腿上下交替打水。在游进中身体可以有节奏地转动,这种转动一般为35°～45°角(图3-11)。

技术要点:游进过程中身体保持平直,既不要收腹提臀,也不要挺胸塌腰。

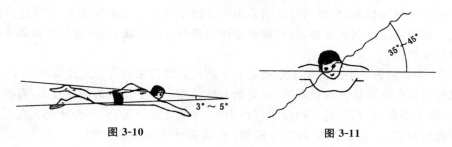

图 3-10　　　　　　　　　图 3-11

(二)腿部动作

爬泳腿的动作主要起维持身体平衡的作用,使下肢抬高,保持身体流线型,以及协调两臂有力的划水动作,并能起一定的推进作用。向下打腿时,腿自然伸直,由髋关节发力,大腿带动小腿。打水时,一般两腿间距为30～45厘米。向下打水时,动作要快而有力,向上提腿时应放松一些。在向下打水时,由于惯性的作用,小腿和脚仍继续向上移动,而使膝关节有些弯曲,弯曲程度一般为140°～160°角。打水时脚尖自然伸直,向下打水时两腿应自然向里转一些。

技术要点:运动员在爬泳的打腿过程中,应以髋为轴,在向上直腿和向下屈腿时,大腿一直都处于领先,连续不断地做动作。所谓鞭状打水,即向上动作快要结束时就开始向下打水,向下打水快要结束时又开始向上打水,大腿领先,与膝关节和踝关节不停顿地形成时间差。向下打水要用较大的力量和较快的速度来完成,以便产生较大的推进力和浮力。

(三)臂部动作

爬泳的手臂动作可分为入水、抱水、划水、出水和空中移臂 5 个不可分割的部分,它们共同组成了一个完整的动作,彼此之间并没有明显的界限。

1. 入水动作

运动员在完成空中移臂后,手应向前,自然放松地入水,臂入水时,肘关节略屈并高于手,手指自然伸直并拢,约与水面成 45°角,拇指领先斜插入水,动作要自然放松,按照手—前臂—上臂的顺序入水(图 3-12)。

技术要点:注意臂的入水点应在肩的延长线上或在身体中线和肩的延长线之间。

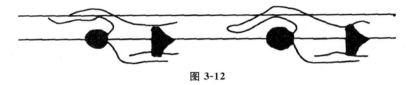

图 3-12

2. 抱水动作

运动员的臂入水后,手掌从向斜外下方转向斜内后方,屈腕、屈肘,并保持高抬肘姿势。抱水时,上臂和水平面约为 30°角,前臂与水平面约为 60°角,手掌接近垂直对水,肘关节屈成约 150°角,整个手臂像抱个球似的。

技术要点:抱水过程中,手肘高抬,手掌与对面垂直。

3. 划水动作

划水是指手臂与水平面成 45°角起,向后划至与水面成 15°～20°角止的这一过程。是获得推动力的主要阶段,这个阶段又分为两部分,从整个臂部划至肩下方与水平面垂直之前称"拉水",过垂直面后称为"推水"。拉水时前臂的速度快于上臂,继续屈肘,当臂划至肩下方时,手在体下靠近身体中线,屈肘约为 90°～120°角(图 3-13)。整个拉水过程应保持高肘姿势,使手和前臂能更好地向后划水。在推水过程中,为了使手掌始终与水平垂直,推水时要逐渐放松腕关节,使手伸展开与前臂构成一个约为 200°～220°的角。向后推水是通过屈臂到伸臂来完成的,为了使前臂、手掌能以最大面积对水,在推水中肘关节要向上,向体侧靠近。

技术要点:整个划水动作过程中,即从拉水到推水的过程中应保持动作连贯、快速,中间没有停顿。整个划水动作,手的轨迹是向下—向后—向上,划水路线呈"S"形。

图 3-13

4. 出水动作

划水结束后,借助推水后的速度惯性,利用肩三角肌、肩带肌的收缩及身体沿纵轴的转动,将肘部向上方提起,并迅速将臂部提出水面。

技术要点:出水时,放松臂部和手腕。

5. 空中移臂动作

臂出水后,在肩的转动下,带动整个手臂向前移动,移臂时仍保持高肘屈臂的姿势。整个移臂的前半部分肘关节领先,前臂和手的动作较慢,移臂完成一半时,手和前臂赶上肘部,并逐渐向前伸出,掌心也从后上方转向前下方,做好入水准备动作。

技术要点:移臂是出水的继续,两个动作应保持连贯、不能停顿,移臂时动作应放松自如,尽量不破坏身体的流线型;移动的手臂应和另一臂的划水动作协调一致。

(四)完整配合技术

1. 两臂配合

爬泳两臂是否协调配合,是前进速度均匀性的重要条件。两臂配合,通常有前交叉、中交叉和后交叉 3 种方法。首先,前交叉是指一臂入水时,另一臂处在划水阶段(图 3-14①);其次,中交叉是指一臂入水时,另一臂已经进入划水阶段的中间部分(图 3-14②);最后,后交叉是指一臂入水时,另一臂已经进入划水阶段的后半部分(图 3-14③)。中交叉和后交叉有利于发挥两臂力量和提高动作频率,加快速度,保持连续的推进力。

图 3-14

技术要点:上述 3 种配合形式都有其各自的特点,初学者应采用前交叉,以便掌握正确的爬泳动作和呼吸方法。

2. 呼吸与臂部动作的配合

爬泳运动中，运动员的呼吸是利用头向左侧或右侧的转动，用嘴进行呼吸。如以向右呼吸为例：右手入水以后，嘴和鼻开始慢慢地呼气；右臂划至肩下向右侧转头，呼气量开始增加；当右臂划水即将结束时，呼气量进一步加大；右臂出水时，马上张嘴吸气；移臂到一半时，吸气结束，闭气，继续转头和移臂，脸部转向前下方。头部姿势稳定时，右臂又入水开始下一次呼吸。如此反复循环进行呼吸。

技术要点：如果运动员对呼吸与臂的配合技术尚未熟练，可以多划几次臂吸一次气。而具有一定水平的大学生游泳运动员则可以视游距长短和训练水平而定，长距离多为两划一吸或三划一吸，短距离可多划几次臂吸一次气。

3. 呼吸和完整动作的配合

完整的配合技术是游泳运动员匀速地、不间断地向前游进的保证。爬泳腿、臂、呼吸的配合动作，一般采用两臂各划水 1 次、呼吸 1 次和打腿 6 次的配合方法。为了充分发挥手臂的作用，提高游进速度，也有采用两臂各划水 1 次、呼吸 1 次和打腿 4 次的配合方法。

技术要点：在配合中，呼吸和腿的动作都应该服从手臂动作的需要。初学者应首先抓好臂腿配合，再加呼吸配合，而不宜过早强调呼吸。

三、自由泳竞赛规则

（1）自由泳比赛途中游可采用任何泳式。但在个人混合泳及混合接力赛中，自由泳是指除蝶泳、仰泳、蛙泳外的泳姿。在出发和每次转身后，运动员潜泳距离不得超过 15 米，在 15 米前运动员的头必须露出水面，在以后的整个游程中，运动员身体的一部分必须露出水面。

（2）运动员转身时，一定要触池壁，但可用身体任何部分触壁。

（3）运动员到达终点时，可用身体任何部分触壁。

知识拓展

鲨鱼皮泳衣

Speedo 公司出产的一种模仿鲨鱼皮肤制作的高科技泳衣。1999 年 10 月，国际泳联正式允许运动员穿鲨鱼皮泳衣参赛。2000 年悉尼奥运会，伊恩·索普穿着鲨鱼皮泳衣一举夺得 3 枚金牌，使得鲨鱼皮泳衣名震泳界。2009 年世锦赛身着鲨鱼皮泳衣的菲尔普斯败给了身着 Arena 产品的比德尔曼，鲨鱼皮泳衣在高科技泳衣领域的地位被赶超。2009 年 7 月，国际泳联决定于 2010 年 5 月之前全球禁用高科技泳衣。

第三节 仰泳及技术

一、仰泳简介

仰泳是人体仰卧在水中游进的一种泳式。早在18世纪,许多国家的历史文献中就已经发现了有关仰泳技术的记载。最初,仰泳并不属于一种泳姿,更多的时候人们只是在游泳中仰卧漂浮作为水中休息的方式。后来在此基础上逐渐发展到利用两臂同时在体侧向后划水,两腿做蛙泳的蹬夹水的动作,亦成为"蛙式仰泳"或"反蛙泳"。

1900年的第2届奥运会上开始设立仰泳项目的比赛。自1902年出现爬泳技术后,就开始有人在游仰泳时,采用类似爬泳的两臂轮流向后划水的技术,然后再发展为将两腿改为上下踢水的技术。1912年第5届奥运会,美国运动员赫布湟尔采用爬式仰泳获得100米冠军,证实了爬式仰泳技术的优越性。从那以后,仰泳技术不断发展,1968年民主德国运动员马特斯,采用大屈臂、深划水、强有力打腿、动作伸展、身体平而高、讲究流线型的技术,获男子100米仰泳冠军,并以58.7秒的成绩破1分钟大关,成为仰泳技术发展的转折。

游仰泳时仰卧在水面,臂、腿轮流交替划水和打水,呼吸容易掌握,动作简单易学,它在民间一直是较受欢迎的泳式,尤其是被年老体弱及浮力较好的妇女儿童所喜欢。因此,很多普及教学中,把仰泳作为首教泳式。

二、仰泳技术学练

(一)身体姿势

运动员在仰泳过程中身体要自然伸展,接近水平地仰卧于水面,头和肩部略高于臀,水齐耳际,脸部露在水面上,身体尽可能处于高的位置,腹部和两腿大约在水面下5~10厘米,游进时身体应随划水和打腿动作绕纵轴自然且有节奏地转动,转动的角度在45°左右(图3-15)。

技术要点:仰泳过程中应注意以下3个方面。首先,头部应尽量保持不动。在进行仰泳运动时,头起到了"舵"的作用,并且它还可以控制身体左右转动。头应保持相对稳定,不要上下、左右晃动,但颈部肌肉不要过分紧张,后脑处在水中,水位在耳际附近,两眼看腿部的上方。其次,腰部肌肉要保持适度的紧张,以不至于使身体过分平直和屈髋成坐卧姿势为前提。肋上提,不要含胸。快速游进时,身体的迎角能使体位升高,一些水平较高的大学生运动员不仅可以使肩和胸部露出水面,而且还可以使腹部也经常露出水面。最后,身体的纵轴应随着两臂划水动作而自然滚动,滚动的角度根据个人的情况不同而稍有差别,肩关节灵活性较好的人滚动小,肩关节灵活性较差的人滚动大。

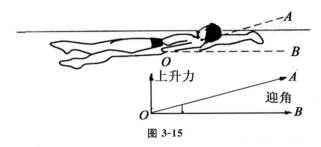

图 3-15

(二)腿部技术

良好的腿部动作是使运动员在仰泳过程中保持身体处于较好角度、水平姿势的重要因素之一,正确的踢水动作不但可以控制身体的摆动,还能产生一定的推进力。仰泳运动中腿部动作可以分为以下两个部分。

1. 下压阶段

仰泳的腿部动作中的下压动作即直腿下压。腿向下压的动作是借助于臀部肌群的收缩来完成的。在整个腿下压动作中,前 2/3 由于水的阻力,使膝关节充分展开,腿部肌肉放松。当大腿下压到一定程度时,由于腹肌和腰肌的控制,停止向下而过渡到向上移动,由于惯性的作用,小腿仍然继续向下,造成膝关节弯曲,所以在腿下压的后 1/3 是屈腿的。随着惯性的逐渐减弱和大腿的带动,小腿也开始向上移动,但此时脚仍然继续向下,直到惯性消失,大腿、小腿和脚依次结束向下的动作,构成向下"鞭打"的动作。

2. 上踢阶段

仰泳的腿部动作中的上踢动作即屈腿上踢,腿的上踢动作需要用较大的力量和速度来进行,并且逐渐加大到最大力量和速度。当大腿向上移动超过水平面时就结束向上的动作,此时膝关节接近水面。随后小腿和脚也依次结束向上的动作,使膝关节充分伸展,构成向上"鞭打"的动作。

技术要点:首先,由于下压的动作不产生推进力,因此相对的要求速度不要太快,腿部各关节自然放松。当下压动作结束时,由于水对小腿的阻力和大腿肌肉的牵制,大腿与小腿约成 135°~140°角,小腿与水平面约成 40°~45°角,此时大小腿弯曲到最大程度,小腿和脚对水的面积较大。其次,上踢动作是以大腿带动小腿、小腿带动脚来完成的,并且在任何情况下,尽量不要使膝关节或脚尖露出水面。上踢时,脚尖应内旋以加大对水面积。

(三)臂部技术

和爬泳的摆臂一样,仰泳臂的划水动作也是由入水、抱水、划水、出水和空中移臂5部分组成,两臂的屈臂划水也是相互交替的进行;不同的是仰泳划臂在人的体侧进行,如同划船时交替划水的桨。

1. 入水动作

入水时,手臂伸直,掌心朝外,小拇指先入水,手稍内收,与小臂约成150°～160°角。入水点一般在肩的延长线与身体纵轴之间(图3-16)。

技术要点:臂入水的同时应展胸伸肩。

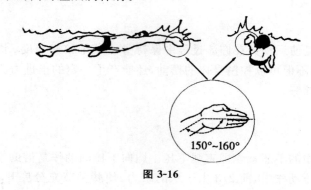

图 3-16

2. 抱水动作

抱水动作是为接下来的推水动作创造有利条件的。手臂入水后,要利用移臂时所产生的动量积极下滑到一定的深度,手掌向下,向侧移动,通过伸肩、屈肘、上臂内旋和屈腕的动作,配合身体的滚动,使手掌和前臂对准水并有压力的感觉。

技术要点:完成抱水动作的即刻,肘部微屈约成150°～160°角,手掌距水面约30～40厘米,肩保持较高的位置,以便为接下来的推水动作做好准备。

3. 划水动作

划水动作是推动身体前进的主要动力。划水动作包含拉水和推水两个阶段。

拉水阶段:在臂前伸抱水的基础上进行的。开始时前臂内旋,手掌上移,肘部下降,使屈肘程度加大,手掌和小臂要保持与前进方向垂直。当手掌划至肩侧时,屈臂程度最大,约为70°～110°角,手掌接近水面。

推水阶段是在手臂划过肩侧时开始的,这时肘关节和大臂应逐渐向身体靠近,同时用力向脚的方向推水。当推水即将结束时,小臂内旋做加速转腕下压的动作,掌心由向后转向向下。推水结束时,手臂要伸直,手掌在大腿侧下方,借助于手掌压水的反弹力迅速提臂出水。

技术要点:整个划水动作是由屈臂抱水开始,以肩为中心,划至大腿外侧下方为止。

4. 出水动作

仰泳出水动作的手形有很多种,常见的主要有以下3种:手背先出水;大拇指先出水;小拇指先出水。这3种手形各有利弊,相对来说最后一种较好。

技术要点:无论采用哪种手形出水,都要注意使手臂自然、放松和迅速,并且要先压水后提肩,肩部露出水面后,由肩带动大臂、小臂和手依次出水。

5. 空中移臂动作

提臂出水后,手应迅速从大腿外侧垂直于水面移至肩前。当手臂移至肩上方时,手掌内旋,使掌心向外翻转(图3-17)。

技术要点:空中移臂时,臂伸直放松。移臂的后阶段要注意肩关节充分伸展,为入水和划水做好准备。

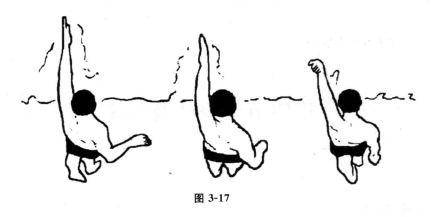

图 3-17

(四)完整配合技术

1. 两臂配合

仰泳两臂的配合是"连接式"的,即当一臂划水结束时,另一臂已入水并开始划水;一臂处于划水的一半,另一臂正处于移臂的一半。

技术要点:在整个臂的动作过程中,两臂应几乎处在完全相反的位置。

2. 臂和呼吸的配合

仰泳的呼吸比较简单,一般是2次划水1次呼吸,即一臂移臂时开始吸气,然后进行短暂的憋气,当另一臂移臂时进行呼气。在高速游进时也可以1次划水1次呼吸,但是呼吸不能过于频繁,否则会使得呼吸不充分,造成动作紊乱。

技术要点:呼吸要有节奏,使肺部呼吸正常,不易产生疲劳。

3. 臂、腿配合

臂、腿配合是否合理,影响到整个动作是否平衡和协调自然。现代仰泳技术中一般都采用6次打腿2次划水的配合技术,也有少数人采用4次打腿的技术。

技术要点:臂划水的同时,避免腿的上踢、下压动作造成身体的过分转动,以保持身体的平衡性和协调性。

三、仰泳竞赛规则

(1)在游途中,身体始终保持仰泳的姿势,转身时可改变仰卧的姿势,身体任何部位都可触壁。但在蹬离池壁前,必须恢复仰卧。

(2)出发和转身后,允许在水下潜水打腿,距离不得超过15米,在15米处头必须露出水面。

(3)到达终点时,必须以仰卧姿势触壁。

第四节 蝶泳及技术

一、蝶泳简介

与其他3种泳姿相比,蝶泳是其中最为"年轻"的一个。它起初是从蛙泳技术中派生出来的。开始时的蝶泳实际上是手臂做蝶泳划水,而腿仍是蹬蛙泳腿的蝶式蛙泳。这种"蝶蛙"结合的蝶式蛙泳由于两臂对称由前往后划出水面经空中前摆,好像蝴蝶飞舞,所以被称为"蝶泳"。直到1952年,蝶式蛙泳与传统蛙泳分开比赛,蝶泳才作为一种正式的竞技泳式产生,但在开始时蝶泳仍沿用蛙泳蹬夹水技术,被称为"蛙式蝶泳"。此后,蝶泳泳姿的腿部动作才转变为今天的蝶泳打腿动作。

1953年匈牙利运动员董贝克最早模仿海豚游泳的姿势,采用了海豚式打水技术,并获得了巨大成功,连续5次创造了蝶泳世界新纪录,受到了人们的关注。这种蝶泳技术,由于躯干和腿的动作酷似海豚在水中游泳,所以被人们称为"海豚泳"。

由于海豚泳在速度上的明显优势,因而在国际泳坛迅速流传并逐步在比赛中取代了蛙式蝶泳。1956年以后,在国际比赛中,几乎没有人再采用蛙式蝶泳参赛。同时,海豚泳的技术也在不断地发展、变化、提高。从早期董贝克发扬光大的大波浪技术,发展为波浪动作较小和不间断的打水技术,20世纪60年代末70年代初,以美国运动员施皮茨为代表的臂部高肘技术风靡世界泳坛。20世纪80年代以来,低、平、直的移臂技术又逐步取代高肘移臂技术,出现了身体姿势高而平、腿的波浪动作小、以手臂划水为主的技术趋势,这种技术一直延续到现在。

从动作的外形来看,蝶泳手臂与腿的动作与爬泳相似,但与爬泳有显著不同的地方在于蝶泳的手臂与腿部的动作是一致的,而爬泳的手臂和腿部动作则是轮流进行的。这种一致用力的游进动作非常具有美感,不过推进力不连贯,身体前进速度不均匀,尽管蝶泳耗费的人体体能最多,可蝶泳的速度却远远慢于爬泳。

在4种泳姿中,蝶泳是最难掌握的一种姿势,它的技术动作需要人体拥有较强的上肢和腰腹部力量以及绝佳的协调性,同时腰腹部的波浪动作是人们在日常生活中所不习惯的,需要进行长时间的专门练习。

二、蝶泳技术学练

蝶泳技术是所有游泳姿势中最复杂的,对游泳者的身体素质要求较高。

(一)身体姿势

与其他泳式不同,蝶泳没有一个固定的身体姿势,头和躯干各部分的相对位置在一个动作周期中不断地发生着变化,形成上下起伏的波浪状摆动。这种波浪状的身体姿势,是由于蝶泳臂、腿及呼吸的特殊技术而自然形成的,其主要表现是头、肩、臀及腿部在水中有节奏地上下波动。在两臂入水时,由于移臂动作的惯性,头、肩随之下潜;两臂外划抓水、两腿完成第一次向下打水时,由于水对腿的反作用力的作用,臀部向前、向上升至水面;两臂拉水、两腿上摆、开始抬头吸气时,头、肩升出水面而臀部略下沉;当两臂推水结束开始出水、两腿完成第二次向下打水时,臀部略为升高,身体保持着一个相对水平的姿势;当两臂经空中前移,两腿再次上摆时,臀部又略为下沉(图3-18)。

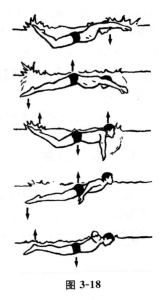

图3-18

技术要点:吸气时抬头,移臂时低头。在蝶泳的一个动作周期中,随着臂的划水和呼吸动作,头、肩有一次上下波动;随着腿部的两次打水动作,臀部有两次上下波动。

(二)腿部技术

蝶泳在打腿时,两腿自然并拢,两脚跟稍分开,脚掌稍内旋使两脚拇指靠拢,踝关节放松。脚的这种"内八字"姿势有利于增大脚掌打水时的对水面,提高打水效果。蝶泳打腿技术的一个动作周期可以分为向上打水和向下打水两个阶段。

1.向上打水阶段

蝶泳过程中,向上打水时两腿应伸直,两脚处于最低点,臀部上升至水面。此时,臀大肌收缩使髋关节展开,两腿上抬。在向上抬腿的过程中,膝关节和踝关节放松,水的阻力使两腿保持自然伸直的状态。向上抬腿的动作使臀部开始下沉。当两腿上抬到脚稍高于臀部水平时,大腿停止上移并转而向下运动,髋关节开始弯曲,小腿和脚则由于运动惯性而继续上抬,膝关节逐渐弯曲。向上打水阶段结束时,臀部下降到最低点,脚抬得接近水面,膝关节屈成110°~130°角(图3-19之1~4)。

技术要点:向上打水时,臀部向上。不要以躯干的动作带动腿的动作。

2.向下打水阶段

蝶泳过程中,向下打水时踝关节应放松,两脚在水的阻力作用下充分跖屈,使脚背保持良好的对水面状态。此时腰部发力,收腹提臀,髋关节继续弯曲,大腿加速下压,带动小腿和脚向下运动。在向下打水的过程中,膝关节开始伸直。当两腿向下打至膝关节接近伸直时,大腿即停止下压并转而向上运动。此时股四头肌做强有力的收缩,促使膝关节迅速伸直,带动小腿和脚加速向下鞭打。当两脚下打至最低点时,膝关节完全伸直。向下打水的动作使臀部上升至水面,大腿与躯干约成160°角(图3-19之5~7)。至此完成一个海豚式打腿的完整动作,紧接着开始下一个打腿动作周期。

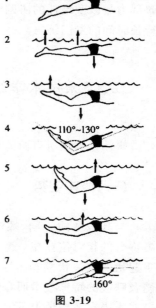

图3-19

技术要点:向下打水时,臀部向下。不要以躯干的动作带动腿的动作。

(三)臂部技术

蝶泳运动中,两臂的划水是推动身体前进的主要因素,其所产生的推进力大于其他泳式,躯干和腿的波浪动作均服从于手臂的动作。蝶泳的一个臂部动作完整动作周期可划分为入水、划水、出水和空中移臂4个紧紧相连的动作阶段。

1.入水动作

入水动作应借助空中移臂的惯性顺势完成。两臂入水时,手指自然伸直并拢,臂稍内旋,肘关节稍屈并高于手,掌心朝外下方,手掌与水平面约成45°角,以拇指领先在肩的延长线(通过肩关节与纵轴平行的直线)前端切入水中。入水时两手的距离同肩宽,手臂是按手—前臂—上臂的顺序依次入水(图3-20)。

技术要点:入水应该柔软而不打水,以避免激起过多的水花。

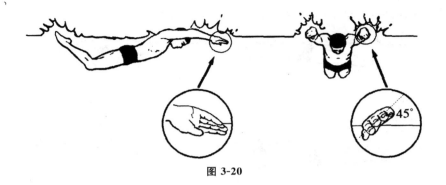

图 3-20

2. 划水动作

划水动作中,手从入水到出水这一段的划水路线在水平面上很像两个相对的"S"形(图 3-21),所以人们就把这种划水路线称为"双 S"形,也有将其称为"钥匙洞"型或"漏斗"形的。我们可以将其大体划分为抓水、拉水和推水 3 个阶段。具体如下。

图 3-21

抓水:当两手入水后,应先借助空中移臂的动作惯性伸直肘关节,两臂稍内旋并稍屈腕,掌心转向外后方,手掌接近垂直于水面,并与游进方向成 40°～50°角,以指尖领先向外划至约两倍肩宽处。此时肘关节开始弯曲,掌心转向外下后方(图 3-22)。

拉水:拉水是指手臂从抓水结束处划至肩的横切面这一阶段,根据拉水时手臂的主要运动方向可以分为"下划"和"内划"两个环节。"下划"时,手臂向下并稍向外沿弧线划动,肘关节继续弯曲形成高肘姿势,掌心朝外下后方,直至手接近划水路线的最深处(图 3-23)。紧接着,手臂开始"内划",掌心转向内后方,手掌向内、向上和向后沿弧线划至肩下方靠近身体中线处,屈肘程度逐渐加大。当两手划至肩下方时,屈肘程度达到最大,前臂与上臂成 90°～100°角,两手接近靠拢(图 3-24)。

推水:当两臂拉水至肩下时,即转入推水。此时上臂内收,肘部向体侧靠拢,掌心转为朝着外后方,两臂保持屈臂高肘姿势划至腹下,两手之间仍保持很近的距离。接着,肘关节用力伸展,使手继续加速向后、向外、向上划至大腿前外侧。推水结束时,肘关节并未完全伸直,前臂与上臂保持 150°～160°角(图 3-25)。

技术要点:抓水时应注意肘动作的弯曲时机;拉水应紧接着抓水动作进行,拉水下划时应注意不要使掌心完全朝下直接向下压水,否则,产生的反作用力将主要使头和躯干向上举起,而不是使身体向前运动;推水时,手掌应往掌背的方向伸展。

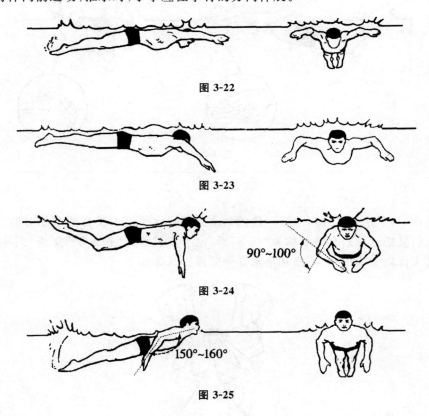

图 3-22

图 3-23

图 3-24

图 3-25

3. 出水动作

出水动作是在手臂推水结束后紧接着发生的动作技术,运动员在推水动作的最后阶段手划至大腿的前外侧时,肘关节已提出水面。推水一结束,手腕即放松使掌心转向内朝着大腿。此时,借助手臂向上、向外弧形划动的惯性,略屈肘,按上臂—前臂—手掌的顺序将手臂向上、向外提出水面(图 3-26)。

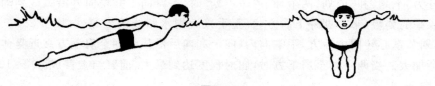

图 3-26

技术要点:整个提肘出水的动作应迅速、干脆,紧紧接着推水动作进行,中间不能有丝毫的停顿,否则动作难以完成。手出水时小指侧应领先,以减小出水阻力。

4. 空中移臂动作

蝶泳的空中移臂动作是指运动员的两臂提出水面后,即沿身体两侧低平的抛物线向外、向前抡摆。受出水动作的影响,移臂开始时肘关节仍呈微屈状态。当两臂摆过肩的横切面时,转为向内、向前移动。此时肘关节微屈并略高于手,掌心转朝外斜下方,准备再次入水进行下一个周期的臂部动作(图3-27)。

技术要点:两臂在空中移臂,即向外、向前抡摆的过程中自然伸直,并始终保持拇指朝下的姿势。

图 3-27

(四)完整配合技术

在进行蝶泳运动时应做到臂、腿动作及与呼吸之间的协调配合。一般地,正常的蝶泳应采用2∶1∶1的配合技术,即在一个完整动作周期中,做海豚式鞭状打水2次,两臂同时划水1次,呼吸1次。

1. 呼吸与臂的配合

在游蝶泳时,对于呼吸时机的掌握是非常关键的。呼吸必须与两臂的划水动作严格合拍,才能保持身体的流线型姿势,保持两臂划水的持续,并保证完整配合动作的协调连贯。正确的呼吸方法是:两臂外划抓水时,头开始上抬;在两臂下划和内划的过程中继续抬头;内划结束两臂划至肩下时头抬出水面,下颌前伸;在两臂推水及空中移臂的前半段张口吸气;两臂前摆准备入水时迅速低头,稍闭气后开始呼气。头应在手臂入水之前浸入水中,但不宜过于下潜。头部领先于手臂入水,可以使头迅速得到水的浮力作用,从而避免了由于抬头吸气和空中移臂而造成的身体下沉。这种呼吸方法叫作晚呼吸,动作协调自然,在两臂推水使身体位置上升至最高点时吸气,有利于保持身体相对水平的姿势,减小水的阻力。同时能使肩带肌和胸廓肌放松,给呼吸创造良好的条件。

技术要点:应随着两臂的划水及身体的波浪起伏而有节奏地抬头吸气。

2. 臂与腿的配合

蝶泳运动中臂的划水与腿的鞭状打水之间的配合非常严格,二者之间的精确关系若被破坏,就会对动作的连续性和协调性产生直接的影响,失去正确的动作节奏,造成推进效果的下降。臂与腿的正确配合方法是:两臂入水时双腿开始做第一次向下打水,在屈腕抓水时完成腿的下鞭;两臂拉水的过程中双腿上抬;在两臂推水的过程中双腿开始做第二次向下打水,臂出水时完成腿的下鞭;两臂空中前移的过程中双腿上抬。

技术要点:在蝶泳的一个完整配合技术动作周期中的两次打水,用力程度应当一致或接近一致(图3-28)。但由于身体位置的不同,会造成第1次打水的幅度稍大于第2次打水的差别。第1次向下打水时,头、肩浸在水中,腿可以做较长时间较大幅度的下鞭,使臀部向前向上升至水面;在接下来的拉水阶段中,由于头和肩仍然没于水中,使双腿有可能上抬至较高位置。第1次下打是在空中移臂引起身体下沉和游速减慢的情况下进行的。手臂与腿的配合应从尽量发挥游泳者的长处去考虑。

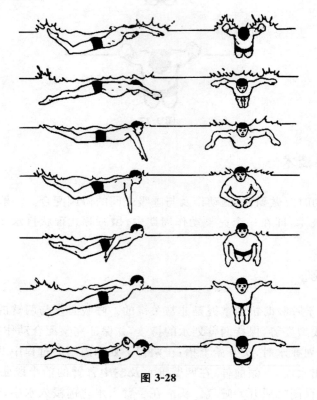

图 3-28

三、蝶泳竞赛规则

(1)游途中身体始终保持俯卧姿势,两臂必须在水面上同时前摆入水,同时向后划水。

(2)两腿动作必须同时进行,同时做上下垂直打水动作,不能有交替动作。

(3)出发和转身后允许在水下做一次或多次的打水动作和一次划水动作,这次划水动作必须使身体升到水面。

(4)转身和到达终点时,两手必须同时触壁。

知识拓展

迈克尔·菲尔普斯

迈克尔·菲尔普斯(Michael Phelps),1985年6月30日出生于马里兰州巴尔的摩市,美国游泳运动员。

2000年,15岁的菲尔普斯参加了悉尼奥运会,获得200米蝶泳的第5名。2001年,16岁的菲尔普斯打破了200米蝶泳世界纪录。在2003年巴塞罗那世界游泳锦标赛期间,他获得6块奖牌。2004年雅典奥运会,菲尔普斯夺得男子200米、400米个人混合泳,100米、200米蝶泳,4×200米自由泳接力和4×100米混合泳接力6枚金牌,以及200米自由泳和4×100米自由泳接力2枚铜牌。2008年北京奥运会,菲尔普斯共获得8枚金牌,成为单届奥运会夺取金牌最多的选手。2011年7月27日,菲尔普斯夺得上海世锦赛200米蝶泳冠军。2012年伦敦奥运会中,他获得四枚金牌。至此,他获得了22枚奥运奖牌,其中有18枚金牌,成为奥运历史上获得奖牌及金牌最多的运动员。

第四章　现代水上运动技巧

学海导航

　　本章主要分析和研究 6 大现代水上运动的基本内容和运动技巧,这 6 项运动项目为:潜水运动、冲浪运动、漂流运动、皮划艇运动、摩托艇运动以及帆板运动。通过本章的学习,学生能够对上述几项运动的起源与发展有整体的认识和了解,在此基础上能够对各项运动的技术有所认知。

第一节　潜水运动

　　潜水活动应用较为广泛,不仅作为一项体育运动项目而存在,同时,在生产、勘探、科学考察以及军事等领域也都会运用到潜水。本节首先对潜水的基本内容进行了阐述,并简要分析了各种潜水装备及其应用,最后重点分析了潜水运动的基本技术以及在潜水过程中应遵循的原则。

一、潜水运动概述

(一)潜水运动的起源与发展

　　潜水意为在水下所进行的各项活动,最开始的潜水是为了进行工程作业以及打捞等,而后发展成为一项休闲体育运动。该项运动能够起到良好的锻炼和休闲作用,随着人们生活水平的提高,该项运动逐渐得到越来越多的人的认可,成为人们的一种重要的休闲方式。

　　根据史料记载,2 800 年前的米索不达亚文化的全盛时期,阿兹里亚帝国军队曾用羊皮袋充气,由水路攻击敌军,这应是关于潜水运动最早的记载。我国的典籍中也有关于渔民潜水捕鱼的记载。1720 年,一个英国人利用一只定做的木桶潜到水下 20 米深的地方成功地进行海底打捞活动。潜水运动的发展具有悠久的历史,我国潜水运动至今已有 2 000 多年的发展历史。从古代的赤体"扎猛子"发展至今天使用各种器械的现代潜水运动,潜水运动已在全世界范围内获得蓬勃的发展。

今天的职业潜水运动来源于头盔式潜水。160年前英国的郭蒙贝西发明的从水上接帮浦运送空气的机械潜水,即头盔式潜水。1854年这种潜水首次出现于日本。1924年开始使用玻璃做潜水镜,并利用帮助从水面上吸取空气的"面罩式潜水器",这是水肺潜水器材的前身。就在这一年日本人使用面罩式潜水器潜入地中海底70米,成功地捞起沉船八阪号内的金块,震惊了全世界。在第二次世界大战期间,开发了一种军事上有特殊用途的"空气罩潜水器",采用的是密闭循环式,并有空气瓶的装置。在第二次世界大战中,法国开发了开放式"空气潜水器",1945年前后这种潜水器在欧美十分流行。近几年来,潜水运动获得蓬勃发展,潜水器材也不断获得进步,这使得投身于潜水事业的人与潜水运动爱好者也越来越多。

很多体育运动总是伴随着一定程度的风险,并不能保证运动者的绝对人身安全,潜水运动同样如此。但是潜水运动的风险总是被人们高估,事实上只要经过严格的培训,在运动过程中严格按照相应的规则行事,则其所面临的风险将会很小。在很多影视作品中会有鲨鱼攻击人类的画面,在现实生活中,潜水时遇到鲨鱼的概率很低,并且其主动攻击人的行为更是少之又少。

在潜水运动过程中,不仅能够欣赏到在陆地上看不到的各种风景,给人带来新奇的体验;同时,在水中时,由于浮力的作用,人体会有一种轻飘飘的感觉,给人以与众不同的体验。正是由于上述原因,才吸引了众多的潜水者参与其中。

(二)潜水运动的分类

1.潜水运动的类别

近几年来,随着社会的不断发展与现代科技的进步,潜水运动也按照潜水爱好者不同的潜水目的而发展成多种形式。以下分别介绍不同形式的潜水方式。

潜水运动主要分为浮潜和给气潜水两种类型。浮潜又可以分为浮游和屏气潜水两种。"浮游"是指只浮在水面不潜入水中的活动形式;"屏气潜水"则是指在憋住呼吸期间潜入水中的潜水活动。给气潜水是指潜水者在潜水期间能得到气体的供应。给气潜水又可分为自给气潜水和供气潜水两种类型。"自给气潜水"又可称为"水肺潜水",是指潜水者自己携带氧气瓶潜入水中进行的活动;"供气潜水"又可称为"水面供气潜水",是指潜水者在水下活动期间,依靠一条送气管从水面将空气输送给潜水者使用的活动。

近几年来世界各个著名的度假海岸区域,都专门设有这种水面供气潜水活动,供游客体验水中的另一种世界。

2.潜水竞赛项目分类

潜水运动内容众多,目前,开展较为普遍的潜水运动项目共有5个,分别为:蹼泳、水下定向、水中狩猎、水下球和水下摄影。

(1) 蹼泳

蹼泳即为运动员穿着脚蹼,在游泳池中进行的运动。蹼泳是国际奥委会承认的项目,它又可分为3类,即为屏气潜泳、水面蹼泳以及器泳。屏气潜泳即为运动员在水下一口气游完50米,并且潜水装备只有脚蹼。水面蹼泳时,运动员会穿上脚蹼、面罩和呼吸管,有100米、400米、800米、1 000米项目,同时还有相应的接力项目。器泳则是运动员装备脚蹼和呼吸器进行的运动。

(2) 水下定向

水下定向运动在自然水域中进行比赛,可分为直线定向和曲线定向运动,两者具有不同的运动距离。在运动过程中运动员运用罗盘进行方向辨认。运动员在运动过程中需要借助脚蹼和呼吸机等装备。

(3) 水中狩猎

水中狩猎在透明度良好的自然水域中进行比赛,比赛过程中运动员需要借助的工具有脚蹼、呼吸管和面罩、水下猎枪。其比赛的内容可分为捕获鱼类以及水中射靶。

(4) 水下球类

水下球类运动分为水下曲棍球和水下橄榄球两项运动,比赛都在游泳池中进行。运动员需要用到的器具有脚蹼、面罩和呼吸管。

(5) 水中摄影

水中摄影是体育运动与艺术的结合。在进行运动时,运动员采用相应的水下摄影和摄像设备拍摄水生物,然后由评委评分。

二、潜水装备及其操作

(一)基本个人装备

潜水运动离不开水下装备,基本的潜水装备可为潜水者带来安全保障。

1. 呼吸管

在浮潜时使用呼吸管,不用将头抬离水面也可以呼吸。在水肺潜水运动中,潜水者通常通过呼吸管来进行水下作业(如观察水下环境等)。

2. 潜水服

即使是在热带地区最热的日子里进行潜水,最好也要穿上相适合的潜水衣,因为深水中的温度比较低,而潜水活动在通常情况下并不像游泳那样激烈,寒冷可能会造成疲倦、反应迟钝、肌肉抽筋等症状,因此一套合身、厚度适宜的潜水服是潜水爱好者的必需装备之一。

游泳救生及水上运动

3. 面镜

潜水时所用的面镜与游泳时所用的防水镜是不同的,潜水面镜有用于平衡压力的鼻囊,并可防止水进入鼻腔。

4. 蛙鞋

潜水时所穿的蛙鞋具有提供水下推动力的作用。与游泳不同,水肺潜水只是依靠腿部的运动来实现移动,而双手通常用来做其他的事情(如水下摄影,操纵其他设备、仪器等)。

5. 气瓶

潜水所用的气瓶中通常装的是高压的空气或混合气体,供潜水者水下呼吸所用。气瓶需要定期送专业机构检验,对一般潜水爱好者来说,通常只是向潜水店租用,不需自己购买气瓶。

6. 潜水仪表

进行潜水运动时,潜水仪表是必备的装备之一。其主要有压力表、深度表、罗盘、潜水计时表等。

7. 浮力调整器(BC)

潜水所用的浮力调整器是控制浮力的装置。在水面上时可以使潜水者轻易地浮在水面上;在水下时,可以通过微调BC内的空气来实现最佳的浮力状态(中性浮力)。

8. 空气压力调节器

进行潜水运动时,空气压力调节器具有调节气瓶里的压力的作用。这是因为人不可以直接吸入气瓶里的高压气体,而需要通过空气压力调节器来进行压力调节。调节器由一级头和二级头组成,一级头用来连接BC,二级头用来呼吸,许多潜水者都配有一个备用的二级头。

9. 配重和配重带

配重是为了平衡潜水者本身、潜水服、各种潜水设备等所产生的浮力,通常配重是铅制的,由配重带拴在潜水者的腰上,如遇到某些紧急情况需要立即上升时,潜水者可以迅速解开配重带,抛弃配重。这里需要强调的是,在深水中快速上浮至水面很危险。

(二)专业潜水设备

专业的潜水设备主要包括潜水摄影、摄像机。潜水摄影、摄像机需要有特别的防水外壳,用于水下摄影、摄像。现在许多摄影器材生产厂家纷纷推出与自己的摄影器材相匹配的防水外壳,也相继推出一些适用于水下操作的专业摄影器材。

(三)辅助潜水装备

对于潜水爱好者来说,辅助潜水装备也是不可缺少的。其主要包括以下几种。

1. 潜水刀

具有多种用途,主要是防止潜水者被鱼线、渔网或海藻缠住时用的。

2. 潜水电脑

潜水时所用的潜水电脑可帮助潜水者记录潜水活动的各项数据,并可以直接给潜水者提示减压时间等重要参数。

3. 潜水浮标

潜水时必须在水面放置浮标,以告知水面船只避开。

4. 水下电筒

潜水爱好者进行夜潜活动时,水下电筒是必备的工具之一。

5. 水下记录板

在水中进行沟通时,除了运用手语之外,还可运用水下记录板与他人进行充分的沟通。

6. 药品箱

用来存放一些常用药,如创可贴、晕船药、感冒药、止泻药等。

7. 装备袋

潜水时应携带专门用来放置潜水用品、设备的装备袋,当然,贵重的东西最好随身携带,如潜水电脑等。

三、潜水技术

(一)技术要领

1. 做好下海前的准备工作

潜水之前潜水者需要进行必要的知识和技能培训,不仅要熟练掌握水下呼吸器、调节器等设备的使用方法,还必须了解水下突发情况处理以及水下休息方法等。在入水之前,也需要做好相应的准备工作,需要认真检查相应的装备能够正常工作,确保下水的安全。之后,还需要由他人再次进行检查,以将潜在威胁降到最低。

2. 入水的姿势

潜水时,入水的姿势有多种,需要潜水者灵活掌握。正面直立跳水时,水深需在1.5米以上,双脚前后开立,一手按住面罩,一手按空气筒背带;背向坐姿入水时,面向里坐于船帮上,向后仰面入水;正面坐姿入水,可供游泳初学者使用;侧身入水,在橡皮艇上浮卧滚身入水。

3. 潜降

潜水者在进行潜降时常采用 BC(浮力调解器)法,此方法是使用浮力调节器,并配合配重带,头上脚下地进行潜降。不用浮力调解器时,头下脚上。

4. 上升

潜水者在水中上升时应注意控制上升的速度,一般要控制在每分钟上浮18米以内。如果上升过快会引发相应的身体不适,严重者会造成呼吸困难和昏迷休克等减压症状,甚至危及生命。一般上升的速度不能超过自己呼出的气泡的上升速度。上升过程中应始终保持呼吸不要停止;上升时抬头看水面,可以伸出右手指定方向。注意背后,身体缓缓自转。

5. 浮潜与水肺潜水的区别

浮潜,是指在潜水者能屏息的时间里潜泳,直到无法再憋气时浮出水面的方法。水肺潜水,是指潜水者背负氧气筒,借筒内氧气呼吸,长时间潜水的方法。

6. 不适合潜水的病症

感冒、耳鼻疾病、心脏病、高(低)血压、糖尿病、神经过敏病。在水中需要保持清醒的头脑,因此下水前不能饮酒,也不能服用影响精神的药物,以免影响自身使得自身判断能力降低、行动迟缓。

(二)水肺潜水的原则

1. 两人同行原则

两人从入水到上岸都必须在一起;教练不得允许同伴自行上岸;两人应经常保持密切联系。

2.落单时的应对原则

当其中有一个潜水者落单时,应保持镇静,浮上几米,寻找同伴;找不到时,就浮出水面;注意观察气泡。超过10分钟,仍无同伴的踪迹,应回到入水地点。如无必要,请不要猎杀水中动物。每10米检查残压计余量。

对于初次潜水者或潜水时间不长的人来说,调节耳压是十分重要的,水的压力会使人的耳道感到不适,甚至会感觉到疼痛。此时潜水者应用手捏住鼻子,用力向鼻腔内鼓气,从而使耳道内气压升高,以抵消水的压力,然后再向下潜。潜水者如果感到耳内疼痛难以忍受,则应立刻上浮。

(三)潜水手语

潜水运动中,潜水者应掌握多种潜水手势,以下是几种常用的基本手势。
(1)我现在情况良好——"OK"手势。
(2)注意(物体)方向——食指指示方向。
(3)上浮——右手握拳,拇指向上。
(4)下潜——右手握拳,拇指向下。
(5)停止——竖起手掌。
(6)待在一起——双手食指伸出并在一起,手心朝下。
(7)待在这一深度——右手手掌平伸,从左向右摆动然后返回。

知识拓展

CMAS为世界水下运动联合会(World Confederation of Underwater Activities)。它是奥林匹克运动组织唯一承认的官方潜水组织,成立于1958年,其下设立了3个委员会。"运动委员会"负责协调各会员国、共同制定自由潜水、钓鱼、蹼泳、水球、水中曲棍球等的国际竞赛规则,也是唯一有资格组织上述竞技运动比赛和发布世界纪录的机构;"技术委员会"负责制定"标准化"的水肺潜水训练规则及国际认证系统,它还负责推动、改善水肺潜水安全方面的研发;"科学委员会"提供经费,用于执行有关"潜水科技"方面的研究计划。

第二节　冲浪运动

冲浪运动是运用冲浪板在海浪上进行的一项运动形式,该项运动需要运动者具备良好的平衡能力以及相应的运动技巧。本节首先阐述了冲浪运动的基本知识,其后对冲浪运动的各项技巧进行了研究,并列举了在运动过程中的注意事项。

一、冲浪运动概述

冲浪是波利尼西亚人的一种古老的文化,而夏威夷也具有悠久的冲浪历史,1778年,英国探险家库克船长在夏威夷群岛就曾见过当地居民玩冲浪这种活动。1908年以后冲浪运动传到欧美一些国家。1960年以后冲浪运动传入亚洲。近几十年,冲浪运动有着较快的发展,北美洲、夏威夷、秘鲁、南非以及澳大利亚东部海滨都曾举行过大型的冲浪比赛。

冲浪运动以海浪为动力,因此多在有风浪的海滨开展。冲浪时,海浪的高度应在1米左右,最少不低于30厘米。夏威夷群岛常年有适合于冲浪运动的海浪,特别是冬天和春天都有从北太平洋涌来的海浪,浪高达4米,可以使运动员滑行800米以上。因此夏威夷群岛一直是世界冲浪运动中心。

冲浪运动是运动员先俯卧或跪在冲浪板上,用手划到有适宜海浪的地方为起点,当海浪推动冲浪板滑动时,运动员使冲浪板保持在浪峰的前面站起身体,随波逐浪,快速滑行。冲浪运动是一项充满刺激和挑战的水上运动,运动者需要熟悉水性,并掌握高超的冲浪技术。

冲浪运动所使用的冲浪板最初的长度是5米左右,重约50~60千克。第二次世界大战后,出现了泡沫塑料板,板的形状也有改进。现在用的冲浪板长1.5~2.7米、宽约60厘米,厚度一般为7~10厘米,板轻而平,前后两端稍窄小,后下方有一个可起到稳定作用的尾鳍。为了增加摩擦力,在板面上还涂有一种蜡质的外膜。全部冲浪板的重量只有11~26千克。

1962年,第1届冲浪运动世界锦标赛在澳大利亚的曼利举行,此后每两年举行一次比赛。冲浪比赛的评分标准,是依据冲浪者在规定时间内完成的冲浪数量和质量,采用20分制进行评分,如在30分钟内冲3个浪或45分钟内冲6个浪,再根据冲浪运动员冲浪的起滑、转弯、滑行距离以及选择浪的难易程度等进行综合评分。

冲浪运动可分为短板冲浪和长板冲浪,一般初学者多用短板冲浪,而在正式的比赛中用长板。还有一种人体冲浪不用冲浪板,而是靠身体挺直浮在波浪上,划动四肢控制方向。人体冲浪和短板冲浪很近似,因为短板冲浪时,上体伏贴在板上用脚打水,还可戴脚蹼加快划行速度,当达到一定速度时,就可借助波浪起伏其间,体会利用波浪的技巧。

二、冲浪运动的基本技巧及玩法

(一)冲浪运动的基本技巧

1. 人身冲浪

人身冲浪,即冲浪者先游离海岸等待大浪,当大浪冲向海岸时,就以侧泳的方式游向海岸。当游到浪峰上时,把脸朝下,背部拱起来,并把手放在腿的旁边。这样海浪就会把人冲向岸边。

海浪消失，冲浪者就把两手张开以减慢速度。

2. 冲浪板冲浪

利用冲浪板冲浪的选手，需要把腹部趴在冲浪板上，然后划到海浪成型的地方。当大浪开始冲向岸边时，冲浪选手就奋力划到海浪的前面，在海浪开始把冲浪板冲向海边时，迅速站立起来，一脚在前，一脚在后，以改变身体的重心来驾驭冲浪板横过波面。在冲浪运动中，大部分冲浪者是站在冲浪板的中央或者后面部分来控制方向，只有少数优秀的冲浪运动员能够移动自己的重心到冲浪板的前端。

在冲浪过程中，有技巧的冲浪者一般会保持着斜行向岸边前进，加长冲浪的距离。如果向岸边直行，则往往一个大浪就将冲浪者冲到岸边。对于冲浪运动者来说，以平均1米的浪高为佳，1米以下虽然也可以进行冲浪，但是效果会比较差。在夏威夷海岸，有些浪高甚至可高达8米以上，给冲浪运动者提供了具有较高挑战性的冲浪环境。

（二）冲浪运动的玩法

冲浪运动有多种玩法，对于冲浪运动爱好者而言，不同的冲浪玩法则具有不同的技巧性与难度。

1. 竞速和曲道的玩法

竞速冲浪是直线竞速运动，需要极强的风浪，一般玩家的速度在40~50千米/小时；曲道则是采用绕浮标的方式来进行比赛，除了速度之外，稳定性、过弯与角度都是曲道最吸引冲浪者的地方。由于曲道的水域大都是浪况较小的环境，因此如果玩家不慎落水，一般也很少出现受伤或装备损坏的情形。

2. 浪区和花式的玩法

除竞速和曲道玩法之外，花式和浪区玩法也是十分受冲浪爱好者欢迎的两种玩法。
（1）浪区的玩法
浪区玩法难度较高，从基本的过浪、浪前转向，一直到下浪、上浪、飞跃、空翻、浪上360°空翻等，每一个动作都需要高度的技巧，而在浪区玩风浪板的玩家必须是已经有一定的冲浪基础，对海流、潮汐、地形及浪况的分析也需有所认识，否则会很难进入状况。冲浪的学习必须是循序渐进的。
（2）花式玩法
花式玩法一般都是在碎浪区或平水区做较大的动作，如跳跃、空翻、花式转帆和空中转向等。花式玩法的难度和危险性都很高，必须有一定的冲浪基础才可以学习，而且最好是有专业教练进行指导，否则很容易出现人受伤或装备损坏等情况。

三、冲浪运动的注意事项

（1）在冲浪之前应认真检查自身的装备，并且要着重做好相应的热身运动，之后才能够下水冲浪。

（2）与他人一起冲浪时，应保证两人之间的距离，一般冲浪时每个人在海上的距离请保持在两个冲浪板的长度。

（3）在冲浪之前，应认真观察海浪是否适合冲浪。适宜冲浪的浪形是中间崩溃往两边斜面推进的海浪；而最危险且最不好的浪是以一排涌起瞬间崩溃的海浪，如果出现这种海浪，应上岸休息。

（4）在外海冲浪时最靠近第一个起浪区的冲浪手，如果有一道"疯狗浪"从身体上方整排盖下来时，冲浪者应迅速控制冲浪板向后方运动，并及时控水潜水进行躲藏。

（5）冲浪时被海浪卷下去那一刹那，身体要缩成一团，往浪板后面跳落水中，不要跳到浪板前面，从水中踩水上来时，要以手先露出水面。

（6）水母是一种无脊椎浮游动物，可能有毒，因此，如果在海中冲浪时看到水母出现，或是被水母蜇到，应立即上岸休息。

（7）在珊瑚地形、石头地形、鹅卵石地形，冲浪者应穿珊瑚鞋、戴防撞安全帽。冲浪者应在涨潮时进行冲浪活动，退潮时千万不要下水冲浪。

（8）风来前三天至两天，过后三天至两天是最合适的冲浪时机。

第三节　漂流运动

漂流运动是一项著名的极限运动，并且是奥运会运动项目之一。目前营业性的漂流场所众多，群众自发性的漂流活动也数不胜数。本节首先阐述了漂流运动的基本知识，之后对漂流运动所需要的各种器材设备进行了分析，最后分析了漂流运动的基本技术以及在漂流过程中的注意事项。

一、漂流运动概述

最初的漂流只是为了满足人们的基本生活和生存的需求，其后逐渐发展成为一项运动项目。漂流成为一项运动项目最早出现于第二次世界大战期间，当时户外运动者用橡皮艇进行漂流，逐渐发展成为现在的水上漂流景观。

漂流运动具有一定的休闲娱乐性质，但是，在漂流过程中可能会遇到危险的激流和暗礁，因此其具有一定的危险性和刺激性。在漂流过程中应携带专业的设备。

漂流运动一般可分为自然漂流、探险漂流与操控漂流3种类型。在某种意义上来说,自然漂流和探险漂流又归属于自然漂流一类,但是探险漂流并不强调群众参与,其重点在于探险,因此危险性较大。我们通常所说的漂流指的是狭义上的自然漂流和操控漂流。自然漂流一般是在水流比较浅且平缓的河道中进行。自然漂流就是让每个漂流者自由自在地参与漂流活动,而漂流组织者只为每个漂流者提供必要的漂流艇、筏、桨等设备,并在沿途各个要害点上加以监督和保护,由漂流者自行完成整个漂流过程。操控漂流就是由操控漂流艇的船工对漂流的过程进行有效控制,参与漂流的漂流者在船工操控之下漂完全程。严格意义上来说,漂流者只是漂流艇上的乘客。因此,相对自然漂流而言,操控漂流较为安全。

漂流运动具有多种功能和作用,它不仅能够对人的身体各方面的机能具有一定的促进作用,同时还能够培养运动者顽强拼搏、不怕苦难的优良品质,对于人们的团队协作意识具有一定的培养作用。另外,漂流运动多在江河湖泊等自然水域中进行,空气清新、环境优美,有利于人体的健康。

二、漂流的器材与设备

(一)漂流船的类型

漂流的河段不同,可选择的工具也不同,主要有以下几种。

1. 竹排

适用于风平浪静的河段。竹筏(或称竹排)一般不宜在急流险滩中使用,容易被卡住或翻沉,但在风平浪静时漂行,却韵味十足。橡皮筏的适应性非常强,即使遭遇落差较大的瀑布或是险峻的河谷,也几乎总能化险为夷。

2. 小木船

适用于河道较直、少弯道礁石的河段。小木船介于橡皮筏与竹筏之间,适应性比橡皮筏稍弱,其操作技术比橡皮筏要难一些,一般可坐8人漂流,在小三峡和神农溪的漂流中常可见到一种名叫"豌豆角"的小扁舟。乘坐橡皮筏或小木船都切忌站立或走动,必须注意保持船体平衡。

3. 漂流艇

漂流艇以橡皮材料做成,内有充气囊,又被称为充气船。这种船具有良好的柔韧性,在遇到一般的礁石时不易损坏。现代的橡皮艇多由高强度纤维构成,不仅质地较轻,还耐磨耐冲击。

(二)漂流器材和装备

1. 船桨

不管是在湍急的河流中,还是在平静的水面上,在进行漂流时需要人提供足够的动力,这就需要借助船桨。现代的船桨由玻璃钢制成,轻巧耐用。

2. 救生衣

漂流用的救生衣比普通的救生衣具有更大的浮力,包裹身体的范围也大些,有前扣的皮带扣和更多的调整点,使它能适合更多不同体形的人。有些还带有头托来托起头部,以防无意中被撞到头部,并且在游动时保持头部能挺起。腋部的设计充分考虑人体工程学,不会摩擦手臂,方便划船。普通救生衣浸水过久会降低浮力,但专业的漂流救生衣则能长期保持强大的浮力。

3. 救生绳投掷包

专门用于漂流的救生绳以聚丙烯制成,绳子可漂浮在水面上。经测定,3/8英寸(1英寸=2.54厘米)粗的聚丙烯绳的抗拉强度为1 900磅,约合860千克。

投掷包的宽口径设计类似攀岩用的镁粉包,使绳子在急需时容易拉出。投掷包上都附有浮力板,采用游泳背心的材料制成,浮力强大。投掷包有两种,一种是网状的,一种是密封的,以耐磨材料Cordura(考杜拉)制成。

4. 漂流手套

除了在夏天,一般在进行漂流时会戴上漂流手套,这不仅能够避免双手起泡,还能使得划桨更有力,另外手套还可以起到一定的保暖作用。

5. 防水衣物

除了在夏季之外,在其他季节进行漂流时,普通的衣服会浸湿,又冷又湿,为了更好地防水防寒,一般会穿上用粗纤维和坚固的胶乳帆布做成的上衣。

为了更好地保护双脚,一般会穿上防刮防寒的漂流鞋;在较为危险的水域漂流时也应戴上水中运动头盔,一个好的头盔可以在翻艇时保护头部不受暗礁、岩石的碰撞,起到保护人身安全的重要作用。

6. 防水包

载重型的防水包是长途漂流的最佳拍档。背包带和提手设计使它非常好运输,而坚固的PVC/涤纶结构使之能经受得住摔打考验。

三、漂流运动的技术

(一)漂流的读河

漂流时,需要了解河流的水流状态,仔细观察河流的特征,以采取相应的措施。这就需要漂流者对河流有所认识,清楚各种水流形态。

1. 激流

河流在不同的地段会有不同的水流状态,有时平静,有时则急湍,而在漂流过程中最需要尽力应对的是激流。应付激流的难易程度由躲开障碍物的难易程度决定。这受水速、障碍物类型、湍流、通道宽度、拐弯处形状等的影响,而且对于一股特定的激流来说,这些影响也是随其经过位置的水平面高低变化而不同的。但是一个河流探险者必须了解每一股激流的特性。激流的种类如下。

(1)舌状潮水

在许多激流的开头,是平稳而快速流动的水,其形状呈倒"V"字形,这个"V"形就标志着是激流的通道。

(2)通道

顺流而下的河水通常以不同的大小沿多条通道通行。而激流和通道很少与河岸平行,并且在流动过程中经常分开,对一个漂流者来说,理解这些激流和横跨河面的激流对船的影响以及如何最有效地利用它们是很有必要的。

(3)形如干草堆的排浪

当快速流动的潮水趋向变缓时,将形成一系列大的持续的波浪(我们叫作干草堆),平直排列的持续的干草堆排浪通常表示最深的通道。

2. 河道弯曲

旋涡是由于河流受到阻挡形成的一排持续的波浪反射,顺流而下的潮水和旋涡的分界线以打旋的水和水泡为标志。这是由顺流而下的主潮水和顺流而上的旋涡中的水之间的摩擦引起的。

在较急的河道拐弯处,潮水被离心力牵引,在外环线堆积。内环线则存在着流速较慢的水(可能是旋涡),并且较浅,因此最深的通道和最快的流速是沿着外环线的。

3. 逆流

逆流是与主流方向相反的水流,它是最为危险的河流特征之一,其产生的原因有多种,如孔洞、阻塞、水力(阻力)、拖滞、卷曲、侧向卷曲等情况下都可能形成逆流。最为常见的逆流有以下几种。

(1) 水孔逆流

当水流过巨石的表面时形成的。水流过岩石上面再注入河底,在水面形成一个间隙,这个间隙被往回的逆流填满。从逆流看,这些水孔后面是大量的、平整的、泡沫状的小水坑。

(2) 瀑布底部逆流

这是另一种典型的逆流。这种水力现象的形式与孔很相似,但更强,因为这些水以巨大的势能涌向瀑布底,它们也更危险,因为底部这些泡沫状的逆流有可能抓住游泳者和木筏。

4. 间断连续的波浪

这种波浪与间断的海洋波浪非常相似,也有足够的力量打击漂流艇筏。

5. 倒卷浪

河水流过半隐于水下的礁石的顶部,汇入礁石后面憩流(止水),河水自动形成反向的流动(向上游方向流动)。所以,倒卷浪多出现于隐藏于水下的礁石的下游位置。如果潜藏于水下的礁石体积较大,相应地在其下游也会出现较大的倒卷浪。而这种较大的倒卷浪通常被称作"洞"。一些"洞"的形态颇像抽水马桶,一旦误入"歧途",被吸住,就会陷在其中,甚至把船掀翻。

6. 直立浪

当流速快的水流遇到流速慢的水流,水流量无法及时排走,就会浪浪相叠摞起来,形成高高的直立浪。直立浪通常都是些冲天大浪,但是非常有规律;而被礁石激起的水浪往往是散乱不齐的。如果直立浪很高但坡度平缓,不妨让船头对准浪尖,直接骑过去,这就是所谓"切浪"技术。如果直立浪非常陡峭汹涌,建议从浪的边缘通过。

尽管强度不同,但大部分的小溪、山涧、河流都具有以上列举的各种成分。为了解水流运动中的相互作用,近距离地观察一下这些激流、旋涡、弯道等是非常有用的。

(二)漂流操桨技术

1. 前进与后退

正对前进方向或背对前进方向向前侧身,手臂打直,把桨伸到水里,利用整个身体的力量把两边桨往回拉或向前推。每次划动都应是一个持续的动作,力量均匀地作用于每个桨,一个基本的技巧就是"直面危险,努力拉动"。因为这种拉动是最有力的,所以很多操作都用此方法让船减速或后退。

2. 改变船的角度

(1) 单桨转动。只使用一支桨,当一支桨划动时,另一支桨在水面,这样会让船产生一些后退运动。

(2)双桨转动。双桨转动需要一点技巧,需在推动一支桨的同时拉动另一支桨,双手反向运动。

双桨操作船会转得快些,并且可以围着中心转。这种技术用于让船在大的波浪中直行,设置船朝向渡口的角度或者让船转向。

3. 避开障碍

为避开直接的障碍,常常用摆渡的方法从旁边穿越水流。首先,应确定水的流向(不必与河岸平行);其次,让船左右转动以便与水流成一个角度(即设定摆角角度);最后,平滑拉动,持续操桨。

4. 激流摆渡

当船边水流的力量(由摆渡角度引起)推动船从侧边穿越水流时,猛烈的敲击会降低船速。这样即使最小的水流运动也可能让船摆上渡口。基本技巧如下。

(1)改变船在河中的位置,是让船与流水保持一定角度,然后开始向后划桨,而不是向着河岸。

(2)当船处于一个不是直对逆流的摆渡位置时,用旋转船的方法将船从侧边滑过障碍或穿过一个狭窄的通道。用双桨旋转让船转向,并利用船后部旋转时水流对船的力量,让船从障碍物后部穿越,让船首保持直指逆流的方向。

5. 利用后部旋轴使船转向

(1)以一个钝角接近障碍,在拐弯处上渡口。最重要的是船对水流的角度,而不是对岸的角度。

(2)拉动上首桨(离障碍物最远),使船旋转,让船首首先穿过船道。在水流与岩石的冲撞中,船可能撞上岩石,在石头周围摇摆。毫无疑问,漂流者为了穿过急流,必须学会娴熟地使用纵旋轴、后旋轴和运用所有划桨技术。

6. 排桨船操作技巧

排桨船由多人共同操作,经过多人共同协调努力推动船体前进。船员坐在船边,并使力量均匀地分布于船的两侧。船长坐于船首指挥船员,手中的桨作为方向舵。排桨船需要船长密切关注水况,并且及时发布号令,使得全体船员共同协调努力。

在有许多障碍物的水域和危险水道,根本没有时间精确地指向通道,让桨向前,因为船顺流而下的速度太快了。这时,可以用以下方法来降低船速,让船穿过水流而到达边沿。

(1)逆流摆渡,需更强的力量。用此方法应让桨向前,使船与水流成一定角度,桨与逆流成一定角度,指向你想到达的那边。

(2)顺流摆渡,所需力量较小,但能让操桨手看清前方,在最后时刻也易让船头转向。它是让后桨动作,让船首与逆流成一个角度,指向你想到的那边。

游泳救生及水上运动

(三)应对紧急情况的程序

1. 游过急流

(1)平静面对

应该平静面对急流,注意用脚避开前面的岩石,要抓住艇身内侧的扶手带,坐在后面的人身子略向后倾,让桨为自己把握方向。

(2)调整呼吸

漂流过程中,在冲入大浪之前,应调整自身的呼吸,在屏住呼吸之后冲入波浪。在波浪的间隔之间进行呼吸,在进入平缓的水域之后再调整呼吸。

(3)远离船边

漂流者一般是骑在漂流船的船舷边操桨划水的,当冲过激流时,最可怕的是骑在外面的脚挤在船和岩石之间,这会导致腿部受伤,甚至还会让漂流者落水。因此要远离船边,特别是在航道上有岩石的一侧。

(4)举起桨求救

当自己在激流中无法控制漂流船的时候,需要向周围求救。一把竖直举起的桨是求救的标志,它能告诉别的船只这儿有人在船上。

(5)防止体温过低

冲过激流时,飞溅的浪花会扑入船内,会弄湿漂流者的衣服,冰冷的湿衣服会带走漂流者的体温。应特别小心注意保暖。

2. 与岩石碰撞

穿越激流时,将要撞上岩石时,应采取以下几种处理办法。

(1)掉转船头

航道上有岩石,漂流船在撞上岩石前,操桨手应轻轻旋转船,调转船头绕开岩石。

(2)船头撞上岩石

如果船体无法旋转,只好让船头撞上岩石,船体受阻会降低速度或停下来,这时就可通过一些旋转来调整航线,再次出发。

(3)集中于一侧

如果船侧有岩石,全体船员最好在碰上之前,立即跳到离岩石最近的船侧。船员集中于一侧的重量将会改变漂流船的重心,使其旋转,让船顺流绕开岩石。但要注意,如果重心过于集中于漂流船的一侧,可能会使漂流船失去平衡而导致倾覆与沉陷。

3. 陷在旋涡里

除非船凭着很大的惯性冲过旋涡,否则卷曲的波浪会撞回到船上而使它停下来,水也会立即灌进舱内,常常让船猛烈地旋转乃至倾斜。一些旋涡甚至可能会掀翻船,当然这并非很常见,因为船会因浸泡而加重。措施是用桨或橹划动顺流的水以从旋涡中脱身而出,尽管旋涡表层的水通常都是逆流,但其实在其下层及旋涡的旁侧都有与主流方向一致的水流,万不得已,用岸上的绳子也可以把船从旋涡中拖出来。

4. 倾覆

倾覆是由诸如大的旋涡、波浪、单侧的波涛及障碍物(如石头和倒下的枯树等)所引发的。漂流船倾覆必然会使船上的人落入水中,这时救援和自救就显得非常重要。面对倾覆的自救和救援措施如下。

(1)在漂流船倾覆前,试着跳开以避免撞击到障碍物上。

(2)一旦落入水中,如果能确定自己不会陷入船与石头之间的逆流中,应该尽量地浮在水面上。

(3)可上岸避开这一段急流水域。

(4)尽量保持与你的同伴一起行动,如果有人失踪,应检查船下以确定是否被绳索或衣物缠住(这就是为什么必须确保没有松散的绳套)。

(5)不要担心装备,首要的是确定每个乘员的安全。

(6)由于从倾覆的船内游向岸边非常困难,你通常会需要其他船只的帮助,这应该在远离急流的平静水面来操作。

(7)救援船只逆水接近,捞起倾覆船只的一条缆绳,再把它牵往岸边,其余船只也应该沿途搭救落水者并尽可能快地清点人数。

5. 靠岸

让倾覆的船只靠岸,也有以下几点要注意。

(1)急流与瀑布是不可避免的,应在无人的急流区系上救生绳以帮助船驶过。

(2)在岸上对船保持密切的控制,切记不可将绳索套在你自己身上,在绳上打个结或将绳绕在树上都可帮助你实现对船的控制。

知识拓展

广东的清远市被称为"漂流之乡"。该市地理位置优越,南接广州,北界湖南,东联韶关,西邻广西。清远市以山地丘陵为主,大龙山、瑶山、云开大山与北江、连江、潖江、滃江在这里交汇,从而使其形成了高山峡谷、原始森林、湖泊溪流的瑰丽风貌。依托独特的资源优势,清远市大力发展漂流旅游业。2001年,清远市承办了中国第二届漂流大奖赛,为清远投资漂流旅游开发打开了财富之门。全市先后开发漂流路线11条,都是原生态漂流,以市区为中心辐射佛冈、英德、连州、阳山呈环状分布,并形成了探险、观景、欢乐等不同风格的漂流项目。2005年,中国国家体育总局正式授予清远市全国第一个"漂流之乡"的称号。

第四节　皮划艇运动

皮划艇是指皮艇和划艇两种不同类型的船艇，这两种运动具有不同的项目特点。本节主要分析了皮划艇运动的起源与发展，并重点分析了其基本运动技术，以及在运动过程中的相关问题。

一、皮划艇运动概述

皮艇最早起源于格陵兰岛上爱斯基摩人制作的小船。据史书记载，古代格陵兰岛的爱斯基摩人把用兽皮、兽骨等树料包制而成的皮筏艇作为乘坐的狩猎工具，爱斯基摩人称这种艇叫"Kayak"。这一词来自于爱斯基摩语，它的意思是"人船"。

划艇是从独木舟演变而来的，英文"Canoe"即是独木舟的意思。独木舟的起源有多种说法，欧洲人说它起源于美洲，印第安人的使用已有几千年历史，但考古学家在中国长江流域多处发现石器时代的独木舟，而最早的距今已有七千多年。印度恒河流域、古埃及尼罗河流域、古巴比伦（今伊拉克地区）幼发拉底河都发现过这种古代的独木舟。独木舟用独木挖空制成，是人类最早克服山川、河流自然障碍的一种最原始的交通生活工具。古代的皮艇和皮划艇主要用于交通狩猎、捕鱼、运输，经过漫长的岁月逐步发展成体育、旅游和探险工具。

有记载的第一次皮划艇比赛是1715年在英国由一个英国演员托马斯·多格特组织的。到了19世纪90年代，出现了许多皮艇旅游和比赛。苏格兰人约翰·马克格雷戈被人称为"皮艇之父"。他造了一条长4米（13英尺）、宽75公分（291.2英寸）的叫罗布罗伊的小船，船重30公斤（66磅）。在1864—1867年间，他乘皮艇游遍了英国所有的江河湖海，然后到了法国、德国、瑞典，甚至到过巴勒斯坦。回到英国之后，就建立了皇家皮艇俱乐部。

在美国人W.F.B.克劳森倡导下，1924年，国际皮划艇联合会在丹麦首都哥本哈根成立，它是第一个国际性的皮划艇组织。四年后，在德国柏林举行的奥运会上将皮划艇列为永久比赛项目。第二次世界大战之后，国际皮划艇代表大会改名为国际皮划艇联合会，国际划联为1948年伦敦奥运会提供了几种型号的比赛皮艇和划艇，这是第一次使用国际划联统一规定船的比赛。

二、皮划艇技术

皮划艇技术包括选桨、握桨、艇上坐姿、划桨的一个循环动作、呼吸、起航、冲刺及多人艇的配合等技术。

(一)皮艇的基本技术

1. 选桨和握桨

(1)皮艇运动员选桨时,两手正握桨杆、对称地放在头顶上。上臂与两肩平行,肘关节屈曲成90°,这时两手距离桨颈15厘米左右,如再加上两端桨叶的长度(桨叶一般长45～55厘米),即为该运动员较适宜的桨长。

另一种选桨方法是运动员站立在平地,一只手握桨竖立在身前,另一只手臂举起用食指和中指能勾住桨叶顶端,即是适宜用桨。

(2)皮艇运动员的桨是一支两端为桨叶的桨,桨的长度根据身高而定,男子为216～226厘米,女子为214～224厘米。为了更好地用力,并减少空气阻力,两片桨叶做成偏转70°～90°。桨叶偏转角的大小,可以根据运动员手腕关节的灵活程度而定。握桨时,可以用右手操纵转桨,左手成空握。也可以左手操纵转桨,右手成空握(图4-1)。握桨的距离十分关键,肘部弯曲90°,若角度稍大或稍小一些对某些风格也无影响。

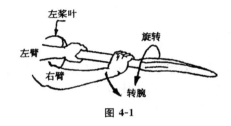

图 4-1

2. 皮艇的坐姿

运动员坐在船舱内的中心线上以利于保持艇的平衡。两膝屈成120°～130°,躯干前倾5°～15°。运动员自然地正坐船中,头部正直,颈部放松,两眼正视前方(图4-2)。

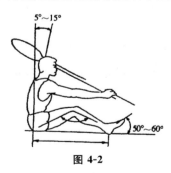

图 4-2

3. 皮艇划桨技术

皮艇划桨是以两边相同的动作在左右两侧轮流重复划动,要求运动员动作高度协调。划桨一个周期动作的构成如下。

(1) 入水和抓水

以左桨划水为例，桨叶入水时，上体应围绕纵轴最大限度地向右转动，肩轴和躯干一起转动约70°，左膝弯曲使臀部稍向前移动，而右膝微伸。这时左肩下斜，左臂充分前伸，左前臂与手成一直线，右手在头旁，离右耳20~25厘米。

桨叶入水时贴近船体。臀部、胸部、肩部、臂部等肌肉均紧张收缩，左脚撑住脚蹬板，桨叶与水平面成40°~50°角，入水点应超过自己脚尖。桨叶入水发力于腰部，同时转体蹬腿开始直臂拉桨。在入水阶段，桨叶的运动方向是向前、向下、向外。

(2) 拉桨

抓水和拉桨之间没有间隔。力的传递是从抓水开始一直到拉桨结束。拉桨时腰部发力，躯干加速用力向左牵拉转动。左脚撑住脚蹬板，要有用力推艇向前的感觉。右臂屈臂支撑，右手高于下颏，与眼齐平。左臂直臂拉桨，由于螺旋桨的作用面，使桨叶向后外方与艇的纵轴线约成36°角。在拉桨过程中，桨颈齐水平面，桨叶面则尽可能与船舷保持80°~90°角。

左臂拉桨时，左腿随着转体而进一步对脚蹬板产生更大的压力，而右臂微屈肘，努力控制划桨的有效垂直部位。划桨至大腿中部，左臂开始屈肘准备出水。在拉桨阶段桨叶的运动方向是向后、向下、向外。

(3) 恢复

恢复分成出水、放松和稳定3个部分。

①出水

拉桨臂拉桨至髋关节处结束，这时迅速提肘，手腕向外翻转，使桨叶从侧向滑出水面。桨叶出水应干净利索，出水太慢、太迟会影响船体速度，还会过多地消耗运动员的体力。桨叶出水和入水一样，都是一个划桨动作过程中速度最快的阶段，艇速越快，出水和入水也越快。

②放松

拉桨臂在一侧拉桨出水后，另一侧桨叶入水前，是放松和稳定的阶段。在放松阶段，运动员双肩下垂，大部分肌肉放松。这时拉桨手迅速向上挥桨，复位到肩的上方。

③稳定

稳定阶段是恢复的最后环节。运动员屏住呼吸，全身肌肉重新紧张，为下一次强有力地入水做好准备。

整个划桨动作是一次连贯、协调的周期性运动，即使是恢复阶段，也应是轻快而流畅的，应是没有任何停顿的，不允许艇的速度在两次拉桨之间有明显的减速现象。

(二) 划艇的基本技术

1. 选桨和握桨

由于单人划艇与双人划艇用桨的长度不同，运动员要根据用途来选桨。一般单人划艇桨的长度同运动员的身高，双人划艇桨的长度与运动员的眉梢齐平。两手握桨时，上手（推桨手）正握桨把（手柄），下手（拉桨手）握在距桨颈15~20厘米处。

2. 划艇的跪姿

划艇运动员的姿势与皮艇运动员不同,他们采用跪姿划桨。通常把支撑腿(平衡腿)的脚、跪腿的膝和脚这3点,稳妥地放在一个钝角三角形的3个顶点上。支撑腿的脚趾朝划桨一侧稍向内转,而膝部正对着前方。支撑脚与跪腿的脚和膝部构成15°～20°的夹角,跪腿的大腿基本垂直于水平面,小腿向对侧偏移,与艇的纵轴成8°～25°角。跪垫高7～10厘米,跪腿的小腿与大腿成100°～120°角,脚掌着地,搁在舱底板上,脚趾蜷曲(图4-3)。

图 4-3

桨手的身体重心应位于划艇的几何中心之上。身体高大或体重大的桨手,应跪在重心偏后的位置,而体重轻的桨手则跪在重心偏前的位置。

3. 划艇划桨的技术

划艇分左桨和右桨,划桨动作是单侧划行。因此,比皮艇更难控制平衡。它的一个划桨周期也可以分为入水、拉桨、操向、出水、恢复和稳定阶段。

(1)入水

入水是从桨叶尖端触水面到桨叶全部浸入水中的阶段。入水时,运动员的躯干前倾,转体伸肩。两臂伸直,推桨臂的肘部抬高,肩稍后移,手在头的上方。桨杆与水平面约成45°角,将桨叶快速插入水中。

(2)拉桨

桨叶入水后,推桨手迅速前推并撑住,使桨叶抓住水。拉桨手的肩后移,利用抬体和转体的力量直臂向后拉桨。从入水后到拉桨,运动员应将身体重量压在桨上。拉桨时腰背挺直,臀部肌肉紧张。拉桨手拉至跪腿开始屈臂。拉桨手的手腕先向内转,同时肘部向外翻,到上体抬至接近垂直时拉桨结束。

(3)操向(转拨桨)

在单人划艇上,由于桨手始终在艇的一侧划桨,力的作用会造成艇的转动。因此,在每一桨结束时,桨手用"J"形划法来控制舟艇的方向。桨手的推桨手下压和转动"T"形桨把,拉桨手手腕内转上提,顺时针转动桨杆,将桨叶面转到与艇的纵轴线成30°～40°。这时好像桨手把水推离舟艇,从而使舟艇回到直线航向上。

(4)出水

紧接着操向动作结束,两臂继续向前上提桨,桨叶即迅速从水中提出。这时桨叶的运动方向是向前、向上、向外。出水动作必须快而轻柔,使桨叶出水时干净利落,不挑拨水花。桨叶与水面成135°左右。

(5)恢复

桨叶出水后,运动员上身挺直,开始转动上体,并把桨继续向前上方推出。恢复阶段要注重肌肉的放松和调整呼吸节奏,以更好地保持动作的协调和连贯。

(6)稳定

稳定在恢复阶段的最后,运动员全身肌肉再度紧张,屏住呼吸准备下一次桨叶入水。

三、皮划艇运动的相关问题

(一)应急措施

1. 人船救援措施(人与船在一起时)

(1)倒卷吸住自救(水浅时适用):翻船后脱离艇身,将划桨推入水底利用水的浮力将自己拉出。

(2)抛绳救援:朝溺水人员头部上方投扔抛绳将其拉出水面。

2. 被石头卡住时的应对措施

(1)左右摇晃船体。
(2)顶桨。
(3)让队友掷出抛绳,进行救援。

3. 落水时的应对措施

(1)岸边对水域救人:一人于岸上拉住抛绳做保护,另一人拉抛绳的一端跳入水中救人;或将绳抛向被救者头部正上方,让其套住自己,拉其上岸。

(2)水域救人:
①划船靠近落水者让他抓住你的船尾顺水流漂至靠岸。
②划船靠近落水者,将抛绳的一端固定在落水者身上,快速划船靠岸后,下船拉抛绳让被救者自然靠岸。

4. 自救措施

(1)如果泳技高超且水流不太急,应选安全点上岸。

(2)拉住草、树木或抱住河中的大石块。
(3)抓住船或是趴在船上跟船一起漂浮。

(二)通用河流信号

1. 停止信号

停止:前方有潜在的危险,行动或者向前侦察前等待"解除警报"的信号。停止信号像吊单杠状,伸直双手手臂将浆高举。看到信号的人应该将之传递给其他随队人员。

2. 求救/紧急信号

求救/紧急情况:救援求救人要尽可能迅速。吹 3 声长且响的警报哨声的同时,在头顶上挥动短浆、头盔或者救生衣。如果无口哨的话,只使用可视信号。最好带上口哨并绑在救生衣上。

3. 警报解除

解除警报:向前(无固定的方向,从中心点向下进行下去),将浆或者一只手臂举高过头形成竖线。浆板应调整为最大可见度。信号的方向指明通过周围有障碍物急流的最佳通道。从先前的"解除警报"的垂直线动作向下做成 45°角指向最佳通行路线。不指向你希望避开的障碍物的方向。

4. "我很好"

表示"我没事而且没受伤"。表示该意思时,手肘向外,用手重复轻拍自己头顶。
需要注意的是,上述这些内容是一些通用的信号,这些信号可以被团队事先交流定出的一套信号取代。

(三)注意事项

(1)活动期间必须穿戴好救生装备。穿着适当的衣物和帆布鞋,不宜穿着拖鞋或笨重的靴子。
(2)应采用简单的信号系统,确保所有学生明白及懂得辨别。
(3)确保已安排救生艇随队出发,并携带后备划浆。
(4)不在繁忙的水域内进行活动,并严守水上防止船只相撞的规则。
(5)如有艇倾覆,除非正在漂向危险的障碍物,否则不应弃艇而去,应立即采取应急措施。
(6)切勿超载。
(7)切勿航行到筋疲力尽的程度。
(8)天黑后,切勿继续划艇。

(9)如风势强劲,不要离岸太远;如已出航,则应顺风势或水势划桨前进,到达安全的口岸后立即上岸。

(10)初学者切勿在吹离岸风时航行。

(11)在寒冷的天气下,穿上紧身潜水衣;在炎热的天气下,则应慎防中暑。

(12)禁止初学者人数超过总人数1/3的队伍远行。

(13)选择责任感强、对活动水域及计划了解的人担任留守工作。

(14)行程计划须完整周详,并让每位队员彻底了解。

(15)保证完整的装备及充足的食品、衣物及急救设备。

(16)活动前或进入水域后,须随时注意气象变化和自然环境变化。

(17)在面临危机与疲劳等压力时,要随时注意自己及队友的心理变化,并设法调解,保证情绪平稳。

第五节 摩托艇运动

摩托艇运动是一项速度与激情共存的运动,能够满足人们寻求冒险刺激的心理。本节简要分析了摩托艇运动的起源、发展,并且阐释了摩托艇竞赛的相关知识,分析了摩托艇运动的基本技术。

一、摩托艇运动概述

摩托艇运动是一项水上综合性的技术活动,它要求运动员熟悉水上生活,具有航海的基本知识,会驾驶船艇,并且懂得发动机的构造原理,善于保养、维修和设计。摩托艇以汽油机、柴油机或涡轮喷气发动机为动力,它的体积小、重量轻、速度快、操纵简单、易于维护,航行时一般不受航道的限制,用途广泛。

19世纪初期,随着机械动力的发展,其逐渐应用于船舶上,出现了动力船。而在第二次工业革命期间,内燃机技术得到了快速的发展。1986年,法国人哥特托里·德依姆拉将内燃机装在船上,从而引起人们的仿效。

19世纪末,在英国泰晤士河和美国的长岛海峡出现了动力艇航行。船主们在一定距离之间设置标志并展开较量,看谁跑得快,动力艇比赛开始萌芽。

1903年,美国动力艇协会成立,并制定了协会章程和比赛规则。该项运动在其他国家也逐步发展起来。20世纪20年代,国际摩托艇运动进入兴旺时期。但当时都是采用内装发动机、船体较大,耗资多,属一种豪华型运动,仅限于少数有产者参加。随着舷外挂机艇的出现,缩小了艇体,降低了造价,又扩大了参加范围,推动了摩托艇运动的发展。1922年,国际摩托艇联盟成立,该组织每年组织举办各级别的世界锦标赛、洲际锦标赛和国际大奖赛等。2014

年F1摩托艇世界锦标赛收官战阿联酋沙迦大奖赛落幕。中国天荣F1摩托艇队赛手菲利普·洽培夺得该站冠军。中国队最终夺得2014年F1摩托艇世界锦标赛年度总冠军。

近几十年来摩托艇已成为一种非常个性化的新潮活动,在欧美各国的沿海港口,多设有快艇码头,停泊着很多绚丽多彩、形形色色的私人快艇。快艇也是竞技体育项目之一,要求运动员具有航海基本知识、驾驶船艇和使用小型高速发动机的技术。

在体育运动方面,摩托艇除了本身的摩托艇比赛外,还是其他许多水上运动项目的得力助手。赛艇、皮划艇可用它作教练艇及裁判艇,水橇和滑水运动则需要它作牵引艇,而冲浪运动还可用它来制造人工波浪等。摩托艇也广泛应用于海上作战,在生活生产中多用于救生、勘察、打猎等。

二、摩托艇竞赛

(一)摩托艇的竞赛项目

摩托艇比赛有速度赛、环圈赛和专项赛等项目。

1. 速度赛

速度赛是在1千米、1英里(1.609千米)、1海里(1.853千米)或3海里(5.559千米)的直线航道上比赛的,故又称为直线赛。我国的直线赛距离只有1千米。根据每个参赛艇的速度,各等级分别评定名次。

2. 环圈赛

环圈赛也称绕圈竞赛。一般在湖泊或水库上进行。在水面上设定一闭合环圈航线,周长1 500~2 000米,在其外围插上几支旗杆作为标志,根据参赛艇的速度决定输赢。比赛距离有5英里、10英里和15英里。速度赛和环圈赛都有世界纪录。

3. 专项赛

专项赛又叫障碍赛。运动员在比赛过程中要穿过漂浮物体、狭窄航道和更换发动机部件等。以速度和完成动作的好坏评定优劣。

4. 近海赛

这是在大海上进行的长距离比赛。艇上至少要有两名年龄不小于16岁的乘员。须持有执照者才能驾驶船艇,除执行国际摩托艇联盟的有关规则外,还必须遵循国际航行避碰章程。各种类型和等级的船艇可混合比赛,以速度统一评定名次。

(二)竞赛摩托艇的种类

1. 舷外竞速艇

因发动机为一独立整体挂在艇尾板上,可随意从艇上搬下而得名。艇体结构和部件组合不受限制。适于高速长时间航行。

2. 舷内竞速艇

因发动机装于舱内而得名,必须使用国际摩托艇联盟批准的船用发动机。艇体结构和部件组合不受限制。

3. 舷外运动艇

发动机的安装与舷外竞速艇相同,必须使用由工厂整批制造,供生产、旅游船艇使用的标准发动机。艇体结构不受限,但不得使用空气抬升装置。

4. 舷内运动艇

必须使用与舷内竞速艇同一类型的发动机。艇体结构不受限,但不得使用空气抬升装置。

5. 充气艇

即在俗称的橡皮筏尾部装一台符合舷外运动艇技术要求的发动机,也称动力橡皮艇。

6. 近海艇

艇上设有封闭的驾驶舱、住舱和一切海上生活设备,适合近海和长距离航行。动力可选用舷外或舷内发动机。

三、基本技术

(一)起航

摩托艇竞赛有多种起航(出发)方法。一般都在起航线前设一个有特别标志的起航区。起航区呈长方形,长100米,也有50米的,宽度视起航艇数而定,用黑白方格旗表示起航线,绿色旗表示起航区前端线。

1. 原地起航

原地起航即为在起航信号发出后，运动员才能够启动发动机，通过航线。如果提前起航，则被认为犯规。这种起航方式多用于距离较长、船艇较大的比赛。

2. 行进起航

在水面较为开阔、船艇较小的环圈比赛时，一般都采用行进起航。在预备信号发出后，运动员启动船艇，然后进入起航区。根据艇速来掌握时间和速度，等起航时间到达，最后准时通过起航线起航。

行进起航要求有较高的准确性和最大的冲力。在与起航信号发出的同时，能够通过起航线，不致因晚起航或抢航而影响成绩或被取消名次。在起航线时有最高的艇速，在开始时能够保证一定的优势。

（二）绕标

绕标是指摩托艇在竞赛中沿着航线的各种规定标志所进行的转向动作，这些标志包括转弯浮标和标志旗等，统称航程标志。根据具体情况灵活运用熟练的绕标技术，可在航行中超越对手，变被动为主动；缩短航行时间，提高航行速度；在多艇同时绕标中，避免碰撞，保证航行安全。

（三）航行

摩托艇的高速特性，对航行有着严格的要求。航行时注意力应高度集中，随时观察水面情况，及时改变航向以避开漂流物体及水下浅滩、暗礁等障碍。应严格按照航程规定绕过航道上的各种标志，严守航行规章。对正在航行的其他船只，应判明其前进方向，估计其航行速度并注意它是否还拖带船只或物体，切忌从拖带的船只和物体间通过。在参加竞赛的航行中，艇只较多时应错开航道航行，不要前后紧跟，以免在前面艇减速、停机、转向或突然翻艇等情况下来不及躲让。

知识拓展

一级方程式（Formula One，简称F1）摩托艇世界锦标赛是由国际摩托艇联盟（简称国际摩联）于1981年发起组织的，代表了水上摩托艇运动的最高水平。F1摩托艇世锦赛每年在世界各国和地区举行10～15站比赛。它和奥运会、世界杯足球赛、F1汽车赛一道，被公认为世界具有最大影响力和最高收视率的世界四大体育赛事之一。F1双体赛艇能很轻松地在直道超过200千米/小时，在最小的拐弯处也能保持160～180千米/小时的速度。由于有一个大约1马力/千克的推重比，F1赛艇从静止状态加速到100千米/小时仅需3.5秒。经世界摩联批准，用于竞赛的摩托艇有12种，它们各有代号，如"O"（舷外竞速艇）、"S"（舷外运动艇）等。

第六节　帆板运动

　　帆板是最为简单的小帆船,它不仅是一项吸引人的休闲活动,也是奥运会的重要比赛项目。该项运动不仅乐趣横生,还具有很高的锻炼价值,对于人的生理机能以及意志品质等方面都具有一定的锻炼作用。本章首先阐述了其起源与发展,其后重点分析了帆板运动的基本技术。

一、帆板运动概述

　　帆板是世界上最简单的小帆船。长约 2.8～3.9 米、宽约 60 厘米,它以风为动力,在水面上滑行。由于板体小、重量轻和流线型的结构,阻力很小,最高速度可达每小时 60 千米左右。帆板的结构比帆船简单。板体是用胶合板或玻璃钢做成的密封浮体,样子很像墨鱼骨。板体可以承载桅杆、帆和人的全部重量,其附件有稳向板、尾底骨、桅杆、帆、万向节、操纵杆和拉帆索等,没有舵。

　　美国加利福尼亚是许多新奇运动及游戏的发源地,有些酷爱滑水和航海的人注意到这一信息,有志者开始了对帆板的研制。很快,一个名叫豪卫尔·修万斯的电脑工程师利用 3 年时间研制成了操作人员面对帆驾驶、工艺简单而轻便灵巧的帆板。1968—1970 年,修万斯将帆与冲浪板结合起来,经过多次试验改装,最后在桅杆的根部加上了一个方向节,终于试制成世界上第一条帆板。1970 年 6 月,修万斯申请了这项设计的专利权,并命名为"风力滑行板"。

　　邓记公司 1973 年开始在荷兰批量生产帆板,大量的帆板器材涌入市场,极大地推动了帆板运动的开展,很快风靡世界,同时培养出一批驾驶技术超群的选手。帆板逐渐从单纯的娱乐、休闲、健身发展成一项竞技运动。

　　1972 年,在加拿大举行了第一次帆板世界锦标赛。1980 年奥委会决定于 1984 年第 23 届奥运会的帆船比赛中增设男子帆板,第 25 届奥运会又增设了女子帆板。

　　我国于 1981 年 8 月在青岛举行了我国首次帆板竞赛,参加的有北京、辽宁、河北、山东、安徽、浙江、江西、湖北、福建、广东、广西共 11 个代表队 53 名运动员。使用国产器材,共设 6 个项目。2014 年,我国首届帆板大奖赛在海口举办,来自全国各地的 400 多名运动员参加了该项比赛,对于我国更好地推广帆板运动起到了重要的作用。

　　帆板运动既能增强臂力、腹背力和腿部力量,又能发展灵敏性和身体平衡能力,并且能培养人们勇敢顽强、坚韧不拔的精神。因此,帆板是一项很好的水上运动项目。

二、帆板运动技术

驾驶帆板,由滑行者站立在帆板板体上操纵帆杆,依靠改变帆和板体重心的相对位置转向,借助风力来滑行前进,风大时,时速可达 50 千米。学习帆板的驾驭技巧,一般先从认识风向开始,了解风从哪里来和前进原理。在未下水前,可先在陆上做水面模拟动作练习。

(一)帆板的基本技术

1.起帆要领

在水面启航前,还要自行起帆。起帆时航板应与风向成直角,而帆前缘顺着风向放置,利用双足踩夹帆杆根柱,用身体的力量轻轻地、慢慢地拉动帆杆绳子,直至把帆杆竖直,然后出手捉住帆杆中间附着的横式手把柄。出发前还要确认帆杆根柱是否插进航板的方向接头上,左右抖动手把柄看看是否运用自如。

2.基本驾乘法

在驾乘技巧方面,最主要的是学习控制风帆与风的夹角,以调节帆面承受风力的大小。基本的驾乘法有下列数种。

(1)侧风驾乘

航行方向与风向成 90°,是所有驾乘技巧的基础。

(2)顺风驾乘

风来自正后方,看起来速度应该会很快,但却因为顺风使船帆压力几乎消失,人失去凭靠,不易保持平衡,反而使速度降缓,并较易发生危险。

(3)偏顺风驾乘

风由斜后方吹来,是介于侧风和顺风间的航行,不但速度快而且容易平衡,是最佳乘航条件。

(4)偏逆风驾乘

风来自斜前方,此时帆对风的张角非常小,速度会逐渐转慢。

(5)逆风驾乘

无论帆板或帆船都不能逆风(顶风)而行,但可采用一种曲折迂回的"之"字形航行,即交替以向左和向右的偏逆风驾乘。

3.驾驶帆板的策略

(1)看天行事

在进行帆板活动前,一定要全面了解当天的天气变化,最好是察看天气图,把握当天的风、浪状态才可出海。一般6、7级的风最能发挥航行速度,板体也较稳定。然而因帆板十分轻巧,当风浪在5级以上时,帆面就要缩小些,不然会有翻覆的可能。

(2)装备齐全

初学者进行该运动时,应穿上相应的救生设备。在进行运动时,还要穿上相应的潜水衣。如果水中礁石相对较多,则应该穿上鞋子。

(3)了解潮汐

在进行帆板运动时,应注意潮汐,算准涨潮和退潮的时间。在潮起时,海流较急;退潮时,礁石会裸露在外面。这两种情况下都不适合进行该运动。另外,礁石突角多的海水中,水流较急,不适合进行该运动。

(二)帆板转动的基本技术

1. 帆板的迎风偏转和顺风偏转的操作技术方法

(1)迎风偏转的技术方法

帆板的迎风偏转是从风向角180°～0°的180°的跨度偏转。所以,开始时的状态和结束时的状态有很大差异。为了能较准确地叙述技术方法,我们将这180°的跨度分成180°～90°和90°～0°两个部分来说明。

①迎风偏转时帆的控制技术

A. 当帆板从180°风向角向90°风向角偏转时,可以理解成帆板正在作正尾风行驶。帆板正尾风行驶时,为了保持直线航行,帆的受风中心和帆力作用线必须通过板体的水阻力中心。这时应将帆向下风倾斜,就是说沿着后帆角所指的方向倾斜(帆面与首尾线仍然成90°的帆角)下去,使受风中心和帆力作用线偏在下风一侧,于是产生扭转力矩,板体自然会作迎风偏转。随着偏转的进展,帆角也要逐渐相应减小。随着帆角的减小,桅杆和帆面也逐渐由向板体的垂直方向倾斜改为向侧后方向倾斜,从而继续保持扭转力矩的存在。当帆板转到90°风向角时,帆角也收到了45°左右的位置。

B. 当帆板从风向角90°～0°作迎风偏转时,也可以理解成帆板正在正横风行驶。这时的帆角根据风速船速的不同约控制在45°～20°的范围内。桅杆成前后垂直或后倾状态,受风中心和帆力作用线正穿过阻力中心。

为了产生扭转力矩,整个桅帆可以在保持帆角的情况下,沿着后帆角的方向倾斜下去。这时扭转力矩产生,板体就会迎风偏转。随着迎风偏转的进展,帆角继续减小,但桅帆的倾斜状态不变。当板体偏转到0°正顶风时,帆角也成为0°,甚至成为负帆角。

②迎风偏转时板体的控制技术

在180°～90°迎风偏转前的正尾风行驶时,一般都是收起稳向板。偏转开始应放下稳向板,使阻力中心偏向前方。如果为了加快偏转速度减小回转半径,则可以加大一点纵倾,同时使板体产生向下风的横倾。这种纵横倾的配合结果会使稳向板在水流中产生升力,这种升力会分解出推动板体迎风偏转的分力来。这种分力的大小与板速有关,板速越快偏转分力越大,当然板体转动速度就会越快。即使在90°～0°的迎风偏转中,这种板体的纵横倾控制方法同样对加快偏转有效,直到接近顶风帆板失速时效果锐减或消失,这时横倾板体已无意义。

③迎风偏转时人体的控制技术

当帆板从正尾风行驶中开始迎风偏转时,人体是面对板首和帆面的。为了使帆面向下风倾斜,双手的帆杆握位可适当向前调整。为了加大纵倾,人体可适当后站。人体向上风倾斜抵消桅帆向下风倾斜的重量。人体重心在下风腿上,下风腿可蹬直,而上风腿弯曲,这样造成横倾。随着偏转的进行和帆角的减小,人体也要随着扭转,以保持上体面对帆面,同时双脚的站位也要从开始的横站逐渐向纵站过渡。

(2)顺风偏转的技术方法

①顺风偏转帆的操纵技术

顺风偏转如果从0°开始,一般都是在失速的情况下,此时的桅帆应当尽力向板首方向倾斜,同时后帆角收到上风舷约成20°的负帆角,使帆成反受风状态。帆一旦受风,帆力就产生。由于桅帆的尽力前倾,肯定使受风中心和帆力作用线远离阻力中心,因此扭转力矩出现。板体即使在失速的情况下,板首仍然能向顺风方向偏转下去。

A. 当偏转过30°风向角后,帆面应改为正帆角,但桅杆仍然向板首方向倾斜,此时板体开始起速。

B. 风向角转过45°之后,桅杆由向板首倾斜改为同时向上风方向倾斜。

C. 当风向角转到90°左右时,桅杆的倾斜应当主要偏向上风方向,帆角也在逐渐放大。但迎角应始终保持在20°~30°的范围内。

D. 随着顺风偏转的继续进行,桅杆的倾斜逐渐改为向板体正横倾斜,同时帆角继续放大,直到180°正尾风时帆角达到90°。这时桅杆应立即减少正横方向的倾斜,制止板体转动,顺风偏转结束。

②顺风偏转的板体控制方法

顺风偏转的开始阶段,特别是在失速的情况下,板体的纵横倾斜控制意义不大。当板体风向角超过90°后,速度加快时,要适当地控制板体状态使纵倾适当加大,并造成向上风的横倾,这时稳向板的效应出现。与迎风偏转时的原理一样,会产生偏转力矩来加速板体的顺风偏转,同时减小回转半径。

③顺风偏转的人体控制技术

A. 当顺风偏转从0°风向角开始时,人体的站位很困难,这种情况下可以使前脚站在桅脚前边,后脚仍然在桅脚后方,这不仅能够减小负帆角的下帆边对站位的影响,同时还能利于前脚用力蹬板下偏。这时双手握帆杆的位置可偏后一点,有利于桅杆前倾。

B. 当风向角偏转超过30°后,前脚可以换站在桅后,当然后脚也要相应后移,仍成纵向站位。

C. 当风向角偏转接近或超过90°时,后脚应再后移,并站在首尾线下风,前脚则站在偏前的首尾线上风,成非纵非横的斜向站位。当桅杆向上风方向明显倾斜后,为了保持人体和帆的平衡与克服回转中的离心力,人体应略向下风倾斜,上风腿蹬直,下风腿弯曲,促成板体向上风横倾。

D. 当板体偏转接近180°风向角时,双脚应改为横站,人体面向板首和帆面,握手可恢复为正常握位。

(3) 迎风转向和顺风转向的操作方法

不管迎风转向或顺风转向都是板体在转动中越过了风向,从而使人体和帆都从原有舷位转到了另一舷位上,这就使操纵技术方法比偏转复杂了一些。

①迎风转向的技术方法

迎风转向一般是从45°风向角的迎风直线驶状态开始的,到转向之后进入新舷风风向角30°以上为止,因此在这里我们主要叙述这个范围内的帆、板和人体的控制技术方法。

A. 迎风转向帆的操纵技术

a. 迎风转向开始,桅帆在原直线驶的帆角位置上不变,但要沿着后帆角的方向倾斜下去,直到后帆角接近水面。这时帆力作用线必然偏在阻力中心后面,扭转力矩产生,板体开始了迎风偏转。

b. 随着偏转的开始,帆角应随之减小,即后帆角向舷内拉进,仍然使帆角保持有力的受风状态来推动板体继续偏转。随着板体的继续偏转,后帆角也拉到了首尾线,进而拉向了上风舷边处,以促使板首不但风向角达到0°,而且使板首越过风向10°左右。这时应立即停止拉帆,人体尽快换到另一舷,并尽快地将桅杆前倾,同时收紧后手使帆面成负帆角并受风。这时受风的帆面所产生的扭转力矩,已经由原在阻力中心的后方改为在阻力中心的前方。但仍然有效地继续扭转板首向新舷风的下风偏转。

c. 当板首偏转到30°风向角时,帆角应当恢复到迎风驶正常状态。桅杆的前倾也逐渐恢复到正常位置。这时帆板已经起速,并进而进入到45°风向角的正常行驶中。

B. 迎风转向板体的控制技术

在迎风转向的开始阶段,在站脚位置可控的情况下,可以控制板体向下风横倾,稳向板的横倾效应会促进板体的迎风偏转速度。但当越过风向之后在新舷风上继续作顺风偏转时,应当控制平板,平板会最大限度地发挥对板体横移的控制,避免使板体过多地失去上风位置。

②顺风转向的技术方法

帆板的顺风转向,较多的是从130°风向角转成新舷风130°(也有从10°~100°的情况)。因此,我们主要介绍这一范围内的转动操纵技术。

A. 顺风转向帆桅的操纵技术

a. 当帆板以130°左右风向角作侧顺风直线驶时,稳向板一般是收起的。顺风转向开始,桅杆先沿原帆面方向前倾,同时后帆角略收进。板体会迅速地顺风偏转下去。随着板体偏转的进行,桅杆的倾斜方向逐渐向正横方向转移,后帆角也逐渐松出,这时帆的受风中心应明显地偏在上风一侧,板体转动会继续并加速。

b. 当板体转成风向角180°左右时,桅杆应倾转到上风的正横位。但这时不要停止,应当继续越过正横位置,向后方向加速划去。这一加速划动也会促使板首迅速越过180°位置进入到160°~140°新舷风的风向角方位上去。

c. 最后这一次划帆的结束立即将桅帆向帆面方向收进,减小桅杆的倾斜度使桅杆直立起来。同时松后手,只有前手抓住桅杆或近桅处的帆杆。这时风力会吹动帆面以桅杆为轴转动,后帆角会以最快的速度转向新舷风的下风。帆面转动中,双手交换,原后手(新前手)改抓另一舷的帆杆近桅处。当后帆角转到与风向一致时,新后手立即抓在正常握位并收进帆杆,使帆受风,板体会继续偏转并进入新一侧顺风的舷风行驶。

B. 顺风转向板体的控制技术

顺风转向开始,特别是当速度较好时,可以控制板体出现向下风的横倾,并配合适当的纵倾,这样尾鳍效应会加速板体的顺风转动(但当放下稳向板时,横倾的方向恰恰相反)。在有速度的情况下,这种横倾可以一直保持到越过180°进入新的舷风时,特别是在转帆过程中效果更好。当板体转到接近正常直线行驶的方位时,横纵倾停止。

第五章　水上救生系统及救生员要求

学海导航

水上救生是人类进入文明社会后,随着社会的发展和人类活动的需要而产生的,对于水上运动的安全是重要保障。本章主要介绍了水上救生系统的主要内容及救生员的岗前要求。通过本章内容的学习,能帮助大学生了解和掌握水上救生的基本知识。

第一节　水上救生活动系统及其运行分析

一、水上救生系统的要素分析

从系统论的角度来说,水上救生活动作为社会大系统的一个组成部分,同时它又自成一个系统。从构成的实体来看,水上救生系统主要有5大要素,分别为游泳者、溺水者、救生员、救生器材和环境。其中游泳者、溺水者、救生员构成水上救生系统的人的要素,救生器材和环境构成水上救生活动系统的物的要素。各要素之间是相互联系、相互作用的,通过提高各独立要素功能,协调各要素相互关系可以提高整个救生活动组织系统的总体效率(图5-1)。

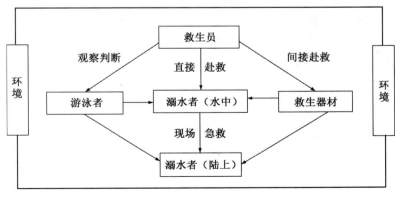

图 5-1

从图5-1可见,整个救生活动是在一定环境下进行的,它处于系统的最外层。救生员在自己的责任岗位上针对游泳者采用观察和判断技术,预防事故的发生。救生员直接作用溺水者采用直接赴救技术,间接作用溺水者运用救生器材采用间接赴救技术,将溺水者从水中施救上岸,救生员在岸上对溺水者施救主要采用现场急救技术。

第一,水上救生活动是为游泳者和溺水者而组织的,没有他们就没有组织救生活动的可能,也就没有设立救生员岗位的必要。也就是说,没有游泳者和溺水者就不存在救生系统。因此,游泳者和溺水者是水上救生活动的主体,所有救生要素都是围绕着游泳者和溺水者而组织安排的,营救的效果也是从溺水者身上体现的。同时,游泳者是救生活动潜在的危险要素,游泳者在某种情况下有变成溺水者的可能。游泳者是溺水者的源头,必须十分重视游泳者这一要素。因此,救生员事先要对游泳者宣传救生知识、游泳常识,做到"预防为主",同时救生员必须加强观察与判断,遇紧急情况要进行及时抢救。

第二,救生员要做到有效的营救,必须使用必要的救生器材,从简单的救生器材如竹竿、救生圈、救生板、救生管等到汽艇、专用救生艇等先进设备。随着现代医疗设备的发展,营救设备也在不断改进。外用去纤颤器、便携式氧气装备等先进医疗设备的加入,大大促进了水上营救工作的开展。救生器材受到科学技术发展水平的制约,是在救生实践中被证实行之有效的东西。在救生技术的实施中起到了重要的辅助作用。随着救生器材科技含量的不断提高,救生效果也不断提高。可以说,现代的救生活动已离不开先进的器材。因此,救生器材在水上救生活动的组织系统中处于重要的地位。

第三,任何系统的运行都处在一定的时空环境中,离开时空环境的系统实际上是不存在的。水上救生系统的运行是在一定的环境中进行的,因此,水上救生活动的要素之一便是水上救生环境,它由可控要素和不可控要素构成。游泳池的结构、池水的深度、水质情况、游客的人数及游泳池周边的环境等都属于可控要素。水质情况主要由地方卫生防疫部门进行监督;救生员的数量则由游泳人数决定。不可控要素主要包括游泳者的技术水平及游泳者的救生意识等。因此,环境是救生活动的要素之一,不能忽略。同时,救生环境主要受制于外部环境。对于救生活动来说,这些可控的和不可控的环境构成要素可以带来有利和不利的影响。救生员有责任与管理者一起,尽量创造和控制有利的环境,使环境对救生活动产生有利的影响,减少或避免不利的影响。

第四,救生员是水上救生活动组织系统中的积极因素,整个救生活动必须由救生员去组织、完成。当发生溺水时,救生员必须采取有效的技术手段,主动地去调整、理顺各要素之间的关系,对溺水者进行抢救,产生最佳的营救效果。救生员受到其他各要素的影响,因此其活动受到一定程度的制约。因为救生员在救生过程中处于非常关键的地位,所以救生员在救生活动中起着主导的作用。

二、水上救生系统的特点

第一,水上救生系统具有目的性。水上救生系统的存在与运行始终都是围绕着一个目标,就是保护游泳者的生命安全,它只有在进行有目的的活动时才存在。活动一旦停止,它就自然消失。即在游泳场活动运行过程中才能观察到救生活动系统,这一活动运行结束时,该系统就自然消失。同一个救生员或是游泳者出现在其他场合时,并不构成救生活动系统。

第二,水上救生系统具有开放性,它与外界始终是密切联系的。救生员、游泳者都来源于外界,它的运转过程更受外界的制约,因而它始终要与其他的系统保持动态联系。

第三,水上救生系统具有动态性,其动态性主要表现在救生员的活动上,救生员始终处在一种动态的观察中,救生员的营救过程也是在熟练有序的动态步骤中进行的。此外,水中的游泳者也是处在动态活动中。

三、水上救生活动系统的功能

水上救生系统主要有3个方面的功能,具体体现在以下方面。

第一,保护大众游泳者安全。游泳是在水环境中进行的,水环境具有一定的压力、阻力和浮力,既可以使游泳者达到锻炼的目的,又具有一定的危险性。再加上受到各外界因素的影响,游泳者出现溺水事故的可能性极大。组织救生活动是有必要的,其目的是给游泳者创造一个安全舒适的游泳环境,让他们最大限度地享受到游泳的乐趣。因此,救生活动系统最大、最首要的功能就是保障大众游泳者的安全。

第二,提高大众游泳者的安全意识。救生工作的任务除了对处于危险中的游泳者进行施救以外,更重要的是对溺水事件的预防。要做到预防,仅仅依靠外部因素是不够的,更重要的是提高游泳者的安全意识。由于客观因素的影响,游泳者从媒体得到救生知识和参加救生训练的机会较少,游泳者在参与到游泳场所的活动中时,成为救生系统的一个要素,在救生系统运行过程中可以获得救生的经历。如游泳者亲自参与到救生员的某一施救活动中或观看到施救的全过程:游泳者得到救生员的忠告和帮助,从自己的违规中得到教训和启发等,从而在救生系统运行中提高了自我的安全意识。

第三,提高与改进救生技术。救生技术是救生活动的基础,是有效施救的根本保证。救生员的救生技术主要在培训和注册训练中进行模拟的练习,这些练习与实践中的具体操作还是有一定的差距的,因为实践中实施一次救生活动是非常复杂的,并且受到许多因素的影响,这是救生员在模拟练习中不能体会到的。救生技术只有在救生活动系统中才能做到"学以致用",在实践中进一步提高和改进。如观察技术在培训中只是介绍方法,只能在救生系统运行过程中学到针对游泳者人数变化、游泳者特征、不同的救生岗位的观察技巧,并不断去改进和完善。

四、水上救生系统的运行

水上救生系统由人的要素(游泳者、溺水者、救生员)和物的要素(救生器材和环境)组成。这些要素是系统运行的基础。水上救生系统的运行过程是指操作活动(救生技术的运用)、控制调节、评价等成分组成的救生过程。这一过程是运动变化的。为了便于考察,水上救生系统运行过程可分为宏观和微观两个过程。宏观过程是指一个季度或一年的救生系统的运行过程。微观的运行过程是指在一次营救中救生系统的运行,其中救生技术贯穿于整个救生系统,是这一系统运行的关键。以下主要从微观运行的过程进行分析(图 5-2)。

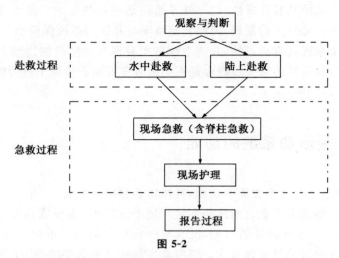

图 5-2

水上救生系统运行过程是指一次营救过程,主要包括 4 大步骤。

首先是观察判断,这是营救过程的起点。观察是指救生员在自己的岗位上,不间断地扫视、环视自己所负责的责任区域,及时发现溺水事故的隐患和溺水者,防止造成溺水事故发生的一种专门救生技术。它是救生工作中"以防为主"的具体表现,是救生工作中重要的一环。判断是指救生员在值岗时,对观察的情况作出的正确反应。

第二个过程是赴救过程,包括水中赴救和陆上赴救,是观察与判断的延续。经过长期的实践,总结出了救生员可行的水中赴救程序:入水—接近—寻找—解脱—拖带—上岸。陆上赴救是救生员在岸边利用水域现场的救生器材对神智较清醒的溺水者进行施救的技术,这一技术能够有效地保证救生员自身的安全。

第三个过程是急救过程。该过程是上岸后采取的紧急救生措施,主要包括现场急救和脊柱受伤的救护。现场急救是对溺水者实施有效营救的保证,救生员除了要了解有关人体解剖、生理方面的知识外,还要学习必要的医学知识,动作必须迅速,方法必须正确。现场急救一般的步骤是:判断意识—急救体位—打开气道—人工呼吸—人工循环—紧急止血—保护脊柱。脊柱在水环境中是很容易受伤的,国外有资料统计,30%左右的溺水者都有不同程度的脊柱损伤。当救生员判断溺水者脊柱受伤后,应利用颈套、急救板等器材对受伤者进行固定和搬运。对脊柱损伤,最好是接近溺水者后在水中进行有效的处理。此后是进行现场护理,直到医疗救护人员的到来。

第四个过程是报告事件,是在事后对整个过程进行全面的描述,并且要得到现场目击者的证实,将之作为事故处理的法律依据,因此是非常重要的。而国内救生往往忽略了这一过程,在救生教材和培训方面都没有涉及此项内容,这给事故的处理增加了难度。作为救生系统运行的一个部分,我们应该给予足够的重视。

总之,水上救生系统的运行是技术操作的过程,该技术贯穿了整个运行过程,其包含的 4 个过程是一个连续的过程,前一过程是后一过程的开始,同时各个过程中的每一个环节必须井然有序,讲究效率。

第二节　水上救生员岗前要求

一、各级救生员需具备的条件

(一)各级水上救生员报考的基本条件

救生员所具备的基本条件为：
第一，思想作风正派，遵守救生员守则。
第二，具有爬泳、仰泳、蛙泳、侧泳、潜泳、反蛙泳、踩水等游泳技能。
第三，具有现场赴救(观察、入水、接近、解脱、寻找、拖带、上岸)和急救能力。
第四，身体健康，两眼视力在1.0以上和矫正视力在1.5。

1. 初级救生员

(1)年龄要求：18岁至50岁。
(2)25米速度游：男子必须在20秒以内完成；女子必须在22秒以内完成。
(3)掌握赴救、急救等基本操作方法。

2. 中级救生员

(1)年龄要求：60岁以下(含60岁)。
(2)获得初级救生员证书后参加救生工作3个年度(室外池以一个季度为一年度计算；室内池以两个季度为一年度计算)，才可申请中级水上救生员等级考核。
(3)本人在执岗期间(主责区)，安全无事故。

3. 高级救生员

(1)年龄要求：(待定)。
(2)获得游泳中级救生员等级证书3年以上，且连续参加救生工作6个年度。
(3)参加救生工作期间，无溺水责任事故。
(4)全面熟练掌握救生技术及要领，有教学示范和组织能力。

4. 国家级救生员

(1)年龄要求:(待定)。

(2)参加过由国家体育总局游泳运动管理中心(中国救生协会)组织的高级考官培训班的现职中国救生协会委员(有效期4年,此条款不包括名誉委员)。

(3)连续3届担任中国救生协会委员。

(4)获得高级水上救生员等级证书后,参加水上救生工作10个年度以上,无任何溺死事故直接责任。

(5)长期从事水上救生工作,且在理论和实践工作中对推动水上救生事业发展有突出贡献,可给予特殊批准。

(二)上岗条件

经培训并考核后获得相应等级证书外,还要具备如下几个方面,方可持证上岗。

(1)每年必须参加当地救生组织所举办的各类救生活动,交流救生技术。

(2)每年要参加当地救生组织对救生员的年审工作;持证3年后,须重新考核换证。

二、救生员的职责

(一)各级救生员的职责

(1)初级救生员职责:可参加国内各地区游泳场所救生工作。

(2)中级救生员职责:可担任某一游泳场所救生小组长职务。

(3)高级救生员职责:担任小组长职务,并获得培训初、中级水上救生员教官资格。

(4)国家级救生员:获水上救生员高级考官和培训初、中、高级水上救生员教官资格,在符合有关规定的前提下,协会承认其在等级书上签字的有效性。

(二)救生负责人的职责

1. 创造一个"安全"的水上活动环境

(1)为游泳者提供安全指示标志和警告标志。

(2)采取必要措施,防止游泳者从深水区入池。

(3)儿童嬉水池必须与成人池(深水区)隔开。

(4)防止循环水孔发生安全隐患。

(5)浅、深池底要有逐渐倾斜的坡度,必要时应设置"深水区"警示牌。
(6)泳池的攀梯与池壁间应有安全的间距(必须小于12公分)。
(7)泳池建筑体不可有锐角和毛口,救生台、警示牌、宣传栏、照明灯必须固定牢固。
(8)滑道的泳池,其表面应光滑,应设计安全弯道以防止撞击或伤害事故。
(9)开辟有"跳水区"的应与游泳区隔离,应设有"跳水区游泳者严禁入内"的警告标志牌,池水深度须符合"跳水比赛规则"规定,并有专职救生员值岗。
(10)开放夜场,必须有足够的照明设施(水面照度须在80勒克司以上,并需备有备用光源)。

2. 精心组织行之有效的安全观察网

(1)合理设置观察岗位(救生台)
①救生员观察应处在最大有效视矩处。
②应力求贴近溺水可能性较大的重点区。
③救生台的前缘必须与池边在同一垂直面,以防止出现观察盲区。
(2)合理安排救生员岗位,并经常督促、检查落实情况
①必须全面了解每一个救生员的工作责任心、看水经验、思想及技术素质。
②为确保观察到每块水域、每个游泳者的活动,要了解每天每场次的开放对象、人数。
③对救生观察可能带来的影响,要有充分的估计(如当天的天气、水质等)。
④救生员编组应新老结合,不得自由编班上岗。
(3)按实际开放场次,配备足额的救生员。
①正常开放场所,应配备足够救生员。
②严格控制救生员上岗观察时间。

3. 确定必要的安全制度。

(1)严格执行持证上岗制度。无救生员证的,一律不准上岗,以确保游泳者的安全。
(2)认真做好岗前复审工作。
(3)开放前,救生员必须提前15分钟上岗。
(4)除专业游泳运动员训练外,所有场次一律要安排专职救生员值岗制度(包场给外单位的,应配备相应等级救生人员)。
(5)严格执行交接班责任制度。
(6)严格执行清场制度。
(7)建立新救生员的观察实习制度。
(8)建立现场急救制度。
①确定熟悉现场急救业务的临场总指挥。
②明确心肺复苏术施救人、补岗人、记录取证人和保证急救通道畅通的分工管理部门和人员。
③联系120输送急救医院。

④及时如实上报。
⑤定期安排救生人员进行现场急救模拟练习。

4. 必要的物质装备及保障条件

(1)值岗时必须有统一的救生制服。
(2)必要的救生用具(救生竿、救生浮标、球、绳等)。
(3)救生员休息室。
(4)有关值勤及赴救记录资料。

(三)游泳场所负责人的工作职责

游泳场所是开展群众性体育活动的场所。场(所)负责人应积极宣传和贯彻政府有关体育工作方针、政策、法规或办法,积极开展游泳活动,为社会的精神文明服务。游泳场所工作包括开放、竞赛、训练和表演等任务,推动群众性游泳活动的普及,促使游泳技术水平的提高。

(1)开放前,应参加当地体委举办的专业培训班。如公安部门对开放治安、消防等安全措施是否符合公众开放的安全要求;卫生部门对水质的要求;体育部门对场馆的要求,对游泳者所提供的安全保障等。

(2)在开放前必须按当地政府和有关部门对游泳场所管理的各项要求,做好开放前准备工作,报当地政府(体委)审批,经批准发给开放许可证。

(3)为防止意外事故的发生,确保游泳场所履行各项规定,必须制定游泳场所日常操作程序。
①各类警示牌、游泳场所平面图、易出现危险的地域。
②急救训练及急救器材的使用和救生用具的操作方法。
③游泳场所规定、守则(安全守则等)。
④在安全管理中救生员应处的地位。
⑤场所最高可容纳人数、进出口通道(安全通道)。
⑥警报系统、紧急拯救用具及维修用具的详细情况。
⑦场所员工要求、值班规定、工作时间限制、岗位轮换的要求等。
⑧遇事故后,根据具体情况制定紧急应变的操作、各人负责的岗位及应变程序。
⑨制定意外事故发生时的处理步骤。
⑩制定意外事故后的善后处理,对外公开意外事故经过及善后处理、填写意外事故报告。

知识拓展

运动后进行放松整理活动也是必需的。虽然这会令你付出更多的时间,但是相对于因准备不当引发肌肉拉伤去看医生,这样做是划算的。一般在运动前应慢跑三五分钟,让血液加速循环,再伸展一下全身的肌肉和关节,使它们为后面要进行的运动做好准备。当你的全身慢慢热起来之后,你对运动的信心就会更强,且不易出现疲劳。另外运动结束后,不要就地坐下,要让心率缓慢地减至正常,正确的方法是运动后再慢跑三五分钟,同时做一些放松活动。

第六章 游泳救生员专项技术

学海导航

踩水、反蛙泳、侧泳和潜泳是游泳运动中非常实用的游泳技术,这些技术都是经过长期的发展演变而来的,是水中生存与救生的重要手段,也是现代游泳救生员所必须掌握的专项技术。这些实用技能的掌握对于在水中获得更大程度上的活动自由,有着非常重要的意义。本章就踩水、反蛙泳、侧泳、潜泳等技术及其练习方法进行介绍。

第一节 踩水技术

踩水又称为"踏水"或"立泳",是一项有着较大使用价值的游泳技术。通过掌握熟练的踏水技术,不仅可以使救生员在水中休息、观察、变换方向时应付自如,而且也可以使救生员在必要时顺利持物游渡江湖或抢救溺水者。踩水速度较慢,但比较安全,在对水流状况不了解、水质浑浊的情况下经常采用。在救助溺水者时,便于观察水面情况,可做前后、左右方向的移动或拖带,在救助溺水者的动作中起着重要作用。

在游泳运动中,各种成水平姿势的游泳都是靠手臂和腿的动作产生推进力来克服水的阻力而向前游进的。而踩水是靠手臂和腿的动作产生的上升力来克服人体的重力使身体漂浮于水中。由于人体浸入水中后本身就受到相当于所排开的水的重量的向上的浮力作用,所以在掌握踩水技术后,只要臂、腿稍做动作就能使头部浮出水面。技术娴熟者踩水时"如履平地",可以仅靠腿的动作使身体浮起来而腾出双手来持物。

一、踩水技术分析

(一)身体姿势

踩水的技术动作与直立蛙泳相类似。其整个的身体姿势如下(图6-1)。

(1)踩水时,身体略向前倾斜直立漂浮于水中。
(2)头部始终在水面上,下颌接近水面。
(3)稍屈髋;两臂稍屈处于胸部水平,掌心向下。

图 6-1

(二)腿部技术

双腿的蹬压动作是踩水时身体产生上升力的主要因素。

踩水腿的蹬压动作与蛙泳腿的蹬夹动作十分相似,但大腿的动作幅度较小,主要靠小腿和脚掌做动作。蹬压时两腿始终处于弯曲状态,没有明显的并拢伸直,整个蹬压动作要连贯圆滑,周而复始。

在进行蹬压动作时,略屈髋,大腿与躯干的夹角约为120°,膝关节弯曲,小腿和脚向外翻,勾脚掌,使小腿和脚的内侧面朝下,两脚跟间的距离宽于两膝间的距离。这种姿势与蛙泳翻脚后的姿势基本相同。接着,大腿略为下压,膝关节内扣,以小腿和脚的内侧面向下弧形蹬压水。在膝关节尚未完全蹬直时,小腿即向大腿折叠,大腿转而稍上抬,紧接着向外翻脚,准备做下一次蹬压动作。在一个收腿、翻脚、蹬压的动作周期中,脚的运动路线近似于一个椭圆形(图 6-2)。

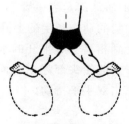

图 6-2

腿的蹬压方式有两种:一种是两腿同时蹬压、同时收翻。这种方式更接近于直立蛙泳,动作比较简单,容易掌握,蹬压动作有力,但身体的上下起伏比较大。

另一种方式是两腿交替做收翻和蹬压动作。即一腿向下蹬压时,另一腿向上收腿翻脚,两腿连贯交替。这种方式对动作的协调性要求较高,身体比较平稳,没有太大的起伏,但身体会稍微左右摇摆。

(三)臂部技术

踩水时,两臂稍屈平举于胸前,两手同时做平行于水面的向外、向内弧形拨压水动作。向外拨压水时掌心朝外下方,向内拨压水时掌心朝内下方。整个动作要连贯圆滑,有节奏地周而复始。弧形拨压时手掌与水平面成30°～40°角,动作主要是前臂和手的摆动,上臂的动作幅度不宜过大,手掌要有压水的感觉(图6-3)。

图6-3

手臂沿水面来回划动时,水对手臂的反作用力是由与手臂运动方向相反的划水阻力和与手臂运动方向垂直的划水升力构成的。划水阻力平行于水面,由于两臂同时向外或向内运动,两臂上的划水阻力相互抵消,不引起身体的位移。而两臂上的划水升力垂直于水面,起着克服重力使身体向上升起的作用。

(四)完整配合技术

踩水时,头部始终露出水面,可以自然呼吸,只要与动作有节奏地配合进行即可。

踩水时,腿和臂的动作要协调配合。若采用两腿同时蹬压技术,则两腿向下蹬压时两臂向外弧形拨压,向上收腿翻脚时两臂向内弧形拨压(图6-4)。

图6-4

若采用两腿交替蹬压技术,则一腿向下蹬压时两臂向外弧形拨压,另一腿向下蹬压时两臂向内弧形拨压(图6-5)。如此有节奏地往复做动作,使身体平稳地漂浮于水中。

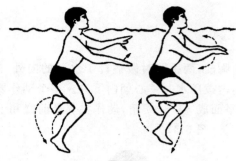

图 6-5

用踩水动作可以朝某一方向慢慢游进。向前游进时身体略向前倾,腿稍向后蹬,两臂也稍向后划。向侧游进时身体应侧对游进方向并稍侧倾,异侧腿动作应大些、用力些。

二、踩水技术练习方法

(一)陆上模仿练习

1. 双杠挂臂撑模仿踩水

悬挂在双杠上,模仿踩水的腿部动作,着重体会椭圆形动作路线和连贯圆滑、周而复始的动作方式(图 6-6)。

图 6-6

2. 坐池边模仿踩水

坐在池边,脚浸入水中,模仿踩水的腿部动作,注意体会小腿和脚的内侧面向下蹬压水的感觉。

(二)水中练习

1. 扶边单腿踩水

侧对池壁站立,一手扶池边,提外侧腿,做踩水的"收腿、翻脚、蹬压"动作。要求以小腿和脚的内侧面蹬压水,注意动作连贯,周而复始地进行(图6-7)。

图 6-7

2. 扶边踩水

双手扶池边,上体略前倾,双腿同时或交替做向下弧形蹬压、向上收腿翻脚的连贯动作,注意感受水所产生的上浮力(图6-8)。

图 6-8

3. 站立划水

站立齐胸深水中,两臂稍屈举于胸前,做有节奏的向外、向内弧形拨压水动作,体会水对手臂的反作用力。

4. 助浮踩水

胸部扎浮球,身体直立漂浮于水中,做踩水的臂、腿动作。逐步减小浮球数,过渡到不用浮球助浮的踩水。

5. 套绳踩水

用软绳做成套圈套在练习者腋下,帮助者在岸上提拉绳子,练习者在深水区做踩水动作。帮助者根据情况适时拉紧或放松绳子,使练习者下颌保持在水面上。练习者应逐渐摆脱对绳子的依赖(图 6-9)。

图 6-9

6. 持续踩水

在深水区持续踩水,动作尽量放松。在动作熟练的基础上,逐渐解脱双手,仅靠两腿动作维持身体漂浮。并可练习踩水向前或向侧游进。

知识拓展

在游泳运动中,游泳实用技术有着非常悠久的历史,古代人类为了生存需要,在水中进行的多种活动,就是较为原始且实用的游泳技术。这些游泳的姿势是多种多样的,有的是模仿动物的动作和形象,有的是为了节省体力以便能游更长的时间或更长的距离。这些实用的游泳姿势在技术上不存在对与错,只有合理或不合理、省力或费力之分。

第二节　反蛙泳技术

反蛙泳,顾名思义,就是身体翻过来的蛙泳,也称为蛙式仰泳。反蛙泳呼吸自然、动作自如,节省体力,容易学习和掌握,具有很高的使用价值,在水中托运物品、抢救溺水者时常采用这项技术。在长时间、长距离游泳时,反蛙泳还是一种轻松休闲的休息方式。

一、反蛙泳技术分析

游反蛙泳时,身体仰卧水中,两腿同时做蛙泳腿的蹬夹动作,两臂同时经空中前摆入水,然后在体侧同时向后划水(图6-10)。

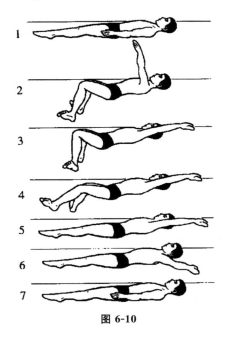

图6-10

(一)身体姿势

仰卧水中,腹、背肌适度紧张使身体自然伸直,身体纵轴与水平面形成一个不大的迎角。后脑浸入水中,脸露出水面,眼看后上方。

(二)腿部技术

在反蛙泳技术中,腿的蹬夹动作是推动身体向前移动的主要因素。

腿的蹬夹动作从身体伸直仰卧滑行姿势开始。收腿时,略屈髋,臀部稍下沉,膝关节弯曲,小腿放松下沉向大腿后面折叠,两腿同时向两侧分开,两膝间的距离约同肩宽。当小腿收到与大腿垂直时开始翻脚,大腿稍内旋,小腿和脚向外张开,勾脚掌,使小腿和脚的内侧面向后对水。翻脚结束时,大、小腿间的夹角小于90°,两脚跟间的距离宽于两膝间的距离。紧接着,髋关节展开,大腿前侧和内侧肌群发力,使膝关节开始伸直,小腿和脚保持良好的对水面向后方弧形蹬夹水,两腿边后蹬边内夹,整个蹬夹动作要加速进行。在蹬夹的最后阶段踝关节伸直,完成脚掌向后向内向下的鞭打动作。两腿在蹬直的同时并拢,保持适度紧张,进入滑行阶段。

在整个腿部动作中,收腿、翻脚、蹬夹3个环节是紧密相连的。在收腿尚未完成时就开始翻脚,在翻脚的开始阶段继续完成收腿;翻脚尚未完成就开始蹬夹,在蹬夹的开始阶段继续完成翻脚。整个的腿部动作要连贯,中间不能有明显的停顿。需要注意的是,在收腿、翻脚、蹬腿的全过程中,膝关节不能露出水面。

(三)臂部技术

两臂动作从贴于体侧的滑行姿势开始。首先,以拇指领先,两臂自然伸直提出水面,并放松地沿体侧的垂直面经空中向前摆动。两臂摆过脸部上方时开始内旋,使小指侧转向下。然后,两臂伸直在肩前(肩延长线上或稍外侧)同时入水。入水后应尽量向前伸肩以延长划水路线。然后,两臂向两侧分开,略屈腕使掌心朝向脚的方向,先直臂向外、向后划水。当划至两侧接近肩横线时,肘关节稍弯曲下沉,形成"倒高肘"姿势,使前臂和手掌形成良好的对水面,并继续用力在体侧向后推压水至大腿旁。划水结束时,两臂贴着体侧,掌心朝大腿,身体伸直成流线型向前滑行。

(四)完整配合技术

在采用反蛙泳技术游泳时,脸部始终露在水面以上,呼吸不受水的限制,但要与手臂、腿的动作协调一致。一般是在空中移臂时吸气,手臂进入水后闭气,手臂划水时用口、鼻均匀地呼气。

反蛙泳时,手臂和腿的动作也是交替进行的,蹬腿与划臂轮流起着推动身体前进的作用。配合方式是,两臂提出水面经空中前移时,做收腿和翻脚的动作;两臂摆至头前即将入水时,两腿开始向后蹬夹;蹬夹结束两腿伸直并拢时,两臂在体侧向后划水;划水结束后,两臂贴于体侧,身体自然伸直向前滑行。

俯卧蛙泳是在两臂前伸后做短暂的滑行,而反蛙泳则是在两臂划至大腿旁后进入滑行的。

二、反蛙泳技术练习方法

(一)陆上模仿划臂

1. 站立模仿划臂

原地站立,模仿反蛙泳两臂的划水动作。

2. 坐池边模仿蹬腿

坐池边,上体稍后仰,两臂后撑,两脚浸入水中,模仿反蛙泳腿的收、翻、蹬夹动作。

(二)水中练习

1. 反抓槽蹬腿

仰卧水中,反臂抓住池边水槽,做反蛙泳腿的动作。身体尽量展平,髋关节不宜过于弯曲,两膝不要露出水面。

2. 扶板蹬腿

仰卧水中,双手抱打水板于腹前,做反蛙泳腿的动作向前游进。

3. 滑行蹬腿

仰卧蹬壁滑行后,两臂贴于体侧,做反蛙泳腿的动作向前游进,体会连贯的腿部技术(图6-11)。

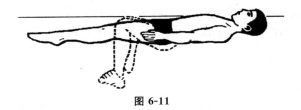

图 6-11

4. 连续划臂

仰卧水中,两腿伸直并拢,连续做反蛙泳两臂划水的动作拖腿向前游进,体会将身体向前拉引的感觉。

5. 多次腿一次臂配合

仰卧水中,两臂贴于体侧,做2～3次蹬腿动作后,接着做1次划臂动作。每次蹬腿后要稍做滑行。

6. 完整配合游

做反蛙泳臂、腿配合的动作向前游进,逐渐加上有节奏的呼吸,形成完整的配合技术。

第三节　侧泳技术

侧泳技术结合了蛙泳蹬腿和爬泳划臂的一些特点,它是身体侧卧水中向前游进的一种泳式。在游进的过程中,两臂交替划水,两腿做蹬剪水动作。侧泳不仅可以提高游进的速度,而且呼吸自然,动作轻松,容易掌握,具有较高的实用价值,常用于在水上托运物品或抢救溺水者。

一、侧泳技术分析

(一)身体姿势

游侧泳时,身体侧卧水中;头的一侧浸入水中,身体纵轴与水平面构成一个不大的迎角,腿部位置略低于肩部水平。游进时,躯干会随着臂的划水动作而有节奏地绕纵轴来回转动,转动的幅度为 45°～50°。这种转动不仅有利于发挥臂划水和腿蹬剪水的力量,还有利于顺利完成空中移臂和呼吸动作(图 6-12)。根据个人的习惯,侧泳可以采用左侧卧姿势,也可以采用右侧卧姿势。

图 6-12

(二)腿部技术

在侧泳技术中,腿部的动作是推动身体前进的重要因素,特别是在拖带溺水者时,几乎全靠腿的动作使身体前进。

侧泳的腿部动作可以分为收腿、翻脚、蹬剪 3 个紧密相连的阶段。为了便于描述,通常将靠近水面的腿称为上侧腿,而另一腿则相应地称为下侧腿。

1. 收腿

侧泳腿的一个动作周期从两腿伸直并拢、身体侧卧向前滑行的姿势开始。收腿时,上侧腿膝关节弯曲,大腿与水面平行向身前提收,踝关节自然放松,小腿跟在大腿后面向前移。此时,下侧腿保持展髋姿势,膝关节弯曲,小腿向大腿后面折叠,使足跟靠近臀部。收腿结束时,上侧腿的大腿与躯干约成 90°角,小腿与大腿之间成 45°～60°角;下侧腿髋关节伸展,大、小腿折叠成 30°～40°角(图 6-13)。

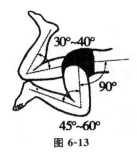

图 6-13

2. 翻脚

翻脚是介于收腿和蹬剪水之间的一个过渡动作。当收腿动作接近完成时,上侧腿勾脚尖,膝关节开始伸直,小腿与水面平行稍往身前伸出,将脚底和大腿后侧面向后对准蹬水方向。下侧腿则绷脚尖,使脚背和小腿的前侧面向后对准剪水方向(图 6-14)。

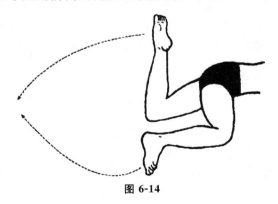

图 6-14

3. 蹬剪

紧接着翻脚动作,上侧腿用力伸髋,大腿后摆使膝关节继续伸直,以大、小腿的后侧面及脚底与水面平行地向后加速弧形蹬夹。与此同时,下侧腿用力伸直膝关节,以脚背和小腿前侧面对水向后剪腿。随着两膝关节的伸直,上、下两腿形成剪刀状的剪绞动作,直至两腿伸直并拢进入滑行阶段。

滑行时,髋关节、膝关节、踝关节都自然伸直,腿部肌肉保持适度紧张以形成流线型姿势。

(三)臂部技术

侧泳臂的动作有两种形式:一种是两臂都不出水,另一种是有一臂出水。常用的是后一种形式,即一臂划水后提出水面经空中前移,另一臂划水后在水下收手前伸。为便于描述,通常把靠近水面的手臂称为上侧臂,而另一手臂则相应地称为下侧臂。

1. 上侧臂动作

上侧臂的动作可分为入水、划水、出水和空中移臂4个紧紧相连的阶段。入水时,手指向下,掌心斜向后,肘关节处于较高的位置,按手、前臂、上臂的顺序在头的前方斜插入水。手臂入水后即开始屈腕屈肘抓水,形成屈臂高肘姿势拉水至肩下部位;然后上臂向体侧靠拢,肘关节开始伸直,手和前臂加速向后推水至大腿旁。划水后,手臂贴于体侧向前滑行。出水时,肘关节弯曲将手臂提出水面。接着,手臂自然放松以肘高于手的姿势经空中前移;移臂的后半段,躯干绕身体纵轴稍往胸腹侧转动,以使手的入水点前移,加长划水路线。在划水的过程中,身体逐渐转回侧卧姿势。

2. 下侧臂动作

下侧臂的动作可分为划水、收手、前伸3个紧紧相连的阶段。从臂前伸掌心朝下的滑行姿势开始,先屈肘、屈腕使手和前臂向下划动抓水,形成屈臂高肘姿势;然后以手掌和前臂对水在身体下方的胸腹侧向后拉水,手臂划到肩下位置时,肘关节约屈成110°角;手臂由此向后加速推水至腹部下方。接着,肘关节靠近体侧,前臂外旋使掌心转向上,手经腹前收至胸前;接着以手指领先贴近水面不停顿地向前伸出,掌心逐渐转向下,直至肘关节伸直。整个收手和前伸的动作要做得连贯自如。

3. 两臂的配合

侧泳两臂的动作是交替进行的。上侧臂提出水面经空中前移时,下侧臂在体下划水;上侧臂入水时,下侧臂收手;上侧臂划水时,下侧臂前伸。两臂在胸前有一个交叉的过程。上侧臂划水结束贴于体侧时,下侧臂在头前伸直。

(四)完整配合技术

游侧泳时,一般采用1:2:1的配合技术,即在一个完整动作周期中,蹬剪水1次,划水2次(左、右臂各1次),呼吸1次(图6-15)。

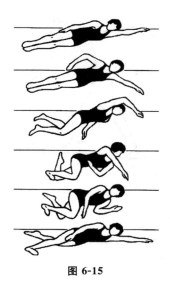

图 6-15

1. 呼吸与臂的配合

上侧臂出水经空中前移时,身体侧转至最大限度,此时头略侧转使口露出水面开始吸气。上侧臂入水时吸气结束,稍闭气,脸随着身体的转动而浸入水中。在上侧臂划水的过程中,用口、鼻在水中均匀地呼气。

2. 臂与腿的配合

上侧臂入水、下侧臂收手时,开始收腿;上侧臂划至腹部下方加速向后推水、下侧臂向前伸出时,两腿完成翻脚动作开始用力向后蹬剪水。上侧臂划水结束贴于体侧时,下侧臂在头前伸直,两腿同时完成蹬剪动作伸直并拢。此时身体侧卧,全身伸直成良好的流线型向前滑行,准备开始下一个动作周期。整个臂、腿配合的过程也可以简单地描述成腿与下侧臂的配合,即收手收腿,前伸蹬剪。

二、侧泳技术练习方法

(一)陆上模仿练习

1. 原地模仿划臂

两脚开立,上体稍前倾、稍侧屈,模仿侧泳两臂的划水动作。着重体会两臂不同的动作路线及两臂交叉配合的时机(图 6-16)。

图 6-16

2. 原地模仿蹬剪腿

在练习侧泳时，身体可以侧卧在地上，也可在长凳、桌子、床上模拟水下状况，做两腿的蹬夹动作。

(二)水中练习

1. 扶边蹬剪腿

一手抓住池边水槽，另一手在水下撑住池壁，身体水平侧卧水中，做侧泳腿的动作。

2. 扶板蹬剪腿

两臂一前一后扶在打水板上，身体水平侧卧水中，做侧泳腿的动作向前游进，要求两腿蹬剪结束后伸直并拢稍做滑行(图 6-17)。

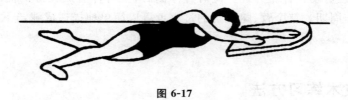

图 6-17

3. 原地划臂

两脚开立，上体稍前倾、稍侧屈，做侧泳两臂的划水动作。划水不要太用力，主要体会两臂的划水路线和屈臂高肘技术。基本掌握动作要领后，加上转头呼吸的动作。

4. 侧向行进划臂

上体稍前倾做侧泳两臂交替的划水动作朝侧向行进，用力适中，借助划水动作产生的反作用力向侧移步，可结合转头呼吸动作进行练习。

5. 完整配合游

蹬壁滑行后身体转成侧卧姿势，做侧泳臂、腿配合的动作向前游进。逐渐加上有节奏的呼吸，形成完整的配合技术。

第四节　潜泳技术

潜泳，又称大划臂蛙泳，它是在水下游进的一种游泳技术。由于这种游泳技术不受装备的限制，简单易行，又具有较好的隐蔽性，因而在水下作业、科学考察、抢救溺水者等方面及在军事上都有较多的应用。在民间广为流传的潜泳包括潜深和潜远。另外，还有一类潜泳需要使用专门的器材，如氧气瓶、脚蹼等，这种潜泳在国际上已被列为竞技体育项目，称为潜水运动。

知识拓展

目前，开展较为普遍的潜水竞赛项目有5大类：蹼泳、水下定向、水中狩猎、水下球类和水下摄影。蹼泳主要有屏气潜泳、水面蹼泳和器泳。水下定向，分为直线定向和曲线定向，直线定向的距离为500米和1 000米，曲线定向的距离为600米左右，有带水下标志和不带水下标志的梯形状、M形、五星形等。水中狩猎是在透明度较好的自然水域中竞赛，比赛分捕获鱼类和射鱼形靶。水下球类是在游泳池中进行，分为水下曲棍球和水下橄榄球两项运动。水下摄影，是采用水下摄影机或摄像机在水下拍摄、录制特定的水生物，并由评比委员会评定名次。

潜水运动要求人体具备很高的耐压和耐缺氧能力。这是因为水越深，水压越大。深度每增加10米，就会增加一个大气压。人体耐受缺氧的能力是十分有限的，潜泳又是在屏息状态下进行强烈的肌肉活动，体内氧的消耗速度快，下潜时强大的水压还会阻碍静脉血液回流，影响肺内的血液循环。因此，进行无装备的潜泳，在水下停留的时间不宜过长，下潜不能太深。在水深1 000米的深海中，水压可以把木材的体积压缩一半，所以人若没有保护设备，又没经过专门训练，下潜深度一般不宜超过10米。否则容易造成大脑缺氧，出现头晕现象，甚至失去知觉而发生生命危险。

在潜泳时，呼吸对于潜水时间的长短有着重要的作用。在下潜前，如果吸气不足，则在水中停留的时间就会大大缩短；若吸气过深，则会因为水的压力而产生胸闷的感觉，造成身体仓促上浮。通常情况下，在下潜之前，做一两次自然的深呼吸；然后憋住气下潜；在胸部感觉不舒服时开始断续地呼气，每次间隔5~10秒，以减小肺内压力，减轻胸部的难受感。在肺内气体接近呼尽时浮出水面换气。

一、潜深技术

在进行水下作业、科学考察或抢救溺水者时,都需要在开始时迅速下潜到一定深度以进行搜索、接近目标,这就要用到潜深技术。如果在下潜前是站在岸上或船上,且了解水情,水较深,水底无障碍物,则可以采用类似出发台出发的动作,以手、头领先跳入水中直接下潜,或以脚领先垂直跳入水中下沉到一定深度。但在不了解水情时切勿盲目乱跳,以免发生危险。更多的情况是,在游动中根据需要下潜。下潜的方式有两种:脚朝下的潜深和头朝下的潜深。

(一)脚朝下潜深

脚朝下的潜深是从踩水开始的。下潜之前,两腿用力蹬夹水,两臂在体前用力向下压水,使上体至腰部向上跃出水面,同时深吸一口气。紧接着,两腿并拢伸直,两臂伸直贴于体侧,利用自身的重力使身体下沉。身体沉入水中后,两手掌心向上做自下而上的拨水动作,加快下潜。当下沉到一定深度时,立即低头团身,使身体转成水平姿势,朝预定方向潜进(图6-18)。脚朝下的潜深,动作比较简单、安全,容易掌握,但下潜速度较慢。

图 6-18

(二)头朝下潜深

头朝下的潜深也是从踩水开始的。下潜之前先深吸一口气,然后迅速低头收腹团身,屈膝提臀,使身体向前翻转成头朝下的姿势。紧接着,两臂向下伸直并拢,身体伸展,两腿挺直,在自身重力的作用下,身体迅速沉入水中。接着,两腿向上做蛙泳的蹬夹动作以增大下潜速度。当潜到一定深度时,身体逐渐转成水平姿势,朝预定方向潜进。下潜动作也可以斜向进行(图6-19)。头朝下的潜深,速度较快,且能与潜远动作自然衔接,但动作较复杂,难度较大。

图 6-19

二、潜远技术

潜远的方法主要有蛙式潜泳、长划臂潜泳和利用爬泳、海豚泳打腿技术的爬式潜泳、海豚式潜泳等,这里介绍蛙式潜泳与长划臂潜泳。

(一)蛙式潜泳

蛙式潜泳就是用蛙泳的动作在水下游进,其技术与正常蛙泳基本相同,只是一个在水面游,一个在水下游,从而产生身体姿势及臂、腿动作的微小变化(图 6-20)。

图 6-20

在潜泳中,为了保持潜游的深度,避免过早上浮,躯干应始终正对游进方向,头部稍低,使头和躯干成一直线。头实际上起着升降舵的作用。想往深处潜时应低头,希望浮出水面时应抬头。

蛙式潜泳的腿部动作也分为收腿、翻脚、蹬腿和滑行4个紧紧相连的阶段。为了尽可能地保持身体的流线型以减小阻力,收腿时屈髋的幅度及两腿向侧分开的程度都比正常蛙泳小些。

蛙式潜泳的臂部动作也分为外划、下划、内划和前伸4个紧紧相连的阶段。两臂划水的幅度可以稍大于正常蛙泳,以产生较大的推进力,弥补因躯干姿势固定而不利于发挥蹬腿力量的不足。两臂前伸时应贴近下颌,使臂的前伸紧缩在躯干的横截面内,以达到减小阻力的目的。

蛙式潜泳臂、腿的配合技术与正常蛙泳完全一样。但由于在水下潜游有效地减小了波浪阻力,故可以适当放慢动作频率,延长滑行时间,充分利用臂、腿动作产生的推进力向前游进。

(二)长划臂潜泳

长划臂潜泳的身体姿势和腿部动作与蛙式潜泳完全相同,只是在划臂方式和完整配合技术上略有差异(图6-21)。

长划臂潜泳动作与蛙泳摆动式转身后在水下潜游的长划臂和蹬腿动作基本相同。其臂、腿配合方式是,两臂划水时,两腿自然伸直并拢;划水结束后两臂贴于体侧,掌心朝上,身体伸直成流线型向前滑行;在收手前伸的同时做收腿、翻脚的动作;两臂向前快伸直时两腿用力向后蹬夹。蹬夹结束后可立即开始划臂,也可以保持臂、腿伸直的姿势再次稍做滑行。

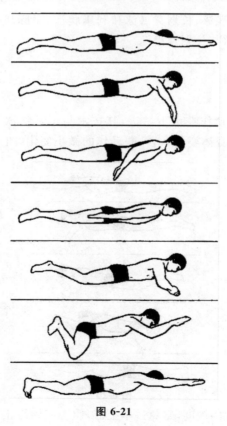

图 6-21

长划臂潜泳不仅能有效地减小波浪阻力,而且能增长划水路线,充分发挥臂划水的肌肉力量,因而游进速度比正常蛙泳和蛙式潜泳都快。但由于在一个完整动作周期中有相当一段时间是以头部领先,在水情复杂、水质浑浊、能见度低的情况下采用这种技术要格外谨慎,以免头部撞伤而危及生命安全。此时最好改用蛙式潜泳。

三、潜泳技术练习方法

(一)陆上模仿练习

(1)站立模仿蛙式长划臂潜泳的手臂动作。
(2)站立模仿蛙式长划臂潜泳手臂与单腿配合的动作。

(二)水中练习

(1)做蛙式潜泳的动作在水下游进。
(2)做长划臂潜泳的动作在水下游进。
(3)在深水区踩水,两臂在体前用力向下压水,同时深吸一口气,两臂伸直贴于体侧,利用自身重力做下沉练习。
(4)在深水区踩水,深吸一口气后,迅速低头收腹团身,屈膝提臀下潜。

四、潜泳技术的应用

潜泳的应用范围非常广泛,在日常生活中经常会遇到要使用潜泳技术才能完成的工作或任务,具体包括水中救援、打捞落水物、水底作业、海底勘探和军事侦察等。

(一)水中救援

如果遇到有人溺水,在溺水初期人会沉入水下,但不会沉得过深,尽管如此,在水面上营救成功的概率已经不高了,此时就应该审时度势,第一时间潜入水下营救。

采用潜泳的方法时,主要使用潜深的技术。到水下寻找溺水者,找到溺水者后,应用踩水方法把溺水者带出水面,然后用侧泳或仰泳把溺水者送到岸边及时进行抢救处理。需要说明的是,在潜入水中后,救援者应该大胆睁开眼睛以寻找溺水者,水中睁眼初期会出现极度的不适应,然而这种不适会在一定时间后得到缓解并最终消除。当然这种通过水中睁眼寻找溺水者的方式只有在白天且水质较好时才有效果,如果是在极度浑浊的水中或在夜晚水中营救,水中睁眼几乎没有意义,这种环境下只能凭借不断的摸索寻找溺水者。

(二)打捞落水物

同样可采用潜深的方法,睁眼睛潜入水底寻找。如一次不行,还可进行多次,直到找到为止。如水质浑浊,可潜入水底后用手摸、脚踩碰的方法寻找。找到物品后,用踩水方法漂浮出水面。若打捞较重物品时,可带上绳子潜入水底,在水中结牢物体,然后由岸上人帮助拉出。

(三)水底作业

在水底打桩或施工等,也可用潜深方法进行工作。通常情况下水底作业的时间较长,因此在水底作业时,除了要掌握潜泳技术外,还要掌握一些氧供给装备的使用方法。

(四)海底勘探

海底勘探与前面提到的水底作业有类似之处,不同之处在于海底勘探的时间更长,工作量更大。因此除应掌握潜泳技术外,潜水员还要着专业潜水服,带供氧设备等。

(五)军事侦察

在军事领域中经常会用到潜泳技术。潜泳,特别是在夜间潜泳具有高隐蔽性的特点,如在战争中渡江侦察敌情,为了达到最佳的隐蔽效果,就可以采用潜泳技术渡过水域或抵近水面船只,完成侦察、救援或破坏任务。

五、潜泳的注意事项

不少人在游泳时,喜欢潜入水底游上一会儿,有些青少年还喜欢与同伴比赛看谁潜水的时间长。要知道,这是很危险的。潜泳时间长了,容易产生头痛、头晕和胸部憋闷的症状,其主要原因是大脑暂时性缺氧所致。

潜泳时,一般人都喜欢先做多次连续的深呼吸,再屏气入水潜泳。潜泳中,开始是闭气一段时间,然后才慢慢呼气,当肺内气体全部呼出后,呼吸就处于停顿状态,这一系列动作对人体的呼吸系统和心血管系统都会产生很大影响。

潜水前的多次深呼吸,极易患"换气过度综合征",血液中二氧化碳虽是人体呼出的废气,但血液中二氧化碳过少,同样会引起大脑和心肌血流量减少,使人头昏脑胀,甚至可至昏厥,发生抽筋或"呼吸性碱中毒"。深呼吸的次数越多,血液中的二氧化碳就越少,发生碱中毒症状就越明显。

潜泳中屏息阶段,胸腔的压力可暂时升高而阻碍静脉血液回流到心脏,同时也增加心脏向肺部全身输出血液的阻力,潜泳时间越长其阻力越大,而可以造成血液循环的暂时障碍,使头部形成暂时贫血和缺氧。同时,在潜泳时,由于呼吸的暂时停顿,肺内不能进行气体交换,如果时间过长,可使血氧饱和度明显下降,造成身体各组织器官和头部的缺氧,而出现头痛、头晕、肌肉无力和胸部憋闷的感觉。

潜泳是在离水面较远且有一定水压的环境中进行的,所以从事潜泳时必须具备以下两个先决条件,一个为身体健康,另一个为要具有良好的游泳技术能力。尽管游泳也需要这两点要求,但潜泳的特殊性使得对参与者的这两点要求显得更加严格。

除此以外,为了预防潜泳时可能发生的多种意外事故,在潜泳时还应特别注意以下几点。

(1)首先要了解自己的身体状况和游泳技术能力,切勿逞能。

(2)潜泳时,身体和精神应处于良好的状态。

(3)感冒和头痛时不能进行潜泳。

(4)潜入水中之前须了解和熟悉水中的环境及水底的各种状况,如水流、深度、障碍物及危险性等,尽量不要在浑浊的水中进行潜泳。

(5)由于潜泳时在水中不能呼吸,所以下潜之前应多吸一些气,但吸气量约在70%～80%左右为佳,这样可以使肺中有充分的空气应用。如果吸气太多,会使肺部感到不适。

(6)下潜时,若无法平衡耳压,绝不可强行下潜,以免耳膜受损。

(7)为避免耳膜受损,初次练习时应逐步增加深度。如果在水中感觉耳膜压力过大,可用一手捏紧鼻子,用力向外呼气,使耳膜自行调适水中的压力。

(8)如果耳膜曾经受过损伤,切勿潜入水中。

(9)潜泳时应睁开双眼,注意四周情况,并尽量到水清、视界明亮的地方进行潜泳。

(10)下潜后,如果出现寒冷、疲劳、受伤等症状或感到不适时应立即浮出水面上岸。

(11)下潜后,由于水压与肺部气压的增加,使人在一两分钟后身体感到不适,如耳膜、肺部等有不适之感,此时应浮出水面调整呼吸,否则有可能发生窒息。

(12)潜泳时,因闭气而使脑部缺氧,时间过长会引起头昏、头痛的症状。如有这种症状出现,应立即浮出水面,停止潜泳。

(13)潜泳时,应由浅至深,等到熟练后再由深至浅。做长距离潜泳时应有同伴在上方或侧方伴游,以便在迷失方向或发生意外时能相互照应。

(14)身体由下上浮时,应按潜水要领做到一手或双手置于头顶,保护头部缓慢吐气上升,快到水面时应减慢速度,注意水面是否有危险物。在确定安全后才可浮出水面。在水流大的崖岸或船只附近不可潜泳。

(15)上浮速度应保持每分钟上升18米以内,不可太快,以使身体能逐渐适应水压。

(16)在水中憋气太久无法忍受时,应用下腹竭力忍耐,不可慌张,保持镇定,然后缓慢上浮。

(17)进行水中潜泳者,最好有专人在旁边协助照看,如发生意外,能立即处理。

总的来说,为了安全有效地从事潜泳,不仅仅是游泳技术好,更为重要的是切不可忽视水中或水底的物理变化给人们带来的生理反应。只有了解和认识与潜泳有关的知识和方法,才能克服和避免潜泳时随时可能发生的危害。

第七章　游泳救生员力量训练

学海导航

力量素质是人们从事绝大多数运动最基本的身体素质,对于游泳救生员来讲就更是如此,他们的力量素质高低无关成绩,却关乎人的生命。这种重要性还体现在,只有在力量的基础作用下,身体的其他素质才能表现出来。因此,本章就重点从理论和实践训练方法两方面对游泳救生员的力量素质训练问题进行分析。

第一节　游泳救生员的科学力量训练

一、力量素质的概念

人体各种形式的运动都是由不同肌肉收缩产生的,这是维持人体生活能力的基础。而人体的力量可以被进一步分为内力和外力。其中,内力是人体神经肌肉系统活动时对抗和克服外力的能力;外力是因外阻力而引起的力,比如克服重力、摩擦力等。

力量是人体5大素质之一,位居5大素质之首。它是指人体获得身体某部分肌肉在工作时克服阻力的能力。在人体参加运动时,所指的力量素质是肌肉力量,即机体完成动作时肌肉收缩对抗阻力的能力。力量素质主要通过肌肉做功的形式表现出来。决定肌肉力量大小的因素主要有以下3种。

(1)完成动作时肌肉群收缩的合力。
(2)肌肉群收缩的协调能力。
(3)骨杠杆的机械率。

从上述内容中看出,人体的肌肉是力量的来源。正常成年男女的肌肉占体重百分比分别为43.5%和35%。而经常参加力量性运动训练的男性其肌肉体重比可达45%以上。由此可知,人体力量素质的增加可以通过训练获得。因此,力量是提高运动能力的基础,力量素质则是衡量运动训练水平的重要指标之一。

游泳救生及水上运动

二、力量素质的分类

从前面的文字中已经明确了力量素质拥有不同的表现形式,而对于不同运动项目来说,它所需要的力量种类也有很多区别。为了更好地了解其中的不同,首先就要为力量素质进行合理的分类。例如,依据与专项的关系,力量素质可分为一般力量和专项力量两种类型;依据力量的不同表现形式,力量素质可分为绝对力量、速度力量和力量耐力3种类型;依据肌肉收缩的形式,力量素质可分为静力性力量和动力性力量;依据力量和体重的关系,力量素质可分为绝对力量和相对力量。

在体能训练实践中,一般从力量的训练特征来进行分类,力量素质可分为绝对力量、快速力量和力量耐力3种。

(一)绝对力量

绝对力量是以最大限度地发挥神经肌肉系统的意志收缩对抗外力的一种力。一般来说,在竞技运动中运动员的绝对力量常处于动态变化之中,这就要求运动员不断发掘自身能力的极限。竞技运动的绝对力量往往表现在可能克服和排除的外阻力的大小上。

(二)快速力量

快速力量,又被称为"速度力量",它是神经肌肉系统以最快的速度发挥绝对力量的能力。快速力量以速度和加速度的形式表现出来。研究指出,当发挥快速力量时间小于150毫秒时,爆发力和起动力起作用;当发挥快速力量时间超过150毫秒时,绝对力量起作用。

其中,弹跳力、爆发力和起动力是快速力量的特殊表现形式。

1. 弹跳力

弹跳力是人体神经肌肉系统在触地前瞬间被拉长,然后在自动(触地)转化为缩短的过程中,它是以非常高的加速度向相反的方向运动,如此给身体一个克服引力并产生跃起的过程。

弹跳力的特点主要表现为以下几点。

(1)利用肌肉的弹性将肌肉拉到适宜的长度积累弹性能,这个长度大约为原肌肉长度的5%。

(2)利用触地制动与地面的反作用力增加蹬伸力量以及起跳的高度。实践证明,起跳的高度与肌肉拉伸的速度和肌肉工作的转换速度成正比。

(3)肌梭是按比例反映肌肉伸展程度与速度的感受器,通过刺激肌梭感受器引起牵张反射,由于肌肉被快速拉长,导致肌梭产生强烈的神经冲动,传到中枢,中枢发生更为强烈的冲动,为肌肉收缩募集更多的运动单位,从而提高肌肉的收缩力量。

2. 爆发力

爆发力实际上也属于一种快速力量。它是肌肉系统在最短的时间内集中爆发发力的能力。爆发力是利用肌肉弹性能的一种力量,即在爆发力之前的一瞬间有一个极短暂的肌肉预拉长瞬间产生弹性能(大约为原肌肉长度的5%),迅速向相反方向用力收缩的动作过程,通常用力的梯度和冲量来表示,在150毫秒之内达到最大力值。

3. 起动力

起动力是快速力量中收缩时间最短的力,也是一种表现在必须对信号作出快速反应的运动项目上的一种力量能力,它是神经肌肉系统在极短的时间内发挥尽量高的力量的能力,即用力开始后约50毫秒就能达到较高力值的能力。

(三)力量耐力

机体长时间承受负荷对抗疲劳的能力就是力量耐力。据统计,这个负荷通常为机体最大负荷的30%左右。在耐力性运动项目中,力量耐力的作用非常重大。力量耐力出色的运动员可以在长时间的高强度体育运动中保持良好的力量素质水平,并且这种力量素质水平可以持续较长时间。

三、力量素质的影响因素

力量素质的影响因素主要包括肌肉形态、结构机能以及生理生化机制的改变等。力量素质是以神经中枢的兴奋和抑制过程的强度与集中以及相适应的神经过程充分协调为前提而建立起来的各种用力动作的条件反射的结果。要想提高力量素质,就必须了解其影响因素,并在这个基础上在特定的时机重点训练力量素质。

综合来看,人体力量素质的影响因素主要包括以下几种。

(一)人体的生长发育

1. 性别

人体的生长发育受性别因素的影响较大,其对力量的发展也具有十分重要的影响。通常而言,男子的力量比女子的大,这主要是由肌肉大小的差异所导致的。例如,一般成年男子肌肉重量约占体重的40%~45%,而女子则占35%。科学研究证明,女子的力量平均约是男子的2/3。但并不是所有肌群都成此比例。如果男性力量为100%,那么女性的前臂屈、伸肌群大约为男性的55%;伸肌、髋关节屈、小腿屈肌、咀嚼肌约为男性的80%;手指内收肌、小腿伸肌约为男性的65%。由于"肌肉肥大"主要受体内睾丸酮激素的调节,正常男子的这种激素通常会比正常女子要多,因此无论肌肉力量增加多少,女子的"肌肉肥大"均不如男子。女子力量的增长和肌肉体积的增大在力量训练的影响下都较男子慢。在这个理论下,那些认为女孩子练器械会导致肌肉像男子那样明显的观点是错误的。

2. 年龄

在人体生长发育中,年龄对人体的肌肉力量也具有显著影响。在10岁以前,随着人体的生长发育,无论男孩还是女孩,力量都会呈缓慢平稳的趋势进行增长,二者没有明显区别。男女孩的绝对力量的差异从11岁起开始显露,女孩的绝对力量增长缓慢,而男孩增长得稍快,青春期过后,力量仍在增长,但其增长速率很低。男性一生中的绝对力量约在25岁左右出现,而女性达到绝对力量约在20岁左右,而后随着年龄的增长而速率减退。13~17岁是力量素质发展的敏感期,13~17岁是绝对力量进入快速增长的第一个高峰期。这个年龄段力量的增长与体重的增长同步,而且绝对力量增长快,相对力量却增长不大。此时的肌肉向长度增长比向横度增长要快,因为此时也正是身高的快速增长期。16~17岁也是绝对力量快速增长的第二个高峰期,这是发展力量素质的最重要时期,此时肌肉向横度增长的速度加快,绝对力量和相对力量的增长都很快。力量的增长在18~25岁变得缓慢。此后,如果不坚持锻炼,那么力量就会随着年龄的增长而逐渐减小,如果坚持良好的训练,男子的力量增长可以达到35岁左右。

从整体来看,青少年力量的增长呈现出以下特点:快速力量先于绝对力量;绝对力量先于相对力量;躯干肌肉力增长先于四肢肌肉力;长度肌肉力增长先于横度肌肉力。

3. 身高和体重

身高和体重因素也对力量素质有着显著的影响。一般情况下,体重较重的人往往绝对力量大于体重较轻的人。体重增长,则其绝对力量也随之增长。

身高与力量的关系比较复杂,二者之间似乎没有什么太大的必然联系。如果某人身高又壮实,那么其力量就会也较大;但如果只是身高较高,但身材偏瘦,其力量也可能并不会很大。相反如果某人身矮又粗壮,那么其力量也不会小;但如果其又矮又瘦,那么其力量会更小。

4. 体型

体型的差异与力量的大小存在着密切的关系。据实践观察,体格健壮的粗壮型的人由于肌肉较发达,所以力量就较大;体型匀称的人力量次之,这种体型的人肌肉线条比较清晰,一般比较精干,往往具有比较好的速度力量;体型细长的人力量较差;肥胖型的人似乎绝对力量较好,但如果从相对力量的角度来看,那么其力量水平就不高了。

5. 脂肪

脂肪是人体内必不可少的组成部分。过多的脂肪会在一定程度上影响着人的力量素质。脂肪分布在人体内脏的四周、骨骼肌表面(肌肉与皮肤之间)和骨骼肌中。但是对于肌肉来说,它周围的脂肪不仅本身不能用于收缩的辅助,相反在肌肉收缩时还会产生摩擦,降低肌肉的收缩效率。此外，脂肪太厚还会影响肌肉的发展。有的专家认为，青少年肥胖，脂肪太厚，会影响自身的睾丸酮激素的发展。通过一定强度的运动训练可以使肌肉内脂肪减少，从而提高肌肉收缩效率，增强力量。脂肪的多少与相对力量的大小有着密切的关系，因为减少了脂肪就意味着减轻了体重，因此相对力量也会获得有效提高。

6. 睾丸酮激素

研究证明，睾丸酮激素水平的高低对力量的大小有着显著的影响。一般而言，睾丸酮激素水平高的人，其力量也比较大。为此，一些有不良企图的运动员会选择以注射睾丸酮的方式增加身体力量，而各体育组织也明令禁止了这种做法，睾丸酮也被确定为兴奋剂类药物。

(二)肌肉的形态结构

1. 肌纤维的类型

不同类型肌纤维的百分比决定了肌肉力量的大小。具体来看，肌纤维主要有3种，分别为白肌纤维(快肌纤维)、红肌纤维(慢肌纤维)和中间纤维3种类型。

白肌纤维无氧代谢能力比红肌纤维大得多，因此白肌纤维决定着力量的大小。白肌纤维百分比高，则力量较大。无论男女老少，其肌肉中均含有白肌纤维和红肌纤维，其区别仅仅是白肌纤维和红肌纤维的比例不同而已。在竞技体育中，从事强度低、时间长的耐力性运动员肌肉中含红肌纤维较高，而从事强度大、时间短的运动项目的运动员肌肉中含白肌纤维较高，这是因为与红肌纤维相比，白肌纤维的无氧代谢能力要大得多。虽然白肌纤维和红肌纤维均含有促使ATP-CP系统快速作用的酶，但白肌纤维中酶的活性要比慢肌纤维中酶的活性大3倍；同样，白肌纤维和红肌纤维都含有促使糖酵解的酶，但与慢肌纤维相比，白肌纤维中此种酶的活性要高2倍以上。白肌纤维达到最大张力的时间只需红肌纤维的1/3，原因是白肌纤维中支配其运动的神经元传导速度较快。因此，快肌纤维最适合于短距离、高强度的运动项目。

红肌纤维的有氧代谢能力较白肌纤维强，它更适合于强度小、工作时间长的耐力性运动项目，原因是红肌纤维有氧氧化酶系统活性高，线粒体的大小和体积、毛细血管的数量、肌红蛋白的含量等都大于白肌纤维，可以使人维持长时间工作不易疲劳。

在不同负荷、以不同动作速度进行运动的条件下，参加肌肉收缩的肌纤维类型也各不相同。一般规律是，在一定负荷强度下用较慢的速度完成动作，红肌纤维起主导作用，如果是快速完成动作，则是白肌纤维起主导作用。

2. 肌肉的生理横断面

经过长期的医学和运动学的研究发现，人体力量素质的水平还与肌肉的生理横断面大小有关。肌肉的生理横断面与肌肉收缩时产生的力接近正比例关系。肌肉的生理横断面为该肌所有肌纤维横截面的总和。肌纤维增粗造成了肌肉横断面的增大。肌纤维的增粗表明肌纤维中的能源物质磷酸肌酸(CP)和三磷酸腺苷(ATP)增加，肌结缔组织增厚，肌糖原含量增多，毛细血管开放密度加大,肌凝蛋白质含量增多,提高了肌纤维的质量,使每根肌纤维的负力大大提高,因此,可有效提高肌肉的绝对力量。

3. 肌肉的初长度

经研究证明,肌肉的体积决定力量的大小,而肌肉的长度(即肌肉两头肌腱之间的长度)对肌肉体积的发展潜力有着决定作用。肌肉拉长时,肌梭将感知肌纤维长度变化产生冲动,会提高肌纤维回缩力来对抗拉力,当长度拉到一定程度将引起牵张反射,可提高肌力的发挥效率,所以,在一定范围内,肌肉的初长度长或者肌肉弹性拉长后,肌肉收缩时所产生的张力和缩短的程度就越大。但遗憾的是,肌肉的初长度是遗传的,并不会因为受到某种训练而改变。

4. 肌肉内肌纤维的数量

每块肌肉都是由许多肌纤维构成的,人体的力量素质与肌肉内的肌纤维数量有关。主要表现为肌肉内肌纤维数量越多,其收缩时产生的力量就越大。另外,并不是所有肌纤维在肌肉收缩时都能被动员,动员参与活动的肌纤维数量越多,则收缩时产生的力越大。

时至今日,关于肌肉纤维数量有两种不同观点。其中的一种观点认为,人在出生后4~5个月,肌肉内纤维的数量就已确定;另一种观点认为,训练后导致肌肉肥大,除肌纤维增粗外,还由于肌纤维的纵向分裂,造成肌纤维数量增多。肌纤维可以通过后期训练而增多,这对于运动员来说倒是非常有利的因素,但到今天为止,这种说法的实际效果如何仍旧没有定论。

5. 肌纤维的支撑附着面

肌肉内结缔组织增多、肌腱与韧带组织增粗都会改变肌肉的附着面大小,也会对肌肉的收缩力量造成直接的影响。

6. 肌肉的牵拉角度

肌肉的牵拉角度对力量素质以及完成技术动作用力是否正确有着重要的影响。肌肉收缩牵拉骨骼进行运动时,肌肉在不同位置的不同角度上牵拉,其力量大小是不同的。例如,当负重屈肘作弯举时,肘关节角度在30°时,肱二头肌张力最小,在115°~120°时,肱二头肌的张力最大。屈膝低于130°时,腿的力量则下降,膝关节弯曲在164°和130°时,腿部肌肉力量的表现几乎相同。

7. 肌肉收缩的形式

肌肉收缩形式的不同,其对肌肉力量的大小及其特点产生的影响也不尽相同。肌肉收缩的形式主要包括动力性向心克制性收缩、动力性离心退让性收缩、静力性等长收缩和等动性收缩4种。

(1)动力性向心克制性收缩

动力性向心克制性收缩是力量训练的主要形式,其特点是肌肉工作时,肌肉长度逐渐缩短。肌肉在缩短过程中张力随着关节角度的变化也发生改变。无论进行何种运动项目,在发展运动员的力量素质时,掌握好发挥最大肌力的关节角度,可以获得事半功倍的效果。

(2)动力性离心退让性收缩

动力性离心退让性收缩也是肌肉收缩的一种表现形式。其特点主要表现为肌肉收缩时,张力增加的同时肌肉的长度也在增加。国内外学者研究认为,肌肉在做离心退让性收缩时可以产生更大的张力。实验证明,与同一肌肉做向心收缩肌肉相比,做离心收缩时所产生的张力要大40%左右。

(3)静力性等长收缩

静力性等长收缩的特点主要表现为肌肉收缩时,其张力发生变化,但其长度基本不变,在整个动作过程中肢体不会产生明显的位置移动。肌肉极限或者次极限负荷的静力性收缩比动力性收缩能够动员更多的肌纤维参与工作,可以有效发展绝对力量和静力性耐力。静力性等长收缩的表现是肌肉的力在对抗固定阻力时的收缩形成。

(4)等动性收缩

等动性收缩的特点主要表现为在整个关节活动范围内肌肉始终以某种张力收缩,而收缩速度始终恒定。等动性收缩的优点是集等长收缩和等张收缩的优点于一身,使游泳救生员肌肉在各个关节角度上用力基本均等,并且都具有足够的刺激。

(三)中枢神经系统的调节机能

1. 神经中枢对肌肉活动的支配及调节能力

神经中枢对肌肉群起着协调支配的作用,如果不同神经中枢之间的协调关系得到改善,就可以使主动肌同对抗肌、协同肌、固定肌之间的协调能力提高,使各个肌肉群在参加工作时能够协调一致、各尽其责。有专家研究证明,肌肉收缩的最佳效果不是由于肌肉,而是由于神经冲动的合理频率的提高,促进运动员的情绪高涨,从而引起调动肌肉工作能力的较多肾上腺素、去甲肾上腺素、乙酰胆碱及其生理活性物质的释放,导致力量增大。因此,肌肉的力量及其发展均受中枢神经系统的机能状态的影响。

2. 神经过程的频率与强度

神经过程的频率与强度对力量素质也具有一定的影响。神经传导电脉冲引起肌肉的收缩,一次脉冲可以引起肌肉收缩一次。如果新的脉冲信号在肌纤维还没有完全松弛时又传来,就会出现肌肉的重叠收缩,可以产生更大的力量。科学系统的训练可促使训练者中枢神经系统传出的神经冲动频率高、强度大。

(四)营养系统的供能能力

人体的力量素质在很大程度上还会受到营养系统的供能能力的影响。当肌肉处于工作状态时,营养的供应对肌肉力量的发挥具有直接的影响。绝对力量的增长、速度力量的提高以及力量耐力的持久将取决于 ATP-CP 供能系统、糖酵解供能系统和有氧供能系统的供能能力,即无氧非乳酸性供能、无氧乳酸性供能和有氧供能。从运动生物化学的角度分析,肌肉收缩的直接能源是 ATP,CP,糖的无氧供能、糖的有氧供能及脂肪的有氧供能都必须以 ATP 的形式供肌肉收缩。肌肉中 ATP 在人体激烈活动时首先能起发动作用,促使 CP 同步分解,再合成 ATP 供能,与此同时,为了补充肌肉中 ATP 的浓度,磷酸立即参与糖的无氧快酵解,产生 ATP。当 ATP-CP 系统供能接近生理允许的极限消耗时间,即 5.66~5.932 秒时,就开始启用无氧糖酵解提供的 ATP 与 ATP-CP 系统消耗的能力共同供能,直到糖的无氧酵解供能占优势,但运动强度在此时已经下降。极限运动 8 秒钟后,开始糖的有氧慢酵解,生成丙酮酸进入三羧酸循环氧化,生成 ATP,补充肌肉中 ATP 的浓度。当运动时间持续 30 秒左右时,由于糖的无氧酵解被抑制,迫使运动强度降低,乳酸作为有氧供能的衔接能源供能。糖的有氧供能及脂肪的有氧供能会随着运动时间的延长而维持肌肉长时间的活动。

对力量素质的发展而言,无氧非乳酸性供能最为重要。这是因为力量增长在较短时间内,以较快的速度完成技术动作的效果最佳。由于进行力量练习时肌肉活动的强度很大,工作时间很短,又常伴有憋气,尤其是静力练习时肌肉持续紧张,血管被挤压,血液流动不畅通,常常造成缺氧。在这种情况下,主要依靠能源物质的无氧分解为肌肉收缩提供能量供应,磷酸肌酸大量消耗、肌糖原生成乳酸和血液中乳酸也升高是其表现特征。因此,力量素质的发展离不开肌肉的无氧代谢能力。

(五)训练相关的因素

力量素质训练质量的高低是影响人的力量素质水平的关键因素。在力量素质训练中还存在多种影响训练效果的因素,包括动作速度、重复次数、训练基础和训练方法等。下面逐一对这些因素进行解释。

1. 重复次数与负荷强度

重复训练法在力量素质训练中的应用非常普遍,经过长期的运动训练实践也证明了对一个动作的重复训练可以达到发展力量素质的效果。因此,训练的重复次数和负荷强度也是体能训练中影响力量素质的重要因素。

实践证明,如果训练时负荷重量大,重复次数少,发展绝对力量的效果就比较好;特别是在肌肉群受到超负荷训练后,力量素质会得到有效的发展;如果重量小,重复次数多,那么主要发展肌肉耐力;如果重量与次数都适中,那么可以明显增大肌肉体积。

在重复次数的练习中还要注意安排好每组练习的间歇时间。如果间隔时间太短,则机体消耗的能量得不到恢复就进行下一组的练习,机体生理、生化等指标就会下降,肌肉力量的发挥也呈下降趋势;如果间隔时间恰当,则可以使机体消耗的能量得到恢复再进行下一组练习,那么发展力量素质的效果就更加明显。

2. 动作速度

动作速度是影响力量大小的主要因素之一。在体能训练中,对某些动作的完成速度的快慢作出要求对发展力量的特性有着十分重要的影响。这里需要说明的是,所谓的动作速度包含两方面,一方面是加快单个动作的速度,另一方面是加快动作与动作之间的频率(在单位时间内完成相同或一组动作的次数)。这两种方法都可以发展一般速度力量。因此,在练习时尽量加快动作的速度,尤其是单个动作速度,可以有效地发展爆发力。对动作的速度一般不作过多要求,如果强调每次练习的负荷量或者次数,绝对力量或者速度力量就可以得到一定程度的发展。

3. 训练基础

训练基础对力量素质的发展也有一定的影响。这里所说的训练基础是接受力量训练的运动员的始发力量素质水平的高低,如受遗传因素影响的运动员天生具有较大的力量,或是在前期参加过力量素质训练,获得了较好的水平。训练基础好的运动员,其力量增长速度就比较快,而训练基础较差的运动员,在开始训练后,力量增长得就会很快,力量训练如果停止,增长的力量就会逐渐消退。力量消退的速度大约是提高速度的1/3。也就是说,力量提高得快,停止训练后消退得也就快。经过长时间训练逐渐提高的力量,停止训练后,保持的时间也较长。有的专家研究,如果每1~2周进行一次绝对力量训练,那么就基本可以保持所获得的力量。只要每6周进行一次力量训练,就可以使力量的消退速度得到延缓。

4. 训练方法

正确的训练方法无疑会对力量素质训练的效果产生巨大的影响。不同的训练方法对力量的大小和特性的影响也不同。等张收缩的动力性练习可以明显提高肌肉的爆发性力量和灵活性,等长收缩的静力性练习主要可以提高静止性用力的力量。

第二节 游泳救生员力量训练方法

一、游泳救生员力量训练的实施方法

(一)快速力量的训练方法

快速力量是速度与力量的综合表现,因此,快速力量的发展会受速度素质和力量素质两种因素的影响。

生理学研究证明,肌肉收缩时缩短的程度与速度和负荷有关。负荷较大,则肌肉缩短较少,而且速度较慢;当负荷达到肌肉刚刚不能承担时,速度变成零,从而产生最大等长收缩的张力;当负荷为零时速度最大。因此,要想在各种外部负荷的情况下使动作速度得到提高,就必须使速度和绝对力量两方面都得到提高。训练实践证明,速度素质的提高较为困难,而力量素质的提高则比较容易。

肌肉收缩速度是速度力量的决定因素。许多运动项目都是在快速节奏或爆发用力的情况下完成的。提高快速力量的训练方法主要有以下几种。

1. 起动力的训练方法

起动力,即在最短的时间内最快地发挥下肢的肌肉力量。运动实践证明,绝对力量水平是起动力的基本成分。发展起动力的方法有很多,以下几种练习对发展起动力具有积极的促进作用。

(1)利用同伴的各种加阻力(助力)的加速跑、牵引跑、听信号改变起跑的准备姿势跑等。

(2)利用地形地物的各种短跑练习,如上(下)坡跳、跑阶梯、沙地跑等。

(3)利用器械、仪器的各种跑的练习,如加速跑突然改变动作方向跑、计时短跑、穿加重背心的起跑加速、系铅腰带的加速跑、负轻杠铃短跑等。

除此之外,发展起动力的有效手段还有发展弹跳反应力的超等长练习法等。

2. 爆发力的训练方法

爆发力,是指以最短的时间、最大的加速度克服一定阻力的能力。在速度力量突出的运动项目中,爆发力决定着运动员的运动水平,其大小是由参与活动的所有肌肉群的协同用力决定的。爆发力的提高也同样有赖于绝对力量水平的发展。如果绝对力量发展不够,爆发力则不能达到很高水平。爆发力训练的主要特点是,用于训练中的主要刺激,与完成动作的类型及发力的大小密切相关。其中,超等长训练法和快速用力法是发展爆发力的两种主要训练方法。

(1)超等长训练法

超等长训练法又称为"超长训练法",它实际上是一种把退让练习和克制练习结合在一起的训练方法。使纯力量转变成爆发力是这种练习的目的。超等长训练法的生理机制是牵张反射,即肌肉在退让工作时,肌肉被拉长得超过自然长度,于是引起牵张反射,从而可以产生一种更强有力的克制性收缩,以有效地发展爆发力。超等长练习的内容、组数和次数,可以根据训练要求和运动员个人的具体情况选定。跳深练习和各种跳跃练习是超等长训练发展爆发力的训练方法和训练内容。

(2)快速用力法

这种训练方法的特征是以最快的收缩速度,克服一定的器械重量,以发展运动员的爆发力。快速用力法的原理在于,速度的增长就是力量增长的标志。快速用力法有利于培养运动员的速度意识及快速运动反射的传播。其主要包括小强度快速用力法和中等强度快速用力法两种训练形式。

①小强度快速用力法

小强度快速用力法的特点是采用30%～60%的强度,练习3～6组,每组练习5～10次,进行专门发展练习,并使练习的结构和肌肉工作方式尽量接近比赛的动作。

②中等强度快速用力法

中等强度快速用力法的特点是用70%～85%的强度,用最大速度练习4～6组,每组重复3～6次。这种方法对提高肌肉力量的爆发性发挥极为有效,特别是采用抓举、挺举等形式发展爆发力时更是如此。

3. 弹跳力的训练方法

力量素质的发展与弹跳力有着一定的关系。弹跳力本身就是一种弹跳反应力量或者快速力量。远度跳跃和高度跳跃是竞技体育中的两种跳跃形式,这两种跳跃形式既要求神经肌肉系统以最快速度发挥出尽可能大的力量,又要求神经肌肉系统在极短的时间内完成拉长、缩短周期的弹跳反应力。发展快速力量和发展绝对力量是弹跳力训练的两个主要方面。

(1)发展快速力量

发展快速力量,提高高度和远度的跳跃能力。

快挺、蹲跳、负重提踵、抓举是发展快速力量的主要训练内容。

发展快速力量的训练方法是以重量小、计时计次数、次数较多、爆发式完成动作。

(2)发展绝对力量

发展绝对力量即发展跳跃运动员所需的绝对力量的练习。它是通过增加中枢神经系统发放冲动的频率提高绝对力量。其负荷强度应尽可能达到本人能力的上限,重复次数少,能够避免过分发展肌肉横断面,要求完成动作速度是爆发式的。

深蹲、高翻或者半蹲是发展绝对力量的主要训练内容。

发展绝对力量的训练方法是进行80%的大阻力训练5组,每组6次;进行90%～100%的最大阻力训练4～8组,每组1～4次。

(二)绝对力量的训练方法

运动员以最大肌肉力量和意志收缩,对抗一种刚好还能克服的阻力时所发挥的最高力值,即绝对力量。所有的或绝大多数的运动单位都参加运动是绝对力量的训练特点。绝对力量的力值主要取决于肌肉的生理横截面和及时动员尽可能多的肌纤维参加用力的能力,以及最大意志紧张的能力。同时,绝对力量的力值还随工作肌的关节角度而变化。发展绝对力量的训练方法主要有强度法、重复法、极限强度法、极端用力法、退让练习法、静力练习法和电刺激法等。这些方法对速度力量(包括爆发力)和力量耐力的发展具有极为重要的作用,它不仅可以有效地增大肌肉横截面和发展最大意志紧张的能力,而且对于绝对力量和相对力量的发展也具有重要的作用。

1. 强度训练法

强度法可保证神经肌肉用力的高度集中与绝对肌力的发展,可以使运动员的相对力量在肌肉体积没有特殊增加的情况下得到显著的提高。其特点是以大的、亚极限和极限重量（即85%～100%的强度）进行优势工作，训练时逐渐达到用力极限，以后继续用对体力来说是强的、中上的和中等强度的负荷量，直到对这种刺激产生劣性或者接近劣性反应时为止。运动实践证明，只要提高强度（尤其是90%以上的强度），就可以提高运动成绩。但是强度法需要较大的体力和心理准备，并对中枢神经系统的要求较高，如果长期使用会在运动员心理上引起较大的疲劳。因此，该训练方法不适合长期使用。

2. 重复训练法

重复法，又称为"持续不断地重复用力法"。其负荷特征是以75%～90%的强度进行练习，每组重复3～6次，每组间歇3分钟，随着肌肉力量的增加，负重量的大小逐渐加大。由于训练时增加试举重量和重复次数是力量提高的标志。因此，当运动员能重复更多次数时，便表明力量有了提高，即应增加负荷重量。重复法不仅可以加强新陈代谢，活跃营养过程，引起工作肌群增长，并迅速有效地提高肌肉的力量，而且还可以有效地发展运动员的爆发力，改进用力技术的协调性，加强支撑运动器官的机能。由于力量的发展在很大程度上是在提高杠铃重量和克服这种重量的速度的情况下实现的，因此，初、中级运动员常使用重复法进行力量训练，但是在高级运动员训练阶段其效果会相对减弱。随着技术水平的提高，重复法需与极限重量结合进行训练。

3. 静力训练法

静力练习，又称为"等长收缩"，它是肌肉在紧张用力时其长度不发生变化的一种力量练习。静力性力量训练不仅对提高绝对力量作用较大，它还可以发展静力性耐力和静力性力量。生物学研究证实，静力性练习是发展静态力量的有效手段之一，静态力量是动态力量（包括快速力量）的基础。

由于肌肉在进行静力性练习时的长度基本不变，肌肉收缩所产生的能量基本上表现为肌肉张力增大，所以静力性练习可以有效地发展肌肉力量。由于完成最大紧张度的静力练习时肌肉强直收缩，即运动单位工作同步化，所以可以培养和发展极大的张力。由于静力性练习的特点是工作时处于无氧条件下，这就导致了能量储备的迅速耗尽，从而迅速出现疲劳。静力性力量训练一般采用较大重量的负荷以递增重量的方法进行练习。静力性练习除了可以用于发展最大肌肉力量外，主要用于加强某些薄弱肌肉群的力量，也可以用于技术训练。此外，伤后恢复阶段的训练也可以采用静力练习。

使用静力性练习法的目的只是为了克服某些肌群力量发展中的不足和适应某些静止用力动作的需要。由于各种运动项目的绝大多数动作都要求快反应、高速度、爆发式地完成以及高度的灵活性和机动性，因此，过多地使用静力练习法，会妨碍动作速度和协调性的发展。在进行静力性力量练习时，需要注意与动力性练习相结合进行，并与技术动作相一致，练习中应注意呼吸，即在练习前应做一次深吸气坚持数秒，然后慢慢呼出。也可以先吸半口气进行极限用力，然后在短促呼吸与短促憋气相交替中完成练习。

4. 极限强度训练法

极限强度法,又称为"阶梯式训练法"。其特点是强调达到力量的最大强度,几乎每周每天每项都要求达到、接近甚至超过本人当天的最高水平,然后再减掉一定负荷做两组,再逐渐减掉一定负荷做两组。然后开始递增重量,直到当天最大重量,然后接着递减重量。在计划规定的时间内要求组数越多越好,组与组之间的间歇以可以休息过来为准,整个训练全年都是这样的安排,不会作大的调整和变动。

极限强度法对绝对力量的发展十分有效,但这种方法对运动员的中枢神经系统、营养的补充、恢复措施与医务监督等均有很高要求。所以不宜长期使用极限强度法,应结合其他训练方法,并要注意训练周期和训练节奏。

5. 退让训练法

退让练习法,又称为"离心收缩法"。它是在收缩的同时或收缩后被更大的外力拉长,肌肉的起止点被彼此分离。退让性练习的强度一般以140%～190%或者120%～190%为宜。另外,从0.4～1.1米的高处下跳(跳深),也能够使腿部的力量得到很好的发展。鉴于退让练习对发展力量具有积极作用,在力量训练中应适当安排退让练习。

退让练习法的作用主要表现为以下几点。

第一,退让性练习和克制性工作是密切结合的,在许多情况下为主动用力(克制性收缩)创造了有利的生物力学条件。例如,用挺举、抓举发展力量时,上挺前的预蹲以及发力前的引膝等,都是退让性用力的典型体现。这种退让性力量的提高,会使主动用力的效果大大提高。

第二,与动力性练习相比,退让性练习可以对抗更大的阻力,可以用超出克制性收缩的强度进行练习,因而可以给予神经肌肉系统更强的刺激,取得提高力量的效果。退让性练习法的特点强调慢放杠铃。研究发现,与克制性和静力性练习相比,退让性工作时肌肉的最大张力要大20%～60%,从而能够使肌肉用力的紧张程度更大。

进行退让练习时需要注意以下几个方面的问题。

(1)退让练习应与克制性练习相结合进行。

(2)退让练习可以采用特殊装置进行练习。

(3)由于退让练习强度大,因此在训练时还应注意放松。

(4)退让练习可以采用与克制性练习相同的项目进行,强度可以采用80%～120%的重量。

(5)根据威尔霍尚斯基(1977年)的观点,只有用大重量做慢速动作时才能发挥出退让性工作的优势。所以,在训练中必须努力慢放杠铃,尤其是在最大重量的情况下,这样既可以增加力量,又可以培养意志。

6. 电刺激训练法

电刺激是一种可以引起肌肉产生收缩的技术。近年来,用于发展肌肉力量的电刺激训练法越来越受到人们的重视。它使大脑发出的中枢神经冲动被一种迫使肌肉收缩的电刺激所取代。电刺激法由科兹在1969年发明。电刺激引起的肌肉收缩本质上与训练时的肌肉收缩是相同的,即消耗能量并产生代谢产物,引起相同的内环境改变,获得的力量一样。一定强度的电刺激获得的力量也能促进运动成绩的提高。电刺激分为直接刺激法和间接刺激法两种,直接刺激法在将两个电极固定在肌肉末端,频率为2 500赫兹时,收缩最为强烈;间接刺激法使用电脉冲电流仪,通过两个趋肤电极传输到肌肉,不同的电极可以放置在与其有关的运动神经部位,频率为1 000赫兹是肌肉收缩最为理想的状态。

电刺激发展力量的方法可作为力量训练的一种辅助手段,其主要应用于因创伤而不能正常训练,又特别需要保持竞技状态的运动员。

(三)力量耐力的训练方法

在静力性或动力性工作中,能够长时间保持肌肉的工作能力,而不降低其工作效果的能力,即力量耐力。它是力量与耐力的综合素质。根据肌肉工作方式,力量耐力又可以分为静力性力量耐力和动力性力量耐力两种类型。静力性力量耐力又可以细分为最大静力性力量耐力和接近最大静力性力量耐力两种。动力性力量耐力又可以细分为绝对力量耐力(重复发挥绝对力量的能力)和快速力量耐力(重复发挥快速力量的能力)两种。

从肌肉物质交换的关系来看,在静力性力量耐力练习时,肌肉紧张逐渐下降,限制了有氧物质和酶作用的供应,当肌肉高度紧张时,这种供应还会中断。在动力性力量耐力练习时,肌肉有节律地交替紧张和放松,短时间随血流流通供应有氧物质,比较容易加快消除疲劳的过程。

如果要发展一般力量耐力,根据肌肉物质交换的关系,可以采用循环训练法、等动训练法、负荷强度较低的静力性练习法(静力性练习法详见绝对力量训练部分)、极限用力的极端数量练习法等。

1. 循环训练法

根据训练的具体任务,建立若干个练习站或者练习点,运动员按照规定的顺序、路线、依次完成每组所规定的练习和要求,周而复始地进行训练的方法,即所谓的循环训练法。该训练方法可以系统地、有序地进行两臂、肩带、两腿以及腹部肌肉的练习,因此,对于发展人体的多个部位的力量耐力具有重要的作用。循环训练的内容组织需根据练习的设想以及训练目的而定,同时根据"递增负荷"和"渐进负荷"的原则安排训练。循环训练法的负荷强度可依据个人的实际情况进行制定。其主要采用以下几种方法发展力量耐力。

训练方法一:该训练方法可以分为8站,每站练习的具体内容包括:站立推举;颈后宽握引体向上;颈后负重深蹲;卧推;立卧撑;弯举;负重山羊挺身(或腰部肌群练习);划船(或俯卧提拉杠铃)。

训练方法二:该训练方法可以分为10站,每站练习的具体内容包括:推小车;背人走跑;俯卧撑;负重蹲跳;负重仰卧起坐;颈后推举;肋木上蹬腿拉臂克服同伴阻力;高立翻挺举;俯卧提拉杠铃;负重山羊挺身。

2. 等动训练法

等动训练法，即利用一种专门器械（等动练习器）进行力量训练的方法。等动练习器的基本结构是在一个离心制动器上连一条尼龙绳，拉动尼龙绳时的力量越大，由于离心制动作用，器械所产生的阻力也就越大。因此，器械所产生的阻力总是与用力大小相关。在进行等动训练时，人体肌肉一直以某种张力进行收缩，并且收缩速度始终恒定。肌肉用力大小与骨杠杆位置存在着密切的关系，即要受到肌肉群的牵拉角度及每个杠杆的阻力臂与力臂的相对长度的影响。因此，当人体任何一个环节活动时，在它的整个活动范围内，肌肉所表现的力量并不是均匀一致的。在做弯举动作时，训练者会明显地感觉到肘关节处于90°角左右时最吃力（阻力臂最大），因此在一般的动力性训练中，由于外加阻力是固定的，故肌肉在屈肘关节的整个活动范围内，负担是不一样的，开始较小，90°角左右负担量最大，然后又逐渐变小，这样当肘关节处于不同角度时，屈肘肌群所受到的刺激作用也就不一样。用等动练习器进行训练时，当骨杠杆处于不利位置时，力量小，器械产生的阻力也就小；当骨杠杆处于有利位置时，如果肌肉使劲，用力比较大，器械所产生的阻力也大。这样实际上就等于在肘关节的整个活动范围内，给予了屈肘肌群以不同的负荷，即不同的外加阻力，只要游泳救生员尽力去拉，就可以保证肌肉在整个活动范围内都可以受到最大负荷。该训练方法较适用于发展力量耐力，如果改变负荷要求，其他类型的力量素质也可以通过这种方法获得提高。

进行等动训练时，需要注意以下几方面的问题。

（1）训练周期至少是6周或者6周以上。

（2）以每周进行2～4次训练为宜。

（3）要结合专项特点进行练习，训练时完成动作的速度应尽可能和专项运动动作一样快，或者更快。

（4）每一种练习应保证做2～4组，每组以绝对力量做8～15次（负荷较大时）或者15次以上（负荷较小时）。

3. 极端用力法

极端用力法要求在训练时将某项动作的重复次数达到极限，直到力竭（即不能再做一个）为止。即使参加训练的肌肉再也不能收缩，肌肉越来越疲劳，需要从大脑皮层发出补充的神经冲动去激发新的运动单位，才能把每块肌肉充分地调动起来，并去激发新的肌群——即兴奋过程的扩散。

运动实践证明，极端用力法对于力量耐力的发展具有显著效果，同时还有助于绝对力量的发展，以及运动员的意志品质培养和心理稳定性的提高。这种训练方法在某些体育运动项目中和军事体育运动训练中应用得较为广泛。

二、游泳救生员力量训练注意事项

(一)训练前应做好相应的准备活动

在开展任何体育活动和体育训练前都要做好充分的准备活动,特别是进行力量素质训练前要格外注意这个环节。力量练习可以采用慢跑、伸展体操和轻重量练习进行准备活动,使血液流向需要工作的肌肉群。如果是在冬天或者由于以前训练课造成的肌肉酸痛等情况,就需要更加充分的准备活动。

在力量练习前进行伸展练习能够增加关节和肌肉的活动幅度和防止受伤,而在力量练习后进行伸展练习则能够缓解肌肉紧张、减少酸痛和帮助恢复。

(二)训练的安排要做到科学、系统与连续

力量训练是一个科学、系统和连续的过程,只有达到这几点要求才能收到良好的训练效果。"用进废退"对于力量素质来说形容得是再合适不过了。科学研究表明,力量若增长得快,停止训练后消退得也快。力量素质训练应全年系统、科学安排,不能无故中断。力量素质练习应因人、因项、因不同训练周期以及训练任务而异,负荷的安排应是周期性、波浪式的。

对于力量训练课的次数来说,主要取决于训练任务,训练课处于的阶段和周期,各力量素质的发展水平及训练特点,运动员的性别、年龄、健康状况、身体素质能力及训练水平等一系列因素。力量训练的强度、运动负荷和训练频率必须符合年度训练计划和比赛的要求。依据著名运动训练学家马特维也夫(Matveyev)的周期训练理论,在年度周期计划中,准备期的力量训练最大,训练强度较低;比赛期的力量训练量减少,训练强度增大。

大肌肉群的工作能力由于恢复得相对较慢,因此,在比赛前7~10天的训练中不宜安排用极限负荷进行较大部位肌肉群的练习。在力量训练中,可以先安排发展绝对力量、速度力量的练习,最后安排发展力量耐力的练习。在每个小周期中,尽量使各种不同性质的力量训练交替进行。在力量训练中,安排发展某些肌肉群练习时,应先促进大量的肌肉群投入工作,然后才可以起动部分或者局部肌肉群投入工作。在进行发展力量素质的训练课中,应使各肌肉群交替进行工作。

(三)训练要求精神高度集中

在进行力量训练时,应保持精神的高度集中,以避免造成运动损伤和多种意外伤害事故。为了使肌肉力量得到更好的发展,在进行力量训练时一定要全神贯注,心无杂念。一方面这是为了能够更好地在单位时间内达到力量素质训练的最高效果;另一方面,由于力量素质训练的场所通常会配有大型训练设备或带有一定重量的器材,从而给运动安全度带来了一丝隐患,如

果练习过程中没有做到精力集中,则可能发生意外事故。尤其是进行大负荷练习时绝对不能说说笑笑,注意力应高度集中,因为笑的时候肌肉最容易放松,而力量练习的负荷又大,不当心就易造成损伤。另外,为了平安练习,达到期望的效果,还应注意加强自我保护和互相保护。

(四)训练的负荷强度应安排得合理

合理的负荷强度是运动训练的原则之一。特别是在包括力量素质在内的身体素质类训练中更是如此。对运动员而言,合理地控制力量训练的负荷量和负荷强度具有重要的作用。训练中的大负荷是指训练的负荷强度和训练总量,由于采用大负荷可以迫使肌肉进行最大收缩,能够刺激人体产生一系列的生理适应性变化,从而导致肌肉力量的增加,所以通常要用某人所能承受的最大负荷或者接近最大负荷来进行训练。

运动员参与力量素质训练的负荷量(练习量)、负荷强度(练习强度)及练习密度等负荷因素,都会对训练效果产生影响。因此,训练者在制订训练计划时应综合考虑以上各个方面,并应根据专项比赛的机能和心理特点,制订出符合自身个体特点的训练计划。

训练时要保持较大的强度,或者要保持较大的数量(次数和组数),以达到大负荷。在力量训练过程中,当力量增长后,原来的负荷便不再适合训练使用,取而代之的则是重新调整过后的负荷量。为此,在进行一些负荷量较大的训练时应严格遵循循序渐进的训练原则,切记不可盲目地采用揠苗助长式的提高强度方法。

超负荷训练是指要求肌肉完成超出平时的负荷。它通常会引起肌肉成分特别是肌蛋白的分解。应不断有目的、有计划地安排超负荷训练,以引起超量恢复,达到迅速发展力量素质的目的。优秀运动员的力量训练是建立在超负荷训练的基础上的。

(五)训练要求掌握正确的呼吸方法

在接受力量素质训练的过程中,正确的呼吸方法有利于获得理想的训练效果。

具体来看,憋气有利于固定胸廓,提高腰背肌紧张的程度,因此可以提高练习时的力量。经实验测定后得出的结论中可以看到,一个人在呼气时背力最大为129千克;憋气时背力最大为133千克。虽然憋气可提高练习时的力量,但用力憋气会引起胸廓内压力的提高,使动脉的血液循环受阻,而导致脑贫血,甚至会产生休克。为了避免产生不良后果,在力量训练时,训练者需要注意以下几个方面的问题。

(1)对刚开始训练的人,所给予的极限和次极限用力的练习不要太多,并让其学会在练习过程中完成呼吸,以避免用憋气来完成练习。

(2)用狭窄的声带进行呼气,几乎也可以达到与憋气类似的力量指标。所以,做最大用力时可以采用慢呼气来协助完成最大用力的练习。

(3)当最大用力的时间很短,并且有条件不憋气时就应尽量不要憋气。尤其是在重复做用力不是很大的练习时。

(4)由于力量练习时间短暂,吸的气并不会立即在练习中产生作用,相反,深度吸气增加了胸廓内的压力,此时如果再憋气就可能产生不良变化,所以在完成力量练习前不应做最深的吸气。

(六)训练应做到全面且有所侧重

体育运动中的许多动作是很复杂的,需要身体各部位许多大小不同的肌群协同工作才能完成,所以在力量素质发展的过程中,既要使腰、腹、背、四肢、臀等部位的大肌肉群和主要肌肉群得到锻炼和提高,同时也要注意发展那些薄弱的小肌肉群的力量。但是,发展不同类型的力量素质并不意味着平均发展,面面俱到,应该针对项目的特点在全面发展的基础上有所侧重。在一般力量素质训练中更多地侧重于对身体全面力量的发展,因此这种力量训练作为常规性和通用性的训练方法,但是由于不同的体育项目对力量素质的要求不同,所以运动专项力量训练就更加侧重于某个身体部位的力量训练。

(七)训练中多做一些与力量练习相反的肌肉动作

在力量素质训练中,多做一些与力量练习相反的肌肉动作,有利于因充血而肿胀的肌肉尽快放松,消除疲劳。正是由于肌纤维被拉长后可以增大收缩的力量,同时又可保持肌肉良好的弹性和收缩速度。所以肌肉每次练习时应先充分伸展拉长,然后再收缩,动作的幅度要大。力量训练以后,肌肉经常会充血,胀得很硬,此时应做一些与力量练习动作相反的拉长动作,或者做一些按摩、抖动的动作,充分放松肌肉。这样做的好处主要是有利于加快疲劳的消除,促进恢复;有助于保持肌肉良好的弹性和收缩速度;防止关节柔韧性因力量训练而下降。

在进行力量练习时,越是最困难的最后一两次动作,越是要坚持完成。这是因为,肌肉越是工作到接近疲劳时其放电量越大,此时肌肉受到了较深的刺激,这种刺激可以促使机体发生良好的生理、生化反应,有助于超量恢复而使力量得到增长。

(八)训练的安排应结合专项特点进行

力量素质训练的安排应结合专项特点进行,这样更有利于达到理想的训练效果。力量训练首先要根据专项技术的动作结构来选择恰当的练习,以发展有关的肌肉群力量,其次要通过肌电研究了解主要肌群的用力特点、用力方向、工作方式、关节角度等,以确定力量训练的方法。

游泳救生员只有按照技术规格要求去进行训练,才能够真正发展肌肉群的力量。否则,技术动作变了样,参与活动的肌群也就有所改变,这就势必会对力量训练的效果产生影响。例如,臂弯举的正确动作是身体直立,两臂贴于体侧,只依靠肘关节的充分屈伸来完成,保证屈肘肌群力量得到充分的发展。但是很多游泳救生员做弯举时,为了贪图省力举得重,往往依靠身体的前后摆动来帮助完成动作。这样表面看起来似乎举得还重一些,但由于身体摆动时腰背肌肉、臀部和大腿后面的伸髋肌群也参与了工作,所以实际上发展肱二头肌的效果反而要差一些。掌握正确技术动作,还可以防止伤害事故。

（九）训练要做到持之以恒

前面提到过力量素质训练要有连贯性,这里则要求在连贯性的基础上做到持之以恒。为了在长期的训练中了解训练情况,要求在每次训练后做好训练记录。训练记录的意义在于它不仅可以记载每次训练的内容、次数,明晰训练计划和方法,还可以通过清晰的记录为日后改变或重新制订新的训练计划做好充分的数据准备。在此基础上制订的新的训练计划应避免朝三暮四和改弦更张的情况。同时,在每天的训练课后坚持记录,写清练习的名称、组数、每组的重复次数和重量。坚持记录有助于训练者检查和调整训练计划。

知识拓展

游泳核心力量训练

游泳核心力量训练是兼顾深层稳定肌和表层运动肌在内的力量的训练。它对游泳救生员的力量训练具有重要的作用和意义。主要表现在以下几点:第一,核心训练对游泳运动技术有关键的支持作用;第二,在游泳过程中起到一定的枢纽作用;第三,可以提高游泳者的动作协调能力;第四,可以有效地预防运动损伤。

第三节　游泳救生员力量训练技术动作

一、颈部力量素质训练方法

游泳救生员经常要面对水中的紧急情况。救生员在水中的施救行为的全过程都需要身体各个部位的紧密协同,颈部力量作为水中救援重要的被搭靠部位以及救生员保持头出水呼吸的核心部位,它的力量素质的优秀程度就成为能否获得救生成功的关键。颈部肌肉力量素质训练主要是静力性对抗训练和负重训练,具体训练方法如下。

（一）头手倒立

头手倒立训练法主要是发展颈部肌肉力量。要求游泳救生员在墙壁前,缓慢屈臂成头手倒立,两手主要起维持平衡的作用,两脚轻轻靠放在墙壁上,以头支撑体重,坚持尽可能长的时间。

训练要求:练习的初期阶段应有同伴保护。为了增加练习效果,双脚可离开墙壁。

(二)背桥练习

背桥练习时,以脚和头着地支撑于地面,如图7-1所示,采用仰卧或俯卧姿势,腰腹部向上挺起,两手置于胸腹部,使身体反弓成"桥"或腹部向下,以额头(或头顶)和脚趾支撑于地面,臀部上提成"桥"。

图 7-1

训练要求:练习前颈部做好准备活动。颈部力量增强时,可在腹部或臀背部负重,增加训练效果。

(三)双人对抗

两人一组,如图7-2所示,同伴站在游泳救生员身后,将合适的带子或毛巾围在游泳救生员的前额,同伴一手拉住毛巾两端,一手扶在游泳救生员的肩胛部,肘关节伸展。游泳救生员两脚站稳,上体固定,向前向下低头,对抗同伴向后拉毛巾的力量。牵拉头部的带子或毛巾可以围在游泳救生员头的前、后、左、右不同部位,使游泳救生员从不同方向进行对抗练习,使颈部肌肉得到全方位的训练。

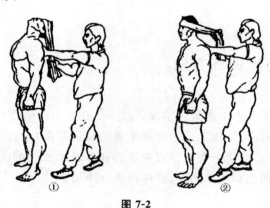

图 7-2

训练要求:同伴拉毛巾的力量应与游泳救生员的颈部力量相适应,反复进行,使颈部肌肉得到锻炼。

(四)负重训练

负重训练的主要目的在于发展游泳救生员的颈部肌群力量。游泳救生员在进行颈部负重练习时,可用一根绳子将重物悬挂在头上,两脚自然开立,上体前倾,背部挺直,两手分别支撑于膝关节的上部。按照不同的方向有节奏地活动颈部,使颈部前、后、左、右的肌群都能得到全面锻炼。

训练要求:在训练初期,可制作专门的头套,以保护头部不受到伤害。

二、肩部力量素质训练方法

游泳救生员在水中的施救主要依靠上肢力量,肩部力量是人体上肢力量的重要来源。肩部力量训练主要是针对肩部肌群力量的训练,特别是锁骨末端的三角肌的力量训练。肩部三角肌前部、侧部以及后部共同围绕起来在肩部形成一个圆球。针对这一部位的力量训练能使机体的整个三角肌得到全面的发展,从而为游泳救生员在关键时刻的救援提供充足的力量。

(一)颈前推举

颈前推举主要是发展三角肌前束和斜方肌的肌力。具体可采用直立姿势或坐姿,如图7-3所示,两手握杠铃同肩宽,握杠于锁骨处,手臂垂直向上伸直推起。

图 7-3

训练要求:杠铃的重量可根据游泳救生员的具体情况进行,在训练过程中可逐步增加重量,以免对机体造成损伤。

(二)颈后推举

颈后推举主要是发展三角肌后束、冈上肌和肱三头肌的肌力。如图7-4所示,为两手握杠铃,约同肩宽,垂直上举至手臂伸直。

训练要求:同颈前推举。

图 7-4

(三)头上推举

头上推举主要是发展三角肌、斜方肌、肱三头肌和前锯肌等肌群的力量素质。如图 7-5 所示,两脚自然站立,约同肩宽。两手各握哑铃,屈肘将哑铃置于肩上,两手正握杠铃,握距同肩宽,提铃至胸,将哑铃快速推举至头上方,或将杠铃快速推举至头上方,慢慢返回原位。

① ②

图 7-5

训练要求:练习重量应逐渐增加,训练过程中的推举动作应注意快举慢放。

(四)直臂前平举

直臂前平举主要是发展三角肌和斜方肌的力量素质。游泳救生员自然站立(也可采用坐姿),上体挺直,两臂伸展正握杠铃,下垂于两大腿前。直臂前平举,快上慢下,返回原位,反复训练。

训练要求:训练所选用的器械可采用杠铃、哑铃或者壶铃。握器械的方法可以采用正握法和反握法。

(五)直臂侧平举

直臂侧平举主要是发展三角肌和斜方肌的力量素质,如图 7-6 所示,游泳救生员自然站立(也可采用坐姿),上体挺直,两手各持哑铃垂于体侧,两臂伸直侧平举,快上慢下,还原成预备姿势,反复进行。

训练要求:同直臂前平举。

图 7-6

三、臂部力量素质训练方法

对于游泳救生员来讲,手臂力量不仅在急速游泳中发挥重要作用,在对落水人施救时,充足的臂部力量也是救援成功的关键。臂部力量素质训练不仅能使游泳救生员拥有强壮有力的前臂肌群,有利于塑造健美的体型,提高握力、支撑力和完成各种训练动作的能力,还有利于增强机体各部位的肌肉力量。

(一)仰卧撑

仰卧撑训练主要用于发展肱三头肌、三角肌、背阔肌等的力量素质。训练方法为仰卧,两臂伸直,撑在约50厘米高的台上,屈臂,背部贴近高台,然后快速推起两臂伸直,连续做10～15次。

训练要求:在经过一段时间的训练后,可将双脚抬高或负重以加大训练难度。

(二)坐姿弯举

坐姿弯举主要用于发展肱二头肌的力量及前臂肌群力量。如图 7-7 所示,两腿自然分开,坐在凳端,一手握哑铃,另一手掌置于持哑铃手侧的膝关节上部,握哑铃的手臂充分伸展,将肘关节的上部置于膝关节处另一侧的手背上,上臂固定,慢速屈肘至胸前,然后再有控制地下放哑铃成预备姿势,反复训练。

图 7-7

训练要求:训练采用的器械还可以是杠铃、壶铃和其他便于持握的重物。要求训练时两臂交替进行,负荷重量以能完成10~12次为宜。

(三)站立屈臂举

站立屈臂举主要用于发展肱二头肌和前臂肌群的力量素质。具体方法为两脚自然站立,两手反握杠铃,两臂伸展杠铃位于体前。两手握距可宽可窄。固定两肘,慢速屈臂将杠铃上举至胸前,然后有控制地慢慢放下杠铃,还原成预备姿势,反复训练。

训练要求:训练采用的器械还可是壶铃、哑铃,持握方法可采用正握、反握和锁握。

(四)手腕屈伸负重训练

手腕屈伸负重训练主要是发展手腕和前臂肌群的力量素质。如图7-8所示,采用坐姿,两手反握杠铃或哑铃,前臂分别贴在两大腿上,手腕伸出位于膝关节外。手腕围绕额状轴以尽可能大的动作幅度上下旋卷,手腕卷屈幅度尽量大;或者采用掌心向下的正握杠铃的方法进行手腕旋转运动练习。

图 7-8

训练要求:可用哑铃进行,也可采用单手握短棒的一端,另一端负重,要求手腕向上仰起、放下或手腕做旋转动作。

(五)前臂旋内旋外负重训练

前臂旋内旋外负重训练主要是发展前臂肌群和手腕的力量。具体训练方法为双脚自然开立,浅半蹲,两臂屈肘前伸位于体前,两手持重物,前臂有节奏地进行旋内旋外运动。

训练要求:练习时固定上臂,前臂围绕前臂纵轴有节律地做旋内、旋外运动。训练熟悉后可与"马步"半蹲相结合进行,在训练前臂力量的同时发展腿部力量。

四、胸部力量素质训练方法

游泳救生员的救生过程需要全身协同用力,特别是对上肢力量的要求更加严格,其中,胸部力量(胸肌力量)也是其中的一项。发展胸部力量素质的方法很多,有徒手练习也有器械训练。在训练实践中,任何下肢高于上体的斜板卧推和飞鸟动作都有助于发展胸大肌下部力量,具体训练方法如下。

(一)俯卧撑

俯卧撑主要是发展肱三头肌、胸大肌、三角肌和前锯肌等肌群的力量素质。训练方法为两手间距稍宽于肩,直臂双手俯卧撑地,两腿伸直,双脚并拢,脚趾撑地。两臂力量提高后,可使两脚位于高台上或在背部负重进行练习。

训练要求:首先,身体伸展随两臂的屈伸运动,不应有任何多余动作;其次,训练过程中应尽量加大两臂的屈伸幅度。

(二)仰卧扩胸

仰卧扩胸主要是发展胸大肌和三角肌的力量。如图7-9所示,仰卧在垫子或矮凳上,两手持哑铃两臂伸直,与身体成"十"字形。直臂慢速将哑铃举至胸的正上方,然后慢速还原成预备姿势,反复训练。

图 7-9

训练要求:动作速度不宜快,两臂应有控制地下放还原;要求训练过程中两臂下放时不触垫。

(三)颈上卧推

颈上卧推主要是发展胸大肌上部、肱三头肌和三角肌的力量素质。游泳救生员可仰卧于卧推架上,可采用宽、中、窄三种握距,手持杠铃或哑铃,先屈臂将其放于颈根部,两肘尽量外展,将杠铃推起至两臂完全伸直。反复训练。

训练要求:训练中所持器械的重量应根据游泳救生员的具体情况合理选择,重量过轻或过重都不利于训练,严重的还会造成运动损伤。

(四)斜板卧推

斜板卧推的动作主要是发展胸大肌下部、肱三头肌和三角肌力量。具体训练方法为宽握杠铃仰卧于斜板上,脚高于头,朝着胸中部慢慢放下杠铃,肘关节外展与身体成90°。随后迅速用力向上举起杠铃,再以稳定节奏反复训练。

训练要求:同颈上卧推。

(五)宽撑双杠

宽撑双杠的动作主要是发展胸大肌下部、外部肌肉,以及肱三头肌、三角肌、前锯肌等的力量素质。具体训练方法为脸朝下,收紧下颌,弓背,脚尖向前,眼视脚尖。两手宽握双杠,屈臂使身体下降,然后再伸臂把身体撑起。训练熟悉后可在脚上系重物或穿沙背心负重训练。

训练要求:屈臂时尽可能使身体降低一些,不要借力。

五、腹部力量素质训练方法

腹部力量素质训练的重点是发展腹外斜肌、腹内斜肌、腹直肌和髂腰肌力量,充分利用腹肌的收缩来缩短骨盆底部至胸骨间的距离,具体训练方法如下。

(一)半仰卧起坐

半仰卧起坐主要是发展腹直肌上部力量。具体训练方法为平躺在地上或练习凳上,两手持杠铃片置于头后,两足固定。上体向前上方卷起,同时两膝逐渐弯曲。用力吸气,放松呼气,收缩时停两秒。也可将负重物放在胸前上部进行训练。

训练要求:训练过程中练习者要时刻注意背下部和髋部不能因上体抬起而离开地面或练习凳。

(二)仰卧起坐

仰卧起坐主要是发展腹直肌、髂腰肌的力量素质。具体训练方法为仰卧在凳上或斜板上,两足固定,两手抱头,然后屈上体坐起,再还原,一次做10~15个,也可两手于颈后持杠铃片或其他重物负重训练。

训练要求:收缩腹部,胸部尽量紧贴膝盖。

(三)仰卧举腿

仰卧举腿主要是发展腹直肌、腹外斜肌和骶棘肌的力量素质。具体训练方法为仰卧于垫子上,双脚并拢两腿伸直,双手置于头后;或仰卧于斜板上,上体位于高端,两手抓握板端,身体伸展。两腿伸直双脚并拢,慢速上举,腿与上体折叠,使脚尖举至头后,然后慢速还原成预备姿势。也可在踝关节处负重训练。

训练要求:训练过程中练习者要时刻注意腿上举时不要屈膝,还原下放时不能放松,应有控制地下落。

(四)悬垂举腿

悬垂举腿主要是发展腹直肌、腹外肌、髂腰肌和两手的握力。具体方法为两手握距与肩同宽或稍宽于肩,正握单杠,两臂伸展,下肢自然放松,身体悬垂。然后依靠收腹的力量直腿上举,使脚腕触及单杠后再返回原位,反复练习。在刚开始练习时,腹肌差者可稍屈膝。为了增强训练效果,可在脚腕上负重练习。

训练要求:训练过程中练习者要时刻注意举腿速度均匀,放腿速度缓慢,应有控制地下放,不能利用摆动力量,以免引发腰疼。

(五)支撑举腿

支撑举腿主要是发展腹直肌、腹外斜肌和髂腰肌的力量素质。如图 7-10 所示,两手直臂撑在双杠上,下肢放松,身体伸展。两腿伸直双脚并拢,收腹举腿至水平位,与上体成直角,然后再放下双腿,还原成预备姿势,反复练习。为了增强练习效果,可在脚腕上负重训练。

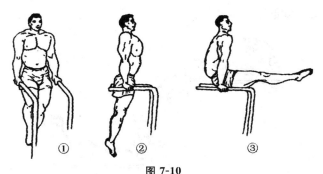

图 7-10

训练要求:训练过程中练习者要时刻注意直膝向上举腿,举腿速度均匀,注意放腿动作不要放松,应有控制地下放。

六、背部力量素质训练方法

背部力量训练的目的是充分发展人体的背阔肌、大圆肌、斜方肌、冈下肌、小圆肌、前锯肌以及骶棘肌等肌群的力量。游泳救生员在训练过程中应做到动作准确,使肌肉充分收缩,以充分发展背部力量。具体训练方法如下。

(一)持铃耸肩

持铃耸肩主要用于发展斜方肌力量。具体训练方法为身体直立,正握杠铃,然后以肩部斜方肌的收缩力,使两肩胛向上耸起(肩峰几乎触及耳朵),直至不能再高时为止,然后还原,反复训练。

训练要求:训练过程中练习者要时刻注意耸肩的高度,这个高度应结合个人情况尽可能地高。

(二)直腿硬拉

直腿硬拉主要是发展骶棘肌、斜方肌、背阔肌、股二头肌、半腱肌、半膜肌、大收肌等伸展躯干和伸髋的肌肉力量。具体训练方法为两腿伸直站立,上体前屈,挺胸紧腰,两臂伸直,用宽握距或窄握距握住杠铃,然后伸髋、展体,将杠铃拉起至身体挺直。还原后重新开始,反复练习。

训练要求:上拉时应注意收紧腰背肌群,杠铃靠近腿部。

(三)卧抬上体

卧抬上体主要是发展伸脊柱的肌群(骶棘肌)、臀大肌、股二头肌等的力量素质。另外对发展背肌也有理想的效果。如图 7-11 所示,俯卧于台面或长凳上。上体从一端探出,两手置于头后屈身向下,快速用力向后向上抬上体,然后有控制地慢速还原成预备姿势,反复进行。为增强练习效果,可在颈后负重进行训练。

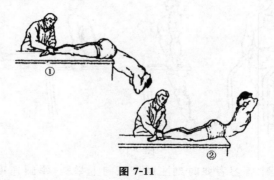

图 7-11

训练要求:训练过程中上体保持水平,紧靠体侧上拉,肘部不要外翻。

(四)俯卧上拉

俯卧上拉主要是发展背阔肌、斜方肌、三角肌的力量。游泳救生员可俯卧在练习凳上,两臂悬空持杠铃(也可采用哑铃和壶铃),两臂同时将杠铃向上提起稍停再还原,反复进行。

训练要求:训练开始时两臂注意保持水平。

(五)俯立划船

俯立划船主要是发展背阔肌上、中部以及斜方肌和三角肌的力量。具体训练方法为上体前屈 90°,抬头,正握杠铃(也可采用壶铃、哑铃、杠铃片)。然后两臂从垂直姿势开始,屈臂将杠铃拉近小腹后还原,再重新开始。上拉时应注意肘靠近体侧,上体固定不屈腕。

训练要求:为了减少腰部负担,可将前额顶在山羊或鞍马上进行练习。

七、腿部力量素质训练方法

游泳救生员的施救过程大多数是在水中完成的,为了保证救生员本身在水中的游行,同时还要保证救援落水者后让两人都能得到呼吸的机会,对于救生员腿部力量的训练就显得格外重要了。可以说,在水中不停踩水和蹬夹的腿部,其力量必须充足。腿部是机体运动的最重要的部位之一,腿部力量是机体从事其他常见运动项目的基础。腿部力量素质训练方法具体如下。

(一)纵跳

纵跳主要用于发展伸膝和屈足肌群力量及弹跳力。具体训练方法为身穿沙背心,带沙护腿,成半蹲姿势。两脚蹬地起跳,两臂上摆,腿充分蹬伸,头向上顶,缓冲落地后继续做。连续练习10～15次。也可悬挂或标出高度目标,以两手触摸标志线或物体进行练习。

训练要求:动作协调,负重以10～15千克为宜。

(二)蛙跳

蛙跳主要是发展下肢爆发力及协调用力。训练方法为身穿沙背心,带沙护腿(也可不负重),全蹲。两脚蹬地,腿蹬直向前上方跳起,腾空后挺胸收腹,快速屈腿前摆,以双脚掌落地后不停顿地连续做6～10次。

训练要求:尽量快速起跳,身体充分伸展开,可逐渐增加远度要求。

(三)跳深

跳深主要是发展伸膝、屈足肌群和腹肌的力量素质。游泳救生员先将5～8个高度为70～100厘米的跳箱盖纵向排好,每个跳箱盖横放,间距均为1米。游泳救生员面对跳箱盖并腿站立,双脚同时用力跳上跳箱盖,紧接着向下跳,落地后立即又跳上第2个跳箱盖,紧接着向下跳,落地后立即又跳上第3个跳箱盖,连续跳上跳下20～30次。也可在有沙坑的高台处做该练习。

训练要求:跳上跳下的动作之间不得停顿。

(四)下蹲腿后提铃

下蹲腿后提铃主要是发展股四头肌、臀大肌和腰部肌群的力量素质。如图7-12所示,两脚自然开立下蹲,杠铃紧贴脚后跟处放置。两手正握杠铃,握距同肩宽,两臂和背部充分伸直。

蹲起直臂提铃,成站立姿势,挺胸直背,杠铃处于臀部,然后还原成预备姿势。反复练习。

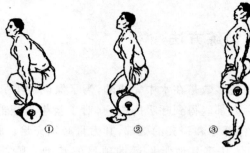

图 7-12

训练要求:练习过程中不能弯腰,注意背部挺直。

(五)负重深蹲、半蹲跳

负重深(半)蹲跳主要是发展伸膝和伸髋的肌肉群(如股四头肌、股二头肌、小腿三头肌和臀大肌等)的力量素质。如图 7-13 所示,双脚左右自然开立,肩负杠铃,双手正握杠铃扛于颈后,躯干挺直。屈膝半蹲快速蹬伸,髋膝踝充分伸展,向垂直方向跳起,落地时保持半蹲(半蹲跳)或深蹲(深蹲跳),紧接着快速蹬伸跳起,反复练习。

图 7-13

训练要求:落地时踝关节保持适度的紧张;跳起腾空后下肢肌群尽量放松。

知识拓展

游泳力量训练小常识

游泳力量训练最好能和有氧运动相结合起来,在参加完力量训练后,不要静止不动,可以再进行 10 多分钟的游泳,这样可以使肌肉拉长、伸展,从而提高柔韧性,让身体更协调、更结实,皮肤也变得更有弹性。

第八章　游泳救生员现场急救与心肺复苏技术

学海导航

游泳救生是人们在游泳活动中发生意外时所采取的救助措施,它对于保证人们的生命安全具有重要的意义。本章分为4个部分,对游泳救生员的游泳救生进行了分析。通过本章的学习学生需要对游泳救生的基本原则、程序,以及一些游泳救生的相应技术进行了解,提高自我保护能力和掌握营救技术。

第一节　现场急救原则

游泳救生原则是人们在长期的游泳救生实践过程中总结出来的,是人们对经验和教训的总结,是人们开展救生工作的基本行为准则。因此本节对现场急救的基本原则进行了分析,旨在提高学生的救生意识,以在危急时刻,更好地挽救溺水者的生命。

一、游泳救生工作的基本原则

游泳救生要做到"防字当头,贯彻始终",这是我国长期的实践经验和教训的总结。当发生水上意外事件时,应做到及时、准确。所谓及时,就是施救时要在时间上争分夺秒,使得施救工作能够在最短的时间内展开;准确则要求施救的方法要准确,在快速行动的同时,要保证施救方法的准确、科学。游泳救生工作的基本原则包括以下几方面的内容。

(一)岸上救生优于水中救生

岸上救生时,救生员处在居高临下的位置,视野宽广,利于观察和锁定目标,能更好地提高救助时的准确性和有效性,从而赢得宝贵的抢救时间。

(二)器材救生优于徒手救生

器材救生能够在保护自己的前提下,更安全、有效、快速地救助溺水者。因此,器材救生在很多时候是开展救生活动的最优选择。

(三)团队救生优于个人救生

团队救生时能发挥集体的力量和智慧,在救助时间上会更快,抢救操作上会更准确、有效,对溺水者的生命安全会更有保障。

(四)先救有意识后救无意识

救生员面对同时发生的多起溺水事故,先对有意识的溺水者进行救助,再去救助无意识的溺水者。

二、施救的具体原则

现场急救是整个施救过程中最重要的措施之一。现场急救的目的是抢救生命,提高生存率;减轻病痛,防止病情恶化,降低伤残率。
(1)使溺水者尽快脱离水域。
(2)先复苏后固定。
(3)先止血后包扎。
(4)先重伤后轻伤,先救命后救伤。
(5)先救治后运送。
(6)急救与呼救并重。
(7)加强途中监护与救治。

第二节 现场急救常规程序

现场急救关系到溺水者的生命安全,因此应予以高度的重视。对于相应的游泳场所而言,为了更好地应对突发事件,应设立相应的应急预案,当发生相应的危机事件时,应按照相应的程序有序进行;对于游泳救生员而言,在实施现场急救时也应该遵循相应的程序,尽可能地做到科学、准确、简练。本节对急救的一些常规程序进行了分析。

一、急救应急预案

各游泳场所应对各种可能发生的事故制定出紧急预案,责任到人,并经常进行演练。当启动紧急预案时能从容不迫、井井有条地处理好各类事故,保障人们的生命安全。

(一)紧急预案的种类

应根据各种可能发生的事故设置预案。具体而言,紧急预案包括以下几方面的内容。
(1)溺水事故预案。
(2)开放性受伤事故预案。
(3)脊柱受伤事故预案。
(4)雷雨天气预案。
(5)地震及其他灾害预案等。

(二)紧急预案的内容

1. 紧急情况下的信号发布

设定特殊紧急信号,由专人负责发布。如拉响警铃或警笛,全体值班救生员吹响哨子,并用广播系统宣布情况,请游泳者听从指挥起水撤离等。

2. 确定现场指挥者

在发生紧急事件时,只有做好指挥工作,才能够使得各项工作有序开展。因此,在制定紧急预案时,应确定好相应的现场指挥者,并确立第二指挥者。如果意外事故发生时,第一指挥者不在现场,则第二指挥者应该发挥其指挥作用,使得紧急预案得以有条不紊地实施。

3. 实施抢救人员的分工

实施现场抢救时,必须对现场值班救生员、医务人员进行合理分工,责任到人,紧张而有秩序地实施抢救预案。

4. 应急安全疏散通道和安全安置地点的设置

游泳场所应最少设置两个应急安全疏散通道,以及能容纳所有游泳者起水后的安全安置地点。通道和安置点的设置必须以安全、快捷为前提,以避免其他事故的发生。

5. 确定事故发言人

在事故发生及处理的整个过程中,所有参加抢救的人员都必须遵守《救生员守则》的规定,不擅自发表个人意见和看法。经事故调查后,由指定发言人对外宣布事故发生情况及处理过程和结果。表 8-1 为紧急溺水事故处理的案例。

表 8-1 紧急溺水事故处理预案示例

抢救程序	实施内容	人员分工	备注
1	现场指挥者	安全经理、救生组长	现场指挥第一人不在场,则由第二人接替指挥
2	发布紧急信号	救生组长	拉响警铃,全体值班救生员吹响哨子;用广播系统宣布情况
3	拨打急救电话,向上级主管部门汇报	6号救生员接应并引导"120"工作人员到场	
4	打开游泳池至门口的通道,清理门前的车辆		
5	迎接救生员进入场内及时上岗		
6	溺水者起水、疏散围观人群、维持现场秩序	5号救生员实施;3、4号岗救生员协助	请游泳者听从指挥起水并撤离到安全地带
7	救生员赴救	1号岗救生员赴救;2号岗救生员负责运送救生板到出事地点并协助;3、4号岗救生员负责岸上接应	
8	现场急救	值班医生准备好急救用药及器材;3、4号岗救生员实施控水、清除口中杂物;1、2号岗救生员负责心肺复苏	若溺水者发生脊柱受伤,则需要1、2、3、4号救生员共同协力实施;值班医生协助,并适时借助药物器械建立呼吸和心脏起搏;实施心肺复苏一直到溺水者清醒,或做到急救人员到达后交由医生处理,救生员才能够停止心肺复苏抢救
9	事故调查、总结	安全经理	向现场目击证人了解情况,进行事故调查;总结并形成文字材料报有关单位并留档
10	事故发言	安全经理	

二、现场急救的一般程序

(一)观察

游泳救生员需要在自己的工作岗位上,对其负责范围内的情况进行查看,并及时发现事故。观察是救生工作中的重要环节,它也是预防突发状况发生的重要措施,是贯彻"预防为主"的具体体现。

1. 观察的方法

(1)扫视法:在值岗时,救生员对自己责任区的左、右、远、近进行直线、不间断的观察。

(2)环视法:在值岗时,救生员对自己的责任区以某一点为起点,进行圆周、不间断的观察。

(3)跟踪法:在值岗时,救生员及时发现游泳技术不佳者,并对其进行重点跟踪观察。

2. 观察的要求

(1)明确观察责任区:救生员值岗期间,应明确自己的责任区,思想要保持高度集中,能够及时发现溺水事故的隐患。

(2)主次兼顾:做到重点突出(主责区)和兼顾其他(次责区)交叉观察,相互补漏,不留盲区和死角,确保游泳者的安全。

(3)不同观察区域互相结合:在观察时要掌握"池面与池岸,水中与池底,点与面"互相结合的方法。观察时,既要观察水下或池底有无溺水者,还要看清水中有无游泳技术不佳的潜在溺水者。扫视池岸时,应注意观察岸边有无身体不适者和无人看管的幼儿,以防他人碰撞造成滑入水中的溺水事故。当发现游泳技术不佳的游泳者时,应重点跟踪观察,同时仍需兼顾自己的观察区域。

(4)不同时段的观察:在游泳者进场阶段,应注重游泳池入口处和下水池边的区域等地方的观察;在中场时段,偏重于观察有无技术不佳的游泳者进入深水区,有无被家长安置在池边的幼儿;退场时段,应偏重于观察那些还未及时起水的游泳者;当泳池中少年儿童较多时,应注重中、浅水区域的观察,并适当增加工作的岗位。

(5)对不同人群的观察:救生员在观察时应对老年人、少年儿童人群进行重点关注。在观察青少年游泳群体时,应注意他们是否在水中嬉闹打逗;观察经常参加游泳锻炼的游泳者,注意他们的精神状态和身体状况。

(6)交接班时的观察:游泳救生员在交接班时,接班游泳救生员眼睛应不间断地扫视自己的责任区域,并听取交班游泳救生员的情况介绍。当交接双方确认没有事故隐患之后,交班人员方可离岗。

3. 对于易发生事故人群的观察

人们在溺水时,会有不同的动作表现,在其自救或是求救过程中都会有所不同。因此,救生员要准确观察。一般人在溺水时都会有一定的动作表现,如挣扎呼救、表情惊恐、动作无规律等。最危险的一类是无挣扎、呼救无声或完全没有求救或呼叫行为的溺水者,如未能及时救助,便会导致悲剧的发生(表8-2)。

表8-2 不同溺水者的常见表现

观察的细节	清醒者			昏迷者
	疲劳溺水者	不会游泳溺水者	受伤溺水者	昏迷者
呼吸	间歇呼吸	争取呼吸	间隙呼吸	没有呼吸
手脚动作	可能挥手	两臂横伸 上下拍水 两脚垂直 踢水或打水无效	受伤肢体 失去活力	没有动作
身体姿态	接近水平姿势	身体垂直	身体倾斜	俯卧(水面、水中、水底)
面部表情	焦虑	恐慌	痛苦	呆滞
移动能力	缓慢	或浮或沉	原位停滞	没有移动能力

(二)判断

所谓判断,是指游泳救生员通过观察的情况,判断溺水者的具体情况,然后作出相应的反应。判断的正确与否,会对施救措施是否得当产生重要的影响。

1. 判断的方法

(1)溺水者是否有意识

当在水中发现溺水者时,应首先采取看、听的方法判断溺水者有无意识。如溺水者在水中挣扎并发出求救的喊声,则溺水者尚有意识;如溺水者在水中不能自主地支配肢体动作,并缓慢下沉或已沉入池底,则溺水者已丧失了意识。

(2)溺水者是否受伤

①有意识的溺水者:通过倾听溺水者自述,了解受伤的情况。

②丧失意识的溺水者:通过检查溺水者的肢体,了解受伤的情况。要重点查看溺水者的颈椎、腰椎是否受伤,是否发生外伤出血或肢体骨折。

(3)溺水者的其他表现

①对于不会游泳溺水者的判断(表8-3)。

表 8-3　对不会游泳溺水者的判断

救生前 溺水者的表现	水中状态	可能不会用四肢寻找支撑； 身体在水中保持垂直,不能确定陆地和寻求帮助的方向； 只关注维持呼吸； 淹没在水中的时间越来越长
	尝试呼救	极少挥臂或呼救
	面部表情	惊慌失措、瞪大眼睛
救生中 溺水者的表现	指令反应	可能对指令没有任何反应
	身体配合	可能试图抓住救生员； 身体保持垂直； 当头部或肩膀露出水面时,恐慌可能会消失
救生员赴救措施		如被救者不配合,则只有经验非常丰富的救生员才能尝试采取直接赴救； 使用辅助救生器材

②对于游泳技能较差溺水者的判断(表 8-4)。

表 8-4　对游泳技能较差溺水者的判断

救生前 溺水者的表现	水中状态	能用手臂和腿寻找支撑； 身体倾斜于水面,通常会朝向岸边； 头部间歇地沉没； 有时能够吐出嘴里的水
	尝试呼救	能够挥臂或呼救
	面部表情	面部和眼睛呈现不同程度的焦虑
救生中 溺水者的表现	指令反应	可以依据救生员的指示行动
	身体配合	当给予支撑时,能够较好地配合； 可以用背部漂浮并利用推进力运动
救生员赴救措施		直接赴救和池岸赴救都是适合的救助方式； 使用辅助救生器材

③对于受伤溺水者的判断(表 8-5)。

表 8-5　对受伤溺水者的判断

救生前 溺水者的表现	水中状态	可能处于不舒适的状态； 身体的某一部位可能受伤； 因受伤导致活动受限引起注意
	尝试呼救	痛苦呼救
	面部表情	面部呈现不同程度的痛苦和焦虑

救生中溺水者的表现	指令反应	对指令的反应差,可能更多地关注受伤部位
	身体配合	为了缓解痛苦而继续保持不舒适的身体姿势; 可以用背部漂浮并利用推进力运动
救生员赴救措施		采取紧急救护措施; 被救者在水中别扭的姿势可能影响拖带; 避免伤势恶化,尤其应注意疑似受伤者

④对于无意识溺水者的判断(表8-6)。

表8-6 对无意识溺水者的判断

救生前溺水者的表现	水中状态	软绵绵地飘在水中; 可能只有头部可见; 可能飘在水里的任何位置,上面或水底,脸部可能朝上或朝下; 没有吸引他人注意的行为; 眼睛可能是闭着的
	尝试呼救	无任何呼救行为
	面部表情	在接近时可能看不见
救生中溺水者的表现	指令反应	没有反应
	身体配合	没有身体配合并且身体难以拖带
救生员赴救措施		浮力可能会因被救者位置不同而变化; 立即给予直接施救并给予必要的支撑; 必须采用直接拖带,利用好浮力; 如果出现呼吸停滞,应尽快将溺水者带出水面; 如果没有脉搏,则应尽快采取心搏复苏措施

2.判断的要求

(1)游泳救生员要能够根据不同情况,作出迅速、果断、准确的判断。
(2)能够根据判断的结果,采取及时、规范的救生措施。

3.溺水后的生理变化和临床表现

(1)溺水后的生理变化

溺水实质上是一种特殊型急性呼吸功能衰竭。溺水者被淹溺后因过度紧张而屏气,造成喉、气管痉挛,发生窒息、缺氧;屏气到一定程度又开始主动呼吸,大量水涌入口、鼻中,使肺丧失通气功能,造成体内缺氧加剧、二氧化碳潴留和酸中毒,这一系列的病理、生理改变会导致低氧血症(表8-7)。

表 8-7　溺水后人体的生理变化

溺水时间/秒	症状
＜10	感到头昏、恶心
10～20	昏厥或抽搐
30～45	昏迷、瞳孔散大
60	呼吸停止、大小便失禁
240～360	脑细胞开始发生不可逆转的损害
600	脑细胞死亡

(2)溺水后的临床表现

根据溺水发生时的情况(如溺水时间的长短、吸入液体的多少)以及临床表现,可将溺水分为轻度、中度和重度溺水(表 8-8)。

表 8-8　溺水分级

程度	时间/秒	临床表现
轻度	＜60	神志清醒,仅血压升高、心率增快
中度	60～120	神志模糊,呼吸浅慢、不规则,血压下降,心率减慢,反射减弱
重度	180～240	面部肿胀、青紫,双眼充血,口、鼻、气管内充满血性泡沫,肢体冰冷,烦躁不安伴抽搐,两肺有弥漫性湿性啰音,心音弱或心律不齐

人体大脑是高度分化和耗氧最多的组织,对缺氧最为敏感。脑组织的重量虽然只占自身体重的 2%,其血流量却占心输出量的 15%(约 800 毫升),而耗氧量则占全身耗氧量的 20%。因此,溺水后人很快陷入晕迷之中。

(3)溺水者心搏、呼吸突然停止时的临床表现

心搏、呼吸停止与否,应综合判断。

①意识丧失,溺水者昏倒。

②面色苍白或转为紫绀。

③瞳孔散大。

④颈动脉搏动消失,心音消失。

⑤部分溺水者可能有短暂而缓慢叹气样或抽气样呼吸,或有短暂抽搐,伴头眼偏斜,随即全身肌肉松弛。

(三)赴救

赴救是游泳救生工作的关键环节之一,主要是指通过各种手段将溺水者施救上岸的活动。在赴救时,如果有条件,则借助相应的器械进行救援,如果没有条件则实施徒手救援。赴救的具体内容将在下一节具体阐述。

(四)现场急救

《2005国际心肺复苏及心血管急救指南》建议的成人基本生命支持流程见表8-9。现场急救的紧急心肺复苏技术详见第四节。

表8-9 成人基本生命支持流程

程序	语言和动作	说明
确认四周环境安全和检查意识	大声呼唤 轻拍两肩膀	意识分4级：意识清醒、对叫有反应、对痛有反应、意识昏迷
求救 摆正溺水者姿势	请人帮助打急救电话或自己打	若旁边没人，先心肺复苏1分钟后再打求救电话
打开呼吸道	仰头举颌法(非创伤溺水者) 推举下颌法(颈椎受伤溺水者)	一手掌根按压前额，另一手食指、中指两指上抬颌骨，注意不要压到喉部
评估呼吸	耳朵靠近溺水者口鼻：看胸部起伏、听吐气声、感觉气吹到脸上	检查时间不能超过10秒； 保持呼吸道打开
人工呼吸	若无呼吸，检查呼吸道是否有异物，以拇指和食指捏住溺水者鼻子，口对口(鼻)或口对面罩，先给予两口气，若胸部无起伏，则重新打开呼吸道再尝试吹气	从发现溺水者到给予人工呼吸不能超过20秒； 每口气吹气时间约1秒，吹气量以明显看到胸部起伏为原则
检查循环现象	摸颈动脉并观察有无搏动现象； 有无自发性呼吸、咳嗽，身体会不会动	
胸部按压	手掌根置于胸骨下1/3段； 两手肘关节绷直； 两膝靠近溺水者跪地，与肩同宽； 以身体重量垂直下压，压力平稳； 放松时手掌不要离开胸骨	按压胸骨下半段，下压速度为100次每分钟，深度为4～5厘米
胸部按压与同期比率	单人或双人皆为30:2	检查时间不超过10秒(低体温除外)
再评估时间	5个周期后或2人以上每2分钟轮换	2分钟后第5周期吹气
甲：再评估无循环现象	继续徒手做心肺复苏	从胸部按压开始
乙：再评估有循环现象	检查呼吸：	5秒一次，12次每分钟
	没有呼吸→人工呼吸	检查身体，继续复苏
	有呼吸→无意识	检查身体
	有呼吸→有意识	

第三节　现场赴救技术

赴救技术是救生员必须熟练掌握的必要技能,它包括直接赴救技术和间接赴救技术两种形式。本节分3个部分介绍了赴救技术,首先对池岸赴救技术进行了分析,其次对水中赴救技术进行了分析,最后阐述了当溺水者受伤时的一些赴救技术。

一、池岸赴救技术

游泳救生的间接赴救是指救生员在游泳池内使用救生器材(如救生竿、救生圈、救生浮漂和其他器物),对正在挣扎的溺水者经过准确判断,在保证自身安全的前提下,优先选择施救的一种赴救技术。

(一)救生竿的使用

救生竿是游泳池最常使用的救生器材之一。救生员在使用救生竿进行施救时,要注意不能用救生竿捅、打,以免伤及溺水者。游泳场馆的救生竿要始终放在救生岗位方便取拿的位置。

(二)救生圈(球)的使用

救生圈(球)也是游泳池内最常用的救生器材之一。救生员在使用救生圈(球)施救时要注意:抛掷时一定要准确到位(图8-1)。在抛掷带有系绳的救生圈(球)时,手一定要握紧或用脚踩住绳子的另一端,当溺水者抓住救生圈(球)后,要立即将溺水者拖至池边救起(图8-2)。一般救生圈(球)放在离救生岗位最近的地方。

图 8-1　　　　　　　　　图 8-2

（三）救生浮标的使用

救生浮标是国际上普遍采用的救生器材之一。它通常是用泡沫材料制成，以红色为底色，末端附有手环或扣节。在施救过程中可以给救生员和溺水者安全感。

救生浮标更加便于拖带溺水者，适合各种溺水情况。对游泳初学者、体力不支者等进行施救时，根据溺水者距岸边距离的不同，可采用岸上手持浮体救援、岸上手持绳带抛浮体给溺水者救援和背救生浮标下水救援的办法。救生浮标是抢救深水脊柱损伤溺水者的必备器材，在施救时使用救生浮标可以起到增加浮力和保持稳定的作用。

（四）手援

手援是救生员在保证自身安全的前提下，岸边徒手施救的一种简单方法。该种施救方法主要针对岸边突然落水者、上岸时因体力不支再次落水的游泳者以及近岸1米左右溺水人员的施救。救生员采取该方式时，一般溺水者头脑清醒，并具有一定的判断能力。该方法一般在溺水者刚落水时采用。

（五）其他救生器物的使用

除了上述的一些专用的救生器械之外，还有一些其他用品对于施救工作具有一定的帮助。当发生溺水时，由于情况较为危急，并且没有相应的专业救生设备时，救生员要利用一切可以使用的器物施救，如长毛巾、打水板、绳子、木棍、有浮力的物品等。

二、水中赴救技术

游泳救生的直接赴救是指救生员在不能采用间接救生技术的情况下，所采取的赴救技术。直接赴救包括：入水、接近、解脱、拖带、上岸、运送6项技术环节。

（一）入水技术

入水是指救生员发现溺水事故时，迅速跳入水中的一项专门技术。救生员在入水之前要进行仔细的观察，明确溺水者与自己的方位，尽可能地选择与溺水者较近的地方下水。救生员可根据现场情况采取以下入水技术。

1. 跨步式入水

救生员距离溺水者较近时可采用此技术。目视溺水者，一脚前跨，另一脚脚趾紧扣池边，并用力蹬地，在空中两腿一前一后呈弓步型，上身含胸前倾，两臂侧举，肘部自然弯曲，掌心向前下方。入水时,两手向前下方抱压水,同时两脚作剪水动作,形成向上的合力,使救生员的头部始终保持在水面上,眼睛始终不离赴救目标(图8-3)。

图 8-3

2. 蛙腿式入水

蛙腿式入水与跨步式入水的适用范围相同。目视溺水者,单腿或双腿蹬离池岸,跃起时两腿做蛙泳收腿动作,含胸收腹,两臂侧举,肘部自然弯曲,掌心向前下方。入水时,两腿向下作蛙泳蹬夹。同时,两手臂向下抱压水,形成向上的合力,使救生员的头部始终保持在水面上,眼睛应始终不离赴救目标。

3. 鱼跃浅跳式入水

当救生员距离溺水者较远时,可采用鱼跃浅跳式入水。可根据实际情况,选择救生台、池岸边或在跑动中起跳。起跳是靠腿蹬离池岸,躯干同时用力伸直及两臂由下而上摆动入水。腾空时,双臂及两腿伸直。入水要浅,头部尽快出水锁定赴救目标。如图8-4所示。

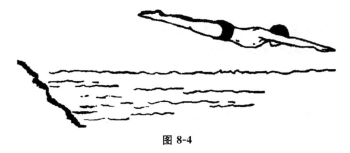

图 8-4

4. 直立式入水

如果池水较深,并且游泳救生员站在较高的观察台上时,可采用直立式入水方式。入水时,全身与水面保持垂直,脚先入水,一手捏鼻,一手护下腹或护胸。如身穿救生衣,则两手肘部紧压救生衣。入水后,双手及时向下压水,两脚做蹬夹动作,力求尽快上浮捕捉施救目标。

游泳救生及水上运动

(二)接近技术

接近是指救生员及时靠近并有效控制溺水者的一项专门技术。接近技术可分为背面接近技术、侧面接近技术以及正面接近技术等。在接近时,如果溺水者具有一定的意识,则应保持一定的安全距离。救生员可根据现场情况采取以下接近技术。

1. 背面接近救生技术

背面接近是较为常用的一种接近溺水者的技术,救生员游至距溺水者1~2米处急停,接近溺水者时,两手从背后托腋,然后一手托腋,另一手从溺水者的肩部向下夹胸或双手托腋下。

2. 侧面接近救生技术

侧面接近救生技术是当溺水者尚未下沉,两手在水面上挥舞挣扎时采用的接近技术。救生员游至距溺水者3米处,转向溺水者侧面游进,看准并果断用右手抓住溺水者近侧手腕部,将溺水者拉向救生员的胸前,救生员用左手夹胸或双手托腋下。

3. 正面接近救生技术

正面接近救生技术是在无法采用背面和侧面接近的情况下采用的接近技术。救生员入水后,游至离溺水者3米左右急停,下潜至溺水者髋部以下,双手扶溺水者髋部,将溺水者转体180°。然后,右手托腋,另一手夹胸或双手托腋下。

4. 溺水者沉底救生技术

在接近时可直接下潜至溺水者身旁,双手托腋,脚蹬池底,将溺水者拖出水面。然后,一手托腋,另一手夹胸拖带,或双手拖腋下拖带。

5. 注意事项

(1)接近时,应采用速度较快的抬头爬泳,以便观察溺水者。
(2)接近时,要尽量避免与溺水者正面接触。
(3)在接近正在水中挣扎的溺水者或成功控制住有意识的溺水者后,用语言引导溺水者保持冷静,以便救助。
(4)托腋夹胸时,救生员手臂着力点应在溺水者的胸和腋下,不应掐溺水者的颈部。
(5)根据经验判断,如果溺水者处于没有意识状态,则应迅速接近,立即施救。
(6)在下潜施救时,应注重调整好呼吸,保证体力。

知识拓展

寻找技术

当溺水者沉没到水底时,救生员需要采取相应的措施尽快寻找到溺水者,并将其救出。寻找技术有如下几种。

(1)圆形寻找:以某个点作为圆心,搜索的线路作为圆弧形,做弧形搜索。当露出水面换气然后第二次潜入水中时,应退后1米左右,以免上下换气而漏看。

(2)"之"字形寻找:救生员根据自身憋气时间的长短决定搜索的距离,在换气折返时,应以某个标志作为参照物。

(3)排列型寻找:多名救生员一字排列,相距在可视范围之内,并以憋气实践最短的救生员或某个参照物为基准,平行搜索。

(三)解脱技术

当施救者被溺水者抓抱时,为了解脱所采取的相应的合理技术动作即为解脱技术。解脱技术不仅能够摆脱溺水者的抓抱,还能够有效控制溺水者。解脱的方法包括:转腕、扳手指、反扭关节、推击等。其主要包括以下几方面的技术。

1. 单手(臂)被抓解脱法

(1)转腕解脱法

以右手为例,当救生员右手被溺水者右手抓住时,可转腕外翻下压,并用右手及时抓住溺水者的右手腕部向右拉出,使溺水者背贴救生员前胸,从而有效控制溺水者。

(2)推击解脱法

以左手为例,当救生员左手被溺水者的右手抓住时,救生员可用右手虎口推击溺水者的右手腕部,推击要迅速、有力。解脱后,应紧握溺水者的右手腕部,并及时握溺水者右手向右侧拉出,使溺水者背贴救生员前胸,从而有效控制溺水者。

2. 交叉手被抓解脱法

以左臂在上为例,救生员用左臂肘部,撞击溺水者的左手腕部,使自己的左手解脱,然后转腕解脱右手,并趁势将溺水者向右侧拉出,使溺水者背贴救生员前胸,从而有效控制溺水者。

3. 单手被双手抓握解脱法

以左手为例,救生员的左前臂被溺水者双手抓握时,救生员右手虎口向下,用力撞击溺水者的右手腕部,使溺水者松开一手,并紧握溺水者右手腕,然后,救生员上身前倾,以右上臂近肘处回击溺水者左手腕部,使致全部解脱,并趁势将溺水者的右手向救生员自己的右侧拉出,及时将溺水者转体至背贴救生员前胸,然后有效控制溺水者。

游泳救生及水上运动

4. 颈部被抱持解脱法

（1）上推双肘解脱法

当被溺水者抱住颈部时，救生员要及时内收下颌，以防止气管被夹住。救生员下沉，双手上推溺水者的双肘关节，同时头部下抽，趁势抓握住溺水者的手腕，溺水者转至背贴救生员前胸，然后有效控制溺水者。

（2）压腕上推单肘解脱法

以背面颈部被抱持为例，救生员应内收下颌，以防止气管被夹住，同时分清溺水者哪只手压在上面。而后救生员上举双手，如溺水者左手在上时，救生员用右手紧压溺水者的左手腕部，左手上推溺水者左肘部，自己的头部也随之从溺水者左侧转出。然后救生员用右手抓紧溺水者的右手臂肘部，将其拉向救生员胸前，有效控制住溺水者。

5. 腰部正面被抱持解脱法

救生员正面双臂肘部关节以下和躯干同时被抱持时，则先臀部后顶，双臂前推，含胸收腹，趁隙抽出一手对溺水者，夹鼻、盖嘴、托颌，使其头部后仰；一手移至溺水者后腰抱紧，并用力向自己方向压，迫使溺水者松开双手，然后及时将溺水者转体至背贴救生员前胸，从而有效控制溺水者。

6. 腰部背面被抱持解脱法

（1）扳指解脱法

先分清溺水者抱持时哪一只手在外，如溺水者手指交叉锁住救生员时，可同时做扳指解脱动作。先扳溺水者外侧手的手指，使之松开后用力外展的同时，外扳另一手的手指并用力外展，使两臂呈侧平举。救生员向右下方下沉，两手前带，从溺水者右腋下移至其背后，然后右手向右拖带溺水者，左手夹胸控制住溺水者。

（2）弓身抽手扳指解脱法

救生员背面双臂肘部关节以下和躯干同时被抱持时，则先臀部后顶双臂前推，含胸收腹，趁隙先后抽出两臂，再采用扳指法解脱。

（3）屈肘扩张解脱法

救生员先做两臂屈肘同时往两侧做扩张动作，使两臂被可松解，然后视被抱持松紧程度，及时采用上推双肘法或压腕上推单肘法解脱。

7. 抓发解脱法

（1）压腕扳指解脱法

溺水者用手抓住救生员的头发，救生员一手紧握溺水者抓发手的手腕，另一手则扳拉溺水者抓发手的手指；同时，救生员的头部向扳拉手指方向倾斜，迫使抓发手松开。解脱后，及时将溺水者转体至背贴救生员前胸，有效控制溺水者。

(2)压掌推肘解脱法

溺水者用手抓住救生员的头发,救生员一手紧握溺水者抓发手的手腕,另一手则用力向溺水者的头部方向推击其肘部,迫使抓发手松开。解脱后,及时将溺水者转体至背贴救生员前胸,有效控制溺水者。

8. 正面双腿被抱持解脱法

手法同正、背面腰部被抱持解脱方法,只是使用正面夹鼻推颌方法时,放在后腰的手改放在溺水者的后颈部,尽力使溺水者的头部后仰。

9. 双人抱持解脱法

(1)夹胸蹬离解脱法

在解脱前,救生员需认清抱持的两个人中谁是溺水者,然后一手由溺水者肩上方,经前胸插入溺水者另一侧腋下夹胸,同时一脚紧贴被抱持人胸部,用柔力蹬离,以免被抱持人受伤。当两人的肩部松离时,再提起一脚(与夹胸手同侧)紧贴被抱持人胸部,将被抱持人蹬离解脱。

(2)托双腋蹬离解脱法

在解脱前,救生员需认清抱持的两个人中谁是溺水者,然后双手插入溺水者的两腋下,提起一脚紧贴被抱持人胸部,用柔力将被抱持人蹬离解脱。

10. 注意事项

当被抓、抱持后,救生员应保持冷静。切勿在还未搞清自己是怎样被抱持时,就匆忙做解脱动作。

(1)解脱动作应迅速、有效,用力适当,以免伤害溺水者。

(2)解脱后,应及时、有效地控制溺水者,以便拖带。

(3)在进行双人解脱时,应先确认谁是溺水者,再进行解脱。

(四)拖带技术

拖带技术是救生员在救生员将溺水者从泳池中拖带上岸的一种技术,应以最快的速度将溺水者的脸部露出水面。拖带技术具体包括以下几方面。

1. 托腋拖带技术

托腋拖带技术是较常用的一种拖带技术,比较省力,易于控制溺水者。救生员双手托住溺水者的双腋下,用反蛙泳腿技术进行拖带。

2. 夹胸拖带技术

当救生员相对较为高大,溺水者较小时,可采用夹胸拖带技术。

夹胸拖带技术较适用于身材高大的救生员拖带矮小的溺水者。以右臂为例,救生员右臂由溺水者的右肩上穿过,上臂和肘紧贴溺水者胸部,右腋紧贴溺水者右肩,右手抄于溺水者的左腋下,并以此为拖带的用力点。在运送过程中,救生员可用右髋顶住溺水者的腰背部,使溺水者保持水平位置,便于拖带。救生员可以根据自己的技术特长,采用蛙泳腿或侧泳腿技术。

3. 托枕拖带技术

托枕拖带技术不适用于疑似颈部受伤者。救生员用左(右)手托住溺水者的后脑(枕部),用力握住枕部两侧,采用侧泳或反蛙泳游进。

4. 托颌拖带技术

救生员双手托住溺水者的下颌骨两侧,使溺水者的口鼻始终保持在水面上,用反蛙泳技术游进。

5. 双人拖带技术

两名救生员用靠近溺水者一侧的手臂拖住溺水者的腋下用侧泳技术游进。

6. 注意事项

(1)拖带过程中,要始终保持溺水者口鼻露出水面。
(2)运用夹胸拖带和双手托颌拖带技术时,注意不要压迫溺水者的颈部。
(3)拖带时要控制好溺水者,不能脱手,并选择最短的距离上岸。

(五)上岸技术

由于泳池的建筑结构和溺水者的受伤情况不同,上岸的技术也各有区别。

1. 单人上岸技术

在游泳池的深水区,将溺水者拖带至池边时,可以采用单人上岸技术。以左手到边为例。
(1)救生员将溺水者拖带至池边,先用左手抓池边定位,再将溺水者移至池边。
(2)救生员用右手将溺水者左手压在池边。然后左手移压在溺水者的左手背上,腾出右手。
(3)救生员用右手抓住溺水者的右手,移至与溺水者的左手重叠,并用右手将溺水者的双手紧压在池边,左手抓攀池边,在溺水者的左侧上岸。
(4)救生员上岸后,右手不能离开溺水者重叠的双手并右转呈面对溺水者。然后救生员用左手紧抓溺水者左腕,右手抓握溺水者右腕。
(5)救生员紧抓溺水者手腕稍上提,使溺水者转体180°呈背对池边。
(6)救生员双脚开立,双手先将溺水者向上预提一下(利用水的浮力),然后用力将溺水者上提,使其臀部高于池面后,移至池岸。

(7)救生员右手紧抓溺水者右手上提,防止其倒下,脱出左手移至溺水者颈背部或腋下保护溺水者。

(8)救生员用右手将溺水者的双腿在原地旋转180°,让溺水者呈仰卧姿势。

2. 双人上岸技术

(1)救生员将溺水者拖带至池边后,以夹胸的右手顺着溺水者的左手臂移至握紧并交给在池岸上接应的救生员,接应救生员用左手反握溺水者的左手腕部。

(2)水中的救生员握住溺水者的右手前臂上举,接应救生员右手抓握并使溺水者背对池岸。

(3)接应救生员将溺水者向上预提,放下后再用力上提,水中救生员可协助上托溺水者上岸,将溺水者放平呈仰卧姿势。

(六)运送技术

运送是指救生员将溺水者送至现场急救室或邻近医院的一项专门技术。运送主要采用以下几种技术。

1. 肩背技术

(1)救生员半蹲在溺水者身体左侧,右手臂托溺水者颈背部,将其上身扶起。

(2)救生员右脚插入溺水者两腿之间,面对溺水者。左手从溺水者右腋下穿至溺水者背后,右手从溺水者左腋下穿过至溺水者背后,与左手手指交叉锁紧,双臂夹住溺水者。

(3)救生员两臂用力将溺水者托起,左脚后退一步成右弓步,将溺水者抱"坐"于右大腿上。

(4)救生员右臂在溺水者的背部用力,使其贴靠在自己胸前,腾出左手紧握溺水者的右手腕;然后头部由其右腋下钻过,以颈部将溺水者挂靠保护,腾出右手。

(5)救生员降低重心以右手插入溺水者两腿间,向上搂抱,左手顺势左拉,使溺水者俯卧在救生员的肩背上。

(6)救生员用右手将溺水者右腿紧夹在右胸前,右手紧抓其右上臂,左手扶撑在自己的左膝,用力站直,然后,左手后上举,保护溺水者的头部,防止在运送过程中与障碍物、墙边等发生碰撞。

注意事项:

肩背时,如有其他救生员在旁接应配合,则一人按肩背技术操作,另一人"上托坐腿""抄裆上肩""肩背直立"予以帮助和配合。

2. 放下技术

(1)第一种方法

①救生员左手仍紧抓溺水者的右臂,将其挂靠在颈背部保护好;抽出右手,插入溺水者的

左腋下,至背后紧抱保护。

②然后,救生员头部从溺水者的右腋下抽出,左手从其右腋下插至后背与右手手指交叉锁紧,双臂夹抱溺水者。

③救生员左脚上前一步,双臂托住溺水者,缓慢放下,使溺水者"坐"于地面。

④救生员抽出左手,放在溺水者颈后托扶头部;然后,将溺水者缓缓放平躺在地面或急救板上。

(2)第二种方法

①②同第一种方法。

③救生员双手手指交叉锁紧,双臂夹抱溺水者,向左转体90°,重心移到左腿。

④将溺水者缓缓放平,右手仍护住后背,左手抽出保护溺水者颈部。

⑤使其平躺在地面或急救板上。

3. 其他运送技术

担架、木板等工具也可用于运送。

知识拓展

2014年11月4日至11月9日,由国家体育总局游泳运动管理中心、中国救生协会主办的第十六届全国救生锦标赛在上海举行。本次比赛全国共有38支代表队、322名运动员参加,最终广西体育行业特有工种职业技能鉴定站首次组队参赛即以3金5银7铜的战绩勇夺团体总分第一。竞赛有12大项目,包括:男、女50米假人救生、200米障碍游泳(成人组为100米障碍游泳)、100米脚蹼假人救生、100米混合救生、100米浮标救生、200米超级救生、50米救生全能赛、4×25米运送假人接力、4×50米混合救生接力、4×50米障碍游泳接力、抛绳救生(每队2人)、模拟救生(每队4人,不分年龄、性别)。全国共有38支代表队、322名运动员参加。通过开展该项竞赛活动,不仅加强了游泳救生技术的交流和发展,还在一定程度上推动了更多的人了解和掌握游泳救生的相关知识,有效推动了我国游泳救生活动的广泛开展。

三、脊髓受伤的处理

(一)脊髓损伤的常规处理

对于疑似脊髓损伤的溺水者,应按照脊柱骨折进行急救和搬运。对合并有休克或其他部位脏器受伤的溺水者,应根据患者呼吸、循环等情况,给予相应急救处理,并按正确搬运方法送医院治疗。

1. 搬运

搬运时，以使用急救板或平板为最好。移动溺水者时，如在上下担架时，动作应小心谨慎，抬担架的人应做到动作协调一致，统一行动。在搬动颈椎受伤患者时，先带好颈托固定患者颈部；如没有颈托，应有一人固定患者颈部。切忌一人扛上身，一人抬大腿，或使用凉椅、藤椅之类使躯干弯曲的工具进行运送，这样可能使得溺水者脊髓损伤加重。

2. 颈托的使用

颈托是用来固定怀疑颈椎受伤的游泳者。在使用颈托时，对不同体型的受伤者，必须严格地选择合适的尺码。

(1) 救生员应小心地将其颈部置于"正中位"，即头部仰至嘴角和耳垂的连线与地面垂直，鼻尖与肚脐呈一直线。

(2) 救生员用手指度量受伤者由下颌骨下方到肩部的距离，然后调整至适合受伤者的颈部尺寸。

(3) 将颈托小心地穿入受伤者的后颈，然后，慢慢地将下颌垫小圆点与受伤者的下颌尖吻合。

注意事项：

(1) 移动受伤者头至"正中位"时，如遇到阻力或受伤者感到疼痛时，应立即停止移动。

(2) 固定之后，在进行搬运等其他动作时，应该始终留意受伤者颈部的姿势是否保持在"正中位"。

(3) 切记颈托只能协助防止颈椎移动，并不能完全将颈椎固定在安全位置。

(二) 脊椎损伤的陆上处理

1. 器材和基本技术要求

(1) 准备急救板、颈托等急救设备。

(2) 救生员固定溺水者颈部时，应先固定自己双手肘关节，然后再扶头部。

(3) 必须始终保持溺水者的头部在"正中位"。

(4) 在移动溺水者前，须与其他协助救援的救生员明确所转动或移动的方向，然后再实施。

2. 颈部的固定技术

(1) 头锁法

双膝跪在溺水者头顶后方，并与其身体成一直线；先固定双手肘关节，可支撑在大腿上或地面上；两手掌放在溺水者头部两侧，拇指轻按前额，食、中指按面颊，无名指和小指放在耳下，但不要超过耳垂。如果溺水者身体处于未固定状态，则头锁法不能够使用。

(2)斜方肌挤压法

双膝跪在溺水者头顶后方,并与其身体成一直线;固定双手肘关节,双手虎口张开,在溺水者头部两侧插入肩下至斜方肌,掌心向上,压紧斜方肌;用双手前臂紧贴溺水者头部两侧,使其固定。在移动其身体时,应用前臂稳固其颈部。

(3)改良斜方肌挤压法

双膝跪在溺水者头顶后方,并与其身体成一直线;固定双手肘关节,一手用斜方肌挤压法锁紧其斜方肌,另一手则用头锁固定法固定溺水者的颈部;手掌与前臂须同时用力将其颈部固定。

注意事项:

在转动溺水者时,须一手固定在地上或膝上。若另一手关节需要离开地面或膝部时,则应尽量将手臂紧贴身体。

(4)胸背固定法

站在溺水者的侧面,将肘关节与前臂放在溺水者胸骨上,虎口张开,拇指及食指分别按压其面颊;另一手臂放在其背部脊椎骨上,手掌托住后枕,手指锁紧头部。

(5)头胸固定法

在溺水者一侧头肩位置,双膝跪在地上;肘关节和前臂放在溺水者的胸骨上,手掌放在溺水者面颊上;另一手先固定肘关节,然后手掌放在溺水者额头上,稳固地施压,避免头及颈部移动。在按压时,不能捂住溺水者的口鼻,以免影响其呼吸。

以上几种方法在使用颈托和急救板固定溺水者时,交替使用。在双人交替配合时,当接替者已稳固,并有明确的口令后,方可松手。

(三)脊椎损伤的水中处理

1. 脊椎损伤水中处理的程序

(1)当发生脊椎受伤时,首先应固定溺水者的颈部。
(2)确认溺水者清醒程度,检查呼吸。若有呼吸,则将其固定在急救板上,运送上岸。
(3)若没有呼吸,尽快将其运送上岸,根据溺水者的情况进行急救。
(4)呼叫专业救护人员到场。

2. 脊椎损伤水中处理的一般方法

(1)减少溺水者颈部和脊柱的移动。如怀疑颈部损伤,应及时固定并使其头部与身体成一直线。
(2)保持溺水者面部在水面之上。
(3)检查溺水者的知觉和呼吸。若没有呼吸,尽快将其运送上岸,施行人工呼吸。
(4)尽可能地将溺水者移至浅水区。若一定要在深水区施救,则可利用浮物帮助溺水者和救生员。

(5)利用急救板固定溺水者时,可先将其胸部固定在板上,然后固定其颈部和身体的其他部位。

(6)将溺水者运送上岸,继续进行施救。

3. 水中颈部固定技术

(1)手钳固定法

①溺水者俯卧位

以救生员在溺水者右侧为例。救生员游近溺水者身旁,左手固定其颈部,使其头颈与身体成一直线;右手肘关节紧贴溺水者胸部,虎口张开,拇指及食指分别按压其面颊;左手肘关节紧贴溺水者背部,手掌紧托其后枕;然后向上翻转溺水者,使其面部朝上露出水面。

注意事项:

先用肘关节固定溺水者身体,然后用手掌和手指固定其头颈部;翻转溺水者时,需在水面进行,切勿将溺水者压入水中;手握溺水者下颌时,应避免完全封住其口鼻。

②溺水者仰卧位

救生员用与①相同的方法固定溺水者的头颈与身体,但要先用水下的手固定溺水者的背部和后枕,然后再用另一手固定其胸部和下颌。

注意事项:

先用下面的手固定溺水者背部和后枕,然后用上面的手固定胸部和下颌;手握溺水者下颌时,应避免完全封闭口鼻。

(2)手臂固定法

救生员接近溺水者时抓紧溺水者的上臂处(用同侧手抓),使双臂向前伸展并固定其头部;保持头颈部与身体成一直线;然后缓缓地向前推进使其整个身体浮在水面上;最后将溺水者向自己身体一侧翻转,使其面部朝上;救生员用手臂托住溺水者两臂,继续使溺水者颈部与身体成一直线。

注意事项:

双臂应尽量向前伸直并固定其头部;翻转后使溺水者颈部与身体成一直线。

4. 上岸方法

当救生员在水中固定溺水者之后,应尽快将其运送上岸,采取进一步的急救措施。

(1)有急救板固定的运送法

用急救板固定和运送溺水者至少需要两名救生员。若救生员人数充足,则拯救行动更容易、更快捷。

①水中固定方法

救生员(甲)先用双手固定溺水者颈部,救生员(乙)从侧面把急救板垂直压入水中,放在溺水者身下。当救生员(甲)利用头锁法固定溺水者的颈部后,救生员(丙)用固定带固定溺水者胸部(两手臂不应固定在内)、腰部(两手臂应固定在内)。救生员(丁)固定溺水者脚部时,固定带应从脚底绕"8"字形固定,以防上岸时溺水者下滑。到池边时,救生员(丙)用手捏住溺水者下颌,帮助固定头颈部。救生员(甲)趁机抽出左手,救生员(乙)帮助溺水者佩带头部固定器。

②上岸方法

将急救板移至浅水池边,顶部与池边呈 90°角;两名救生员站在急救板两侧,将顶部缓缓抬上岸;一名救生员快速上岸拉板顶部,另一名救生员在水中推板尾部。

注意事项:

上抬时用力均匀、平衡,保持一致;一名救生员先移至尾部,另一名救生员快速上岸。

(2)无急救板固定法

需要有 5 名救生员协同合作。救生员(甲)先用手钳或手臂固定法将溺水者拖至浅水处,使溺水者与池边平行。在水中,乙、丙、丁号救生员用前臂将溺水者托至与岸齐平,掌心向下紧抓岸边;救生员(甲)发出口令,众人同时发力将溺水者抬上岸。岸上的救生员替换救生员(甲)固定溺水者颈部;当溺水者完全放到岸上后,丁、丙、乙号救生员依次将手臂从溺水者背后抽出,此时,岸上的救生员须继续固定溺水者颈部。

注意事项:

①一切行动听从救生员(甲)的指挥。

②岸上救生员替换救生员(甲)时,注意应使溺水者颈部保持原状。

③救生员按照从脚到胸的顺序将手臂抽出。

第四节 紧急心肺复苏技术

在游泳救生过程中,紧急心肺复苏是对心跳和呼吸停止的溺水者所采取的抢救措施。一般心肺复苏技术包括 3 大要素,即人工呼吸、胸外按压以及体外除颤。本节对紧急心肺复苏技术进行了研究,并对实施过程中的注意事项进行了分析。

一、心肺复苏的过程

(一)基础生命支持阶段

溺水后 4 分钟内的初始处理阶段为基础生命支持阶段,包括畅通气道、人工呼吸、建立循环 3 个步骤,以维持有效的呼吸和循环,为尽快转送到医疗单位创造条件。初始处理阶段在心肺复苏中占重要地位,是心肺复苏成功的第一步。

(二)高级生命支持阶段

高级生命支持阶段为心跳骤停后 5～10 分钟内的第二个处理阶段,此阶段为复苏或高级生命支持阶段。一般在医疗单位中进行。包括建立静脉输液管道、药物治疗、电除颤、气管插管、机械呼吸等一系列维持和监测心肺功能的措施。

(三)后续生命支持阶段

后续生命支持阶段也称后期生命维持阶段,是继第二个阶段之后,以脑复苏为重点的心肺脑复苏工作。在继续维持心肺功能的基础上尽快实现脑复苏。

知识拓展

如果人的心搏骤停而没有得到及时的抢救复苏,在 4～6 分钟后会造成患者脑和其他人体重要器官组织的不可逆的损害,因此心搏骤停后的心肺复苏(Cardiopulmonary Resuscitation,简称 CRP)必须在现场立即进行。现场心肺复苏是针对心跳、呼吸骤停的患者所采取的最初级、最基本的心肺复苏技术,是最基础的生命支持,是挽救生命的重要阶段,也是现场的、初期的、及时的,在没有任何设备的情况下,是有效的徒手抢救基本措施。现场心肺复苏技术主要为徒手操作,在许多场合下这是唯一实用的有效方法。需要注意的是,由于儿童的解剖、生理及发育等与成人不同,儿童(8 岁以下)与成人 CRP 的徒手操作有较大差异。

二、心肺复苏的有效指标

心肺复苏的正确操作,主要靠平时严格操练,掌握正确的方法。心肺复苏的有效标志是:除可触摸到大动脉开始搏动外,同时也应出现脑复苏的征象。而在急救中判断复苏是否有效,可以根据以下 4 个方面综合考虑。

(1)瞳孔:复苏有效时,可见瞳孔由大变小。如瞳孔由小变大、固定、角膜浑浊,则说明复苏无效。

(2)面色:复苏有效时,可见面色由紫绀转为红润,手足温度略有回升。如溺水者面色变为灰白,则说明复苏无效。

(3)颈动脉搏动:按压有效时,每一次按压可以摸到一次搏动;如停止按压,搏动亦消失,应继续进行心脏按压。如停止按压后脉搏仍然跳动,则说明溺水者心跳已恢复。按压时,如有条件可监测血压,一般在 60/40 毫米汞柱左右。

(4)神态:复苏有效时,可见溺水者有眼球活动,睫毛反射与对光反射出现,甚至手脚开始抽动,肌张力增加。

三、终止心肺复苏的条件

心肺复苏的目标是挽救生命、缓解痛苦、减少病残和使"临床死亡"的溺水者逆转。在现场抢救中应坚持连续进行心肺复苏,不能轻易地作出停止复苏的决定。

心肺复苏的终止条件有以下几种。

(1)自主呼吸及心跳已恢复良好。

(2)有其他人接替抢救,或有医师到场承担了复苏工作。

(3)有医师到场,确定溺水者已死亡。

在将溺水者用救护车运送去医院的途中,也必须坚持持续不断地做心肺复苏,并保证心肺复苏的质量。

四、心肺复苏的操作步骤及方法

心肺复苏是挽救溺水者生命的最初阶段,如果操作不及时或方法错误,将导致整个复苏措施的失败。因此,救生员在游泳池发现溺水者时,应该首先判断溺水的严重程度,并采取合理的评估和处置措施。心肺复苏必须严格按照以下步骤实施:判断意识→打开气道→人工呼吸→人工循环→紧急止血→保护脊柱。

(一)判断心搏、呼吸是否骤停和呼吸道是否畅通

1. 判断溺水者意识

救生员将溺水者施救上岸后,可摇动其肩部并大声呼唤,以试其反应,摇动肩部不可用力过猛,以防加重骨折患者的病症。

2. 使溺水者保持急救体位

将溺水者放置仰卧位,并使其头颈部与躯干成一条直线,且头部不能高于心脏的位置,双手置于躯干两侧。

3. 打开溺水者的气道

呼吸道又称气道。溺水者处于无意识状态时舌肌和会厌后坠以及呼吸道中的异物可能会阻塞气道,所以气道开放至关重要,是复苏的首要环节。呕吐是心肺复苏过程中一个较为特殊的问题。在打开气道以前,首先应该清理呼吸道内的异物,包括口腔内的分泌物、血液或者呕吐物等,最好使用吸引器予以吸除,如现场无此设备,则采用手指清除法。

采用手指清除法时可将溺水者头部后仰并转向一侧，利用毛巾、指套或纱布保护好食指、中指，再抠出口腔内的阻塞物。

（1）仰头抬颌法

救生员一手置于溺水者前额，手掌用力向后压，使溺水者头部后仰，其呼吸道即可有不同程度的伸展，梗阻也可能会得到减轻。然后用另一只手的食指和中指向前上抬起溺水者的下颌。这样可以使其已经后坠而抵达咽后壁的舌根与会厌软骨远离咽后壁，从而解除上呼吸道梗阻。若怀疑溺水者有颈部创伤，则禁止使用这种方法。切忌手指压迫颌骨下的软组织并使头部过度后仰。

（2）推举下颌法

救生员以双肘支撑，双手置于溺水者头部两侧，拇指置于溺水者口角或下唇部，余指紧握其下颌角处。然后双手抬举，使溺水者下颌向前上移位。对于已经明确或者怀疑溺水者有颈部创伤的情况下，此方法是最安全、最简单的。

4. 判断溺水者是否有呼吸

如果溺水者无反应，打开气道后救生员应判断溺水者是否无呼吸或通气不足。在开放气道的情况下，通过看、听、感觉、观察判断溺水者有无呼吸活动。保持开放气道位置，用耳贴近溺水者口鼻，头部侧向溺水者胸部，眼睛观察溺水者胸部有无起伏，面部感觉溺水者呼吸道有无气体排出，耳听溺水者呼吸道有无气流通过的声音。

判断溺水者是否有呼吸的注意事项：
（1）保持气道开放位置。
（2）检查时间为5～10秒钟时间。
（3）有呼吸且无脊椎损伤时，注意保持气道畅通。
（4）无呼吸或呼吸异常时，应当立即实施人工通气，即吹气2次。
（5）有部分溺水者因呼吸道不畅通而发生窒息，最终呼吸和心搏都停止。如果能够使其呼吸道保持畅通，则往往能够恢复呼吸和心搏。

（二）人工呼吸

在确定溺水者无呼吸后，应立即进行呼吸支持。目前常用的通气方法主要有口对器械（如隔离膜、面罩）、球囊—面罩、口对口、口对鼻、气管插管以及其他替代性的、非侵袭性的先进开放气道技术（包括喉罩通气、食管气管联合导管、咽气管腔通气管以及充气口咽通气管）等。

对于基本生命支持阶段的心肺复苏，人工呼吸的方法分别有下列几种，救生员可以根据自身与溺水者的具体情况，即现场的具体条件选择使用。

1. 口对面罩人工呼吸

使用时将面罩置于溺水者面部，施救者用双手拇指与食指围绕面罩边缘向面部方向施压以形成完整的密闭空间，其余手指下压前额并推举下颌角使其头部后仰（疑有颈椎损伤的溺水者禁止仰头伸颈)以开放气道,施救者吸气后,口含面罩向溺水者吹气。

使用面罩时,应选择适合于溺水者面部大小的型号:面罩封严面部,同时罩住口鼻,密切观察胃的反流物。

2. 球囊—面罩人工呼吸

球囊—面罩的使用方法类似于口对面罩人工呼吸,只是用手捏充气气囊代替以口向溺水者吹气,这是一种成熟的人工正压通气方式。这种装置由一个手动充气气囊及一个不可逆流的单向阀门连接在通气口罩上组成(图 8-5),有的还附有氧气接头以提高吸入气体的氧气浓度。使用球囊—面罩通气是一项复杂的人工呼吸技术,要求实施者有一定的实践经验。若不经常使用或者演练,则很难掌握并保持这一技术。

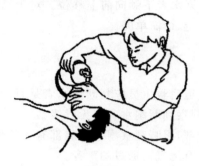

图 8-5

3. 口对口人工呼吸

吹气量与吹气频率、吹气速度是决定复苏效果的主要因素。首先应保持溺水者的呼吸道通畅开放,以拇指与食指捏住溺水者鼻翼而封闭其鼻腔,以免吹入气体从此溢出。然后救生员吸一口气,用自己的口唇包住并紧贴溺水者口唇,将吸入气缓慢、均匀地吹入溺水者口内,使之直达肺部。

在进行口对口人工呼吸时的注意事项:

(1)做口对口呼吸前,应先尽量清除呼吸道内的异物。

(2)在进行口对口人工呼吸时,如有条件可垫上一层医用纱布或薄的织物。

(3)每次吹气的量不要过大,范围在 700～1 000 毫升为宜。

(4)每按压胸部 30 次后,吹气两次,即为 30∶2 的比例进行。

(5)有脉搏无呼吸者,每 6～8 秒吹气一次。

(6)如果溺水者有传染病、服毒或是口部严重受损,不宜直接进行口对口人工呼吸,可用单向呼吸阀或专用的面罩进行人工呼吸。

4. 口对鼻人工呼吸

口对鼻人工呼吸主要用于不能经溺水者的口部进行通气者。如溺水者的口不能张开(牙关紧闭),口部严重受损或救生员的口部不能完全紧密地包住溺水者的口唇等。操作时,一手按于溺水者前额,使其头部后仰,另一手抬起溺水者的下颌,并使口部闭住。施救者吸气后,用嘴封罩住溺水者的鼻部,吹气后离开鼻子,让呼气自动排出。

(三)人工循环

1. 检查溺水者有无脉搏

溺水者心搏停止后,脉搏亦随即消失。判断溺水者是否有脉搏,最佳途径就是触摸溺水者的颈动脉。颈动脉位置靠近心脏,容易反映心搏的情况。操作时,救生员用一只手置于溺水者前额使其头部后仰,另一只手的食指、中指在甲状软骨下摸到气管后,手指向外滑动,在气管与颈部肌肉之间的凹沟内即可以触及颈动脉(图8-6)。

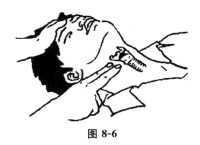

图 8-6

检查溺水者有无脉搏的注意事项:
(1)触摸颈动脉不能用力过大,以免影响颈动脉的头部供血。
(2)检查的时间应快速、准确,一般不要超过10秒钟。
(3)未能够触及搏动表明心搏已经停止,应注意避免触摸感觉错误。
(4)应根据情况进行综合判断,如无意识,皮肤呈紫绀,双侧瞳孔散大,再加上触不到脉搏,即可判定心搏已经停止。
(5)如果不能够肯定是否有循环,则应立即开始胸外按压。

2. 胸外心脏按压

(1)寻找按压区域

先将一手的中指沿溺水者的胸廓下部肋缘向上滑动,摸到肋弓和剑突交点处(即胸骨下切迹),食指并拢中指。另一手掌根部沿胸骨下滑一直碰到食指。该手掌中心部位应该是胸骨下1/2段的中点。以食指、中指沿溺水者肋弓处向中间滑移,在两侧肋弓交点处寻找胸骨下切迹,然后将食指及中指横放在胸骨下切迹上方,食指上方的胸骨正中部即为按压区;以另一手的掌根部紧贴食指上方。再将定位手移走,以掌根重叠放于另一手手背上,手指脱离胸壁,可采用两手手指交叉抬起法。

(2)按压方式

救生员双臂应绷直,双肩在溺水者胸骨上方正中,垂直向下用力按压,以髋关节为支点,以肩、臂部力量向下按压(图8-7)。

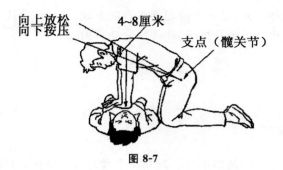

图 8-7

(3) 按压的用力方式

①按压应平稳、有节奏地进行，不能间断。
②不能冲击式地猛压，下压及向上放松的时间应相等。
③向下垂直用力，不要左右摆动。
④放松时定位的手掌根部不要离开胸骨定位点，但应尽量放松，勿使胸骨不受任何压力。

(4) 按压频率：100 次／分。

(5) 按压深度：成人溺水者 4～5 厘米。按压时应随时注意有无肋骨或胸骨骨折。5 组或每 2 分钟轮换一次。

胸外心脏按压是否有效，其决定因素有：按压部位、按压频率、按压力度以及按压与放松时间比例。

3. 注意事项

(1) 按压时手指不要压在胸壁上，否则容易引起肋骨或肋软骨交界处骨折。
(2) 按压定位要准确。向下错位易使剑突受压折断而致肝破裂，向两侧错位易致肋骨或肋软骨交界处骨折，导致气胸、血胸。
(3) 按压时肘部弯曲会导致用力不垂直，减弱按压力量，使按压深度达不到 4～5 厘米。
(4) 冲击式按压、猛压效果差且易导致骨折。
(5) 放松抬手时不要离开胸骨定位点，否则易造成下次按压部位错误，引起骨折。
(6) 放松时未能使胸部充分松弛会使胸部仍承受压力，使血液难以回到心脏。
(7) 按压速度不自主地加快或减慢会影响按压效果。
(8) 两手掌应交叉放置。
(9) 溺水者应仰卧于硬性物质上，以保证按压胸骨时身体不会移动。

人工循环的方法除了有胸外压放心脏法之外，还有俯卧压背法和仰卧举臂压胸法等。在急救过程中，可将人工呼吸法与人工循环法相结合，同时进行。

(四) 检查有无出血和紧急止血

出血是游泳者经常碰到的一个现象。由于身体长时间浸泡在水中，表层皮肤容易开裂而造成划伤出血。所以，应及时检查溺水者身体有无出血。按照出血的种类，可以分成动脉出血、静脉出血、毛细血管出血(表8-10)。

表8-10 出血部位和临床表现

出血部位	临床表现
动脉出血	血液颜色鲜红,出血呈喷射状,血液自近心端随脉动而冲出,失血量随血管大小而不同
静脉出血	血液颜色呈暗红,自伤口远心端涌出或缓慢流出,若破裂血管较大,也可能危及生命
毛细血管出血	随出血血管距离动静脉远近的不同,血液颜色可自鲜红过渡至暗红色,呈点状成片状渗出,出血量较少,多可自愈

1. 止血方法

可采用加压包扎、指压、强屈关节、止血带结扎、外用药物等止血法。

2. 固定

所有的四肢骨折均应作临时固定,目的在于限制受伤部位的活动度,从而减轻疼痛,避免骨折断端因摩擦而损伤血管、神经乃至重要脏器。

五、除颤

早期除颤对于恢复心跳至关重要,3～5分钟内快速除颤是先决条件。因为引起心跳骤停的原因是心室纤颤,而治疗室颤的唯一有效方法是除颤。成功除颤的机会转瞬即逝,未行除颤转复室颤的心脏数分钟内就可能转为心脏停搏。虽然徒手心肺复苏可以暂时维持脑和心脏循环功能,但徒手心肺复苏技术并不能将室颤转为正常心律。因此,要判断是否进行除颤又是其中的关键。

除颤原则:要求施救人员应该携带除颤器,对有义务实施徒手心肺复苏的施救者都应该进行正规培训,并授权急救人员可以进行电除颤。

徒手除颤可采用胸前捶击的方法,即单手握拳,拳眼向上,用小鱼际侧方在患者胸部正中胸骨中下1/3交界处用力捶击胸壁,捶击高度为20～30厘米。

六、心肺复苏训练中的安全问题

在徒手心肺复苏实际操作和训练中,救生员的自身安全日益引起游泳救生界的重视。救生员在平时训练或考核中,如果依照"一人一次"消毒原则和模型说明书仔细清洗模型,感染艾滋病、乙型肝炎以及细菌和霉菌疾病的可能性很小。

在训练期间,首先不要让唾液或体液留存在模型上。每一名救生员做口对口呼吸前都要进行一次消毒。其次,模型内部的结构,如瓣膜、人工肺、气道等,在训练中也会受到污染,每次使用前都要对其表面和内部组件进行清洗和消毒。

第五节 突发事故自救的方法

在游泳池或者海上陆地活动时,如果出现身体不适的情况,就需要喊"救命",但是如果没有人来帮助,则必须保持冷静,设法自己救自己,这就是自救法。

一、水中意外事故解救法

(一)肌肉痉挛解救法

(1)手指肌肉痉挛解救法。先将手握拳,然后用力张开,伸直,反复做几次后即可消除。
(2)手掌肌肉痉挛解救法。双手合掌向左右按压,反复做几次即可消除。
(3)前臂及上臂前面肌肉痉挛解救法。用一只手抓住痉挛的手尽量向手臂背侧做局部伸腕动作,然后放松,反复做几次即可缓解。
(4)前臂后面肌肉痉挛解救法。用一只手托住患臂的手背,尽量做屈腕动作,然后放松,反复做几次即可缓解。
(5)上臂后面肌肉痉挛解救法。先将痉挛的手臂屈肘向后,用另外一只手托住其肘部弯向后,即可对抗后面的肌肉痉挛,反复做几次即可缓解。
(6)大腿前面肌肉痉挛解救法。用同一侧手抓住痉挛腿的脚,尽量使其向后伸直,反复几次后即可解除。
(7)大腿后面肌肉痉挛解救法。用同一侧手按住膝盖,然后另一只手抓住脚趾,尽量往上抬起,或双手抱住大腿使髋关节做局部的屈曲动作也可缓解。
(8)小腿前面肌肉痉挛解救法。先用一只手抓住脚趾尽量往下压,借以对抗前面肌肉的强直收缩也可缓解。
(9)小腿后面肌肉痉挛解救法。先用一只手按住膝盖,另一只手抓住脚底或脚趾做勾脚动作,并用力向身体方位拉,反复做几次后即可消除。
(10)腹部肌肉痉挛解救法。先在水面挺住一会儿,然后用双手做顺时针按摩,反复做几次即可缓解。

(二)休克解救法

(1)尽可能地现场施救,立即对患者做休克处理,查明休克的原因。
(2)让休克者仰卧,留部分人员施救,周围不要有围观者,以免造成空气不流通。

(3)解除休克者所穿衣物,畅通气道。
(4)把休克者的头侧向一边,以防呕吐物溢出倒流堵住气道而造成窒息。
(5)抬高休克者下肢,让更多的血液回流到脑部,同时可掐休克者人中帮助清醒。
(6)定时观察呼吸及脉搏。
(7)尽快送医院急救,切勿给患者饮食。

(三)出血解救法

直接按压止血法:此法通常在血流量不多的伤口上直接施压,防止继续出血。先检查伤口有无异物,若血量不多可进行清洗消毒,适当地把止血粉敷料盖在伤口上面施压,以助止血。需要注意的是,在没有急救用品时可用衣服作为临时绷带进行止血,要注意包扎的松紧程度。

间接按压止血法:因出血量过多或创面过大,直接按压法不能起到很好的作用,这时可用间接按压法。将伤口近心端动脉压在骨上,减慢其血流速度,使流出血量减少,帮助伤口止血。

(四)骨折解救法

1. 肱骨骨折的固定方法

用两条三角巾和一块夹板将伤肢固定,然后用一条燕尾式三角巾中间悬吊前臂,使两底角向上绕颈部后打结,最后用一条带状三角巾分别经胸背于健侧腋下打结(图8-8)。

图 8-8

2. 肘关节骨折的固定方法

当肘关节弯曲时,用两条带状三角巾和一块夹板将关节固定。当肘关节伸直时,可用一卷绷带和一条三角巾将肘关节固定(图8-9)。

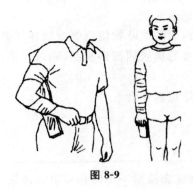

图 8-9

3. 手指骨骨折的固定方法

利用冰棒棍或短筷子作小夹板,另用两片胶布做黏合固定。若无固定棒棍,可以把伤肢黏合固定在健肢上(图 8-10)。

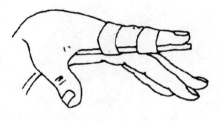

图 8-10

4. 桡、尺骨骨折的固定方法

用一块合适的夹板置于伤肢下面,用两条带状三角巾或绷带将伤肢和夹板固定,再用一条燕尾三角巾悬吊伤肢,最后再用一条带状三角巾的两底边分别绕胸背于健腋下打结固定(图 8-11)。

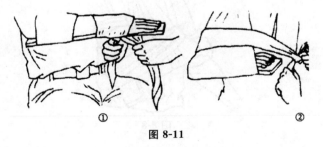

图 8-11

5. 股骨骨折的固定方法

用一块长夹板(长度为伤员的腋下至足跟)放在伤肢侧,另用一块短夹板(长度为会阴至足跟)放在伤肢内侧,至少用 4 条带状三角巾,分别在腋下、腰部、大腿根部及膝部分环绕伤肢包扎固定,注意在关节突出部位要放软垫。若无夹板时,可以用带状三角巾或绷带把伤肢固定在健侧肢体上(图 8-12)。

图 8-12

6. 胫、腓骨骨折的固定方法

与股骨骨折固定相似,不同之处在于夹板长度稍超过膝关节(图 8-13)。

图 8-13

二、水上突发事件应急法

(一)遇翻船的处理

人在乘船、钓鱼或过桥时,有时会因意外事故而落入水中,导致溺水。如大、小船只相撞,船上人多拥挤或交换座位时失去平衡,以及遇风浪等。倾覆的木船一般是漂浮在水面上的,落水的人可以在水中抓住船舷向左右摇摆,使之翻回原状再把水舀出后上船。如船大,一时翻不过来,则不要远离,可以抓住船舷或爬上船背,设法使船靠岸或在水中仰浮,双手在体侧做"∞"字形摇橹式自救划水,等待救援船只来救助。

(二)遇风浪的处理

在江河湖海游泳常会遇到风浪。浪主要有两种,一种是涌浪,这种浪顶圆、波谷深、起伏大,比较有规律。涌浪产生的原因较多,除风的作用外,轮船经过时也会形成。另一种是风浪,这种浪的外形多不规则,峰顶常破裂成白色的碎浪,它使游泳者容易呛水和不易辨别方向。在游泳中遇到风浪时,不要害怕,应沉着迅速地判断风浪的方向、速度和大小,以便掌握好呼吸时机。如浪从正面打来,可在浪来之前深吸一口气,接着低头闭气,浪过抬头换气。浪从侧面涌来,则头转向另一侧吸气。如果遇到不规则的小风浪时,可将头部适当地抬高些,这样就可以避免呛水。总之,在风浪中游泳时要注意呼吸方法,做到浪来低头闭气,浪过抬头吸气。

(三)遇旋涡的处理

在江河中凡是使水流的方向和速度突然改变的地方,都容易出现旋涡。如在江峡急流、两条河流交汇处、桥梁水闸下游、排水管的出水处、地下水道进入口附近,或在水底有岩石突出和有其他水下障碍的地段等。旋涡的中心呈凹形,可将物体卷入水底。游泳时,发现旋涡应尽量避开。如已经接近,应顺着旋涡的外沿,用爬泳姿势迅速游出。如果不慎被旋涡卷住,应保持镇静,立即使身体平卧在水中,用爬泳或侧泳冲出旋涡,切不可直立踩水或潜入水中,以免发生危险。

(四)遇淤泥、水草的处理

在江河湖泊缓流地带,靠近岩边或浅滩处多有淤泥。游泳时要避免到这些地方去,如果不慎陷入淤泥,千万不要采取单脚站立企图拔出另一只脚的办法,那样会越陷越深。这时应使身体俯卧水面,用两手在体侧做连续快速向下用力压水的动作,同时脚尖自然伸直,并轻轻向上移动,使其脱离淤泥,然后从原路退出淤泥地带。

水草是生长在水中的植物,它不会自动缠人,游泳时只要避开它就行了。万一碰到水草。身体应仰卧,最好用手拨水前进。如被水草缠绊,要保持冷静,切勿乱动,并喊同伴协助解脱,或自行解脱,然后从原路返回。

第九章 游泳运动卫生保健与安全

学海导航

本章重点阐述游泳运动的卫生保健与安全常识,并对在不同场所游泳的注意事项与安全保障措施进行简单介绍。通过对本章内容的学习,学生可以对游泳的安全卫生知识有所了解,在天然游泳场所或游泳场馆游泳时明白应该注意哪些安全事项,保障自身的健康与安全。

第一节 游泳卫生常识

一、检查游泳者健康状况

为了保证游泳者的健康和安全,防止疾病产生,游泳者每年都必须进行一次全面的身体检查,以便清楚地了解自己的身体健康状况,确定能否参加游泳锻炼。如果身体患有某些疾病,不仅很难承受游泳时各种生理机能的变化,还会使病情加重,甚至会出意外事故;同时还可能造成某些传染病的传播,危害公众健康。一般来说,游泳池、馆都要求游泳者持有当年健康证,才允许购票入池游泳。

通过体检,下列几种人不宜游泳。

(1)凡患有腹泻、伤风感冒、咳嗽、严重沙眼、急性结膜炎等疾病的人也暂时不宜下水游泳。这些疾病都是暂时的,只要经过治疗和休息,待病愈后即可下水游泳。

(2)凡发现患有严重高血压、心脏病、活动性肺结核、传染性肝炎、细菌性痢疾、妇科病(如滴虫病)、性病、化脓性中耳炎、皮炎、精神病及有开放性创伤的病人,都不宜游泳。

(3)女子进入青春期后,会出现周期性的"月经来潮"。女子在月经期间除了采取特殊的防护措施外,一般不宜下水游泳,以免引起感染而致病。

经常参加体育锻炼,能提高身体各器官的机能。如果在游泳时期,定期(一个月或一个半月)用一些简易的方法,对身体进行自我检查,就可以查明身体机能增长的情况。

游泳者也要掌握自我检查的方法,具体有测体重和数脉搏两种方法。

第一，测体重。体重的变化可反映人体的健康情况。正常健康的成年人,体重是相当稳定的。

在游泳时期,定期测体重,可能发现体重增加了一两公斤,这一般是好现象。如果发现体重减少了两公斤以上,这可能是运动量过大或健康有了问题。当体重有显著变化时,最好去请医生检查,找出原因,进行治疗。

测体重时,使用医用体重计或普通台秤都可以。

第二,数脉搏。脉搏的变化,能反映心脏血管系统的机能状况,也是医生检查病人时最常用的一种方法。

健康成年人在早晨安静时（躺着或静坐）,每分钟脉搏约为 66～72 次。从事游泳锻炼一个多月以后,由于心脏机能增长,脉搏可以逐渐减少。训练水平好的游泳者,每分钟脉搏大多在 42～60 次左右。

在参加游泳锻炼时期,每天数数脉搏,可以了解身体是否健康,疲劳是否消除。一个在早晨安静时每分钟脉搏经常是 60 次的人,假如在同样情况下,脉搏增加到每分钟 80～90 次,就表明身体健康有了问题,或者是昨天的活动量太大,疲劳还没有完全消除。在这种情况下,第二天的运动量就要减少一些。

二、把握正确的游泳时机

经常参加游泳锻炼具有增强体质的作用,但是如果不注意游泳的时机,也会损害健康,甚至危及生命安全。下列几种情况是不宜立即游泳的。

(1)饥饿时不宜游泳。饥饿时不宜马上下水游泳。游泳时能量消耗大,如果肚中饥饿,体内血糖浓度下降,不能及时提供足够的能量以满足运动和维持正常体温的需要,就会出现头昏、四肢无力等症状,严重时甚至会昏厥。因此,饥饿时不要下水游泳。如果是长时间、长距离的游泳,在中途最好能补充一些营养成分高且容易消化吸收的饮料。

(2)饱食后不宜游泳。饱食后消化器官的活动增强。此时若下水游泳,血液将首先满足肌肉活动的需要,而消化器官的供血必然不足,将降低消化器官的功能,影响食物的消化和吸收。此外,由于水的刺激,胃肠的蠕动受到限制,容易引起胃痉挛,出现腹痛或呕吐。因此,饱食后不能马上去游泳,一般应休息 30 分钟以上再下水活动。

(3)饮酒后不宜游泳。酒中所含的乙醇对人的神经系统有麻醉作用,会使人体的机能下降,身体的反应能力减弱,动作协调性变差。这时下水游泳就无法清醒地处理可能发生的意外情况,很容易发生溺水事故。另外,饮酒后皮肤血管扩张,大大加快了体内热量的散发,容易引起伤风感冒而损害健康。因此,酒后千万不要马上下水游泳。

(4)剧烈运动或重体力劳动后不宜游泳。剧烈运动或重体力劳动后,身体处于疲劳状态,肌肉的收缩和反应能力减弱,动作不易协调。此时若下水游泳,会造成疲劳的积累,易引起呛水、肌肉痉挛,甚至发生溺水事故。此外,剧烈运动刚结束,人体新陈代谢尚未恢复正常,体温较高,出汗量大,身体处于最不稳定状态。此时若下水游泳,身体突然受到冷水的刺激,体温急剧下降,抵抗力减弱,容易引起感冒。因此,在剧烈运动或重体力劳动后,必须经过充分的休息,待体力恢复正常后才能下水游泳。

三、做好充分的准备活动

准备活动是使身体各器官、系统的机能从安静状态迅速过渡到工作状态的必不可少的手段。认真地做好准备活动,能提高神经系统的兴奋性,克服呼吸和血液循环等内脏器官活动的惰性,提高能量代谢的水平,使身体机能预先动员起来以满足运动的需要。此外,准备活动还可以提高肌肉温度,增强肌肉的力量和弹性,加大身体各关节的活动范围,对防止肌肉抽筋、拉伤及关节扭伤等有着积极的作用。

准备活动的内容和运动量,随着游泳姿势的不同而不同。但基本要求必须是使身体各部位肌肉、关节活动开,尤其是游泳中负担较重的部位,如蛙泳的下肢、膝关节,自由泳的上肢、肩关节等等。一般可做几节广播操或跑步、跳跃等活动,还可以做些划臂、踢腿等动作,要特别注意颈、肩、腰、髋、膝、踝、肘、腕等大关节的活动,对负担较重的部位更要活动充分。准备活动的量可根据气温高低而定,一般应做到身体微微出汗为止。游泳者下水后,还可以做一些水中换气练习,以更快地适应水环境。具体的准备活动可以按照如下方法进行。

（1）头部运动。两脚分开站立,两手叉腰。头部向前后左右转动,再做环绕动作。

（2）手臂环绕运动。两脚分开站立,两臂同时向前环绕,然后再向后环绕。

（3）扩胸运动。两脚分开站立,两臂在胸前平曲,并向后振动。然后两臂侧平举,掌心向上,向后振动,向后振动时必须挺胸。

（4）腰部运动。左臂上举,右臂放在体侧,身体向右侧曲,然后右臂上举,左臂放在体侧,身体成左侧曲状;两脚分开站立,腰部做环绕动作。

（5）腹背运动。两脚立正,两臂同时向上和向后振动,然后上身前曲,两臂随着向下振,使得两掌尽可能触地,两膝关节伸直。

（6）压腿运动。右脚向前跨出一大步,膝关节弯曲,两手扶右膝,左腿在后面伸直。身体上下振动,做压腿动作。左右腿交换进行。又两脚分开站立,单腿下蹲。左膝弯曲时,右腿伸直,上体移向左侧,并上下振动。左右交换做。

（7）下蹲运动。两脚并拢,上体向前弯曲,两手扶住膝盖,然后曲膝下蹲。还原后,重复做。

（8）踢腿运动。两臂向上举,右脚同时向后半步,两臂迅速下振,右脚同时向前踢出。还原以后,左脚交换做。

（9）跳跃运动。两脚并拢,身体先下蹲,然后向上跳起,同时两臂上振。跳起时稍挺胸。

四、合理掌握好游泳时间

游泳锻炼的时间长短要视气温、水温及个人的身体状况而定。一般来说,天气热、水温高时,水中活动的时间可长些;天气冷、水温低时,水中活动的时间不宜太长。一般人游泳的适宜水温为26～32℃。有些人的皮肤较薄,身体表面积与体积之比较大,相对散热速度快,在水中活动的时间不宜太长。

五、科学安排好运动负荷

游泳锻炼时还要注意控制好运动负荷,即游泳的强度和量。游泳的强度指的是游泳的速度,依锻炼的目的不同而不同。一般来说,短距离快速游强度较高,主要发展速度和肌肉爆发力;长距离中速或慢速游强度较低,主要发展心肺功能和肌肉耐力。下水后,活动的强度应逐渐增大,以使身体机能逐步调动起来适应运动的需要,切不可一下水就猛游一通,以免发生突发性抽筋或休克。游泳锻炼的量指的是游泳的距离,应因人而异,强度高时量宜少些,强度低时量可多些。

控制运动负荷的原则是量力而行,适时起水。如果在水中已经出现寒颤,嘴唇青紫,皮肤起鸡皮疙瘩,应立即上岸,擦干身上的水,穿上衣服,晒晒太阳或活动活动身体,使身体暖和起来。有可能的话还可以喝些热饮料,以驱除寒冷。在水中停留时间过长,散热过多,容易出现肌肉抽筋,起水后易受凉而患感冒。

六、注意个人与公共卫生

(1)讲究个人卫生。为保证身体健康,在进行游泳锻炼时,还必须强调个人和公共卫生,养成良好的卫生习惯。在参加游泳活动前,要备好干净的不透明游泳衣、裤,必要时亦可准备好游泳帽和游泳眼镜;要修短指甲,以免划伤自己或他人;要清除耳垢,以防耳道积水诱发耳病。

游泳结束前应做些整理活动,如放松慢游、水中抖动肢体等,以使身体逐渐恢复安静状态。上岸后应马上冲洗身体,注意清洗眼、耳和口腔。特别是在海滨游泳后,要用清洁的淡水洗净头发和全身。然后迅速擦干身上的水,穿上衣服,以防受凉感冒。游泳后最好能用眼药水滴洗眼睛,以防感染沙眼或结膜炎。另外,还要检查耳道内是否有积水。可用手轻拍头部前额,若耳内有嗡嗡之声,说明耳道进水,应及时将积水清除掉。

(2)保护公共卫生。游泳时,要自觉维护公共卫生。入池前应先淋浴,将头发、身体冲洗干净,脚要经过浸脚池消毒。不乱扔东西,不在池边或池中吃东西。不随处吐痰、擤鼻涕,应该吐到游泳池沟、槽内。不得在游泳池中排便。游泳时必须睁开双眼,以免撞到他人或被他人撞到而受伤。

第二节　游泳安全常识

地球上的生命发源于水,但人类早已适应了陆上生活,水环境反而成为对生命的一种威胁。游泳时,如果不熟悉水性,很容易呛水或失去平衡,以至出现溺水而危及生命。对于会游泳的人,也有可能因各种原因而出现意外事故。生命是珍贵的,但又不能因噎废食,放弃这种具有极高价值的运动。因此,在进行游泳教学或开展游泳活动时,必须把安全摆在首位。要认真考虑并落实安全措施,做好充分的准备,保证万无一失。游泳的安全措施主要包括以下几个方面的工作。

一、做好安全教育工作

安全教育必须贯彻于游泳活动的全过程。

首先,要强调游泳安全的意义,树立安全意识,克服麻痹思想。要明白,只有保证安全,才能真正发挥游泳对于增进身心健康的作用。对于游泳活动的组织者来说,更要清醒地认识到,不能由于疏忽大意而造成他人的不幸。

其次,要加强组织纪律教育,要求学生严格遵守有关纪律和制度,一切行动听指挥,做到令行禁止。对少年儿童,一般要求在会游泳的教师、家长或其他成人的带领下学习游泳。不会游泳者不应私自跑去"玩水"。此外,还要进行安全知识与一般救生常识的教育,使游泳者掌握一些基本的应急措施,以防不测。

安全教育要结合实际情况,采取多种形式有针对性地进行。要经常宣传,反复宣传,以引起每个人的充分重视,培养游泳者的安全意识。

二、选择安全的游泳场所

选择好游泳场所是保证游泳者生命安全的极其重要的方面。游泳场所分为两类,一类是江河湖海等天然水域;一类是人工修建的游泳场馆,不论是到哪类场所进行游泳活动,都要充分考虑好安全问题。

1. 天然水域

利用天然水域进行游泳教学或开展游泳活动,则必须进行更加细致的考察、选择和布置工作。一般应选择水质较好、浅水区较宽、水温适宜、水底平坦无淤泥、水下无障碍物、水流平缓、河岸开阔、下水和起水方便的水域。凡被生活或工业废水污染的水域、有暗流旋涡的水域、有暗礁乱石的水域、有血吸虫的水域、有鲨鱼出没的水域、杂草丛生的河湖港口、河流急弯处或桥墩附近、船只来往频繁的码头附近、靠近主航道处、木排竹排停放处等,都不宜作为游泳活动的场所。

2. 游泳场馆

到游泳场馆进行游泳活动时,应事先熟悉场馆环境,包括池的大小、深浅区划分、禁止标示、水深、水质、水温、附属建筑等。一般要求池、馆结构合理、深浅区有明显标志、深度适合游泳对象的水平、水质符合卫生要求、水温适宜、有良好的救生设施和良好的管理。在组织活动前,还要对场所进行必要的布置,如用分道线把深浅区隔开,或划定学生的活动区域等。

对于准备长期进行游泳活动的场所,必须根据具体情况进行必要的布置。例如,在游泳场所周围打上木桩,然后用绳子穿上浮筒将场地围起来,标明深浅区等。在深水区还应搭建浮台,供救生员观察及游泳者休息。这种游泳场简便实用,贴近自然。游泳场所还应备有救生船、救生圈和绳子等救生器材,并准备一些必要的药品和急救用具。这项工作做得越仔细,安全就越有保障。

三、做好游泳组织工作

加强游泳活动的组织工作是进行游泳教学和开展群众性游泳活动时确保安全的重要措施。尤其是到江河湖海游泳,由于水域宽,环境复杂,容易出意外事故,组织工作显得更加重要。

1. 设安全监督岗,配备救生员

一般来说,游泳场所都必须设安全监督岗,配备专门的救生员。学校、单位组织游泳活动时,也要专设安全救护小组,由安全观念强、认真负责、具有较高游泳技能的人员组成,并准备好必要的安全救护器材。在游泳活动的过程中,安全救护人员必须全面仔细地观察情况,如果发现险情,应立即发出救援信号并组织抢救。

2. 进行编组

开展游泳活动一般都要编组,每组以5~8人为宜。编组时对水平高低要适当搭配,可选择责任感强、水性好的人员担任组长。每个小组要坚持做到"3个一",即一起下水,一起活动,一起上岸。小组成员要互相关心、互相帮助,绝对禁止个人单独行动。如果出现险情应立即向安全监督岗报告并组织抢救。在学校游泳活动中,教师要全面观察与重点照顾相结合,对水性差或个性强的学生应多加注意。

3. 核对人数

在进行游泳教学或开展群众性游泳活动时,一定要做好人数的检查。下水前要准确清点人数,活动过程中应适时进行检查,起水后要再次认真清点人数。发现人数少时应迅速查找,不可马虎了事。学生中途离开游泳场所一定要向教师请假并得到准许,不得私自离去;归队时也必须向教师报告。

4. 严格提出纪律要求

在进行游泳教学或开展群众性游泳活动时,应提出严格的纪律要求,一切行动听指挥。学生应在指定的区域内活动,不要在岸边或水中嬉戏打闹,不要在水中横冲直撞,不搞恶作剧。

严禁学生在没有教师指导的情况下乱跳水和潜水,以消除潜在的不安全因素,避免外伤和溺水事故。

第三节　游泳场所安全工作程序

一、水质安全管理

(1)在游泳场所运行期间,水质处理员应按照国家《游泳场所卫生标准》的要求,按时检测游泳池水,并将检测结果填入《游泳馆水质监测记录》。

(2)通过投放消毒药剂,使余氯指标控制在 0.3～0.5 毫克/升。

(3)根据本场所的实际情况,按照游泳池水质的循环周期进行游泳水质循环净化并填写《循环水泵运转记录》。

(4)水质处理员应根据水质情况和反冲排放水量补充新水并做好《游泳馆过滤罐反冲与补水记录》,以便更好地节约和控制用水。

二、游泳救生员的资格及配备

(1)游泳救生员必须经过救生专业部门培训,并取得"职业资格证书"方可上岗。

(2)按照国家标准:每 250 平方米配备一名游泳救生员。

三、正常开馆的安全保障

(1)严格控制每场容量,按人均游泳面积不得少于 2.5 平方米计算,不得超过最高人数限额。

(2)救生器材的配备。

①救生器材包括:救生观察台、游泳须知牌、救生圈、救生杆、急救板、广播宣传设施、宣传牌、警示牌、告示牌、急救药箱等。

②救生器材的数量应按照本场所的实际情况设置并处于完好状态。

③救生器材的摆放位置应满足"立即可用"状态。

(3)开放夜场必须配备足够的灯光并符合国家标准《体育场所开放条件与技术要求第 1 部分:游泳场所》要求。

(4)疏散通道的宽度不少于 2 米,并配有明显的"安全通道"等安全标志。安全门应为向外开并不得设有门槛。

四、应急程序的启动

(一)启动游泳馆应急程序

(1)各区的救生员及巡视员,发现泳客出现溺水现象后,立即相互配合,抢救上岸。
(2)救生员应对"溺水"者作出快速判断,是否有呼吸和心跳、是否受伤、受伤情况。
(3)当溺水者的呼吸和心跳停止时,救生员应立即进行心肺复苏并及时拨打 120 急救电话。
(4)在未转交专业医院或医生前,在现场和前往医院途中,抢救工作不能中断。

(二)受伤的急救措施

(1)启动游泳馆应急程序。
(2)根据伤者情况初步判断病情。
(3)救生员应正确处理并尽可能地减轻病情和缓解受伤者的痛苦。
(4)及时就近送往医院抢救和治疗。

(三)突发事件应急措施

突发事件是指当游泳馆在培训或对外开放时,由于突然发生或将要发生,并有可能造成人员伤亡和生命遭到威胁时,如火灾、爆炸、地震、恐怖、晚场突然停电等,均称为突发事件。

当发生突发事件时,应启动游泳馆应急程序(图 9-1)。
(1)A 岗、B 岗负责清理深水区的泳客至池岸边。
(2)C 岗、D 岗负责清理浅水区的泳客至池岸边。
(3)巡视员负责协助各救护员岗位将泳客引导至安全通道。
(4)工作人员 1 负责维护西侧安全通道的秩序。
(5)工作人员 2 负责维护东侧安全通道的秩序。
(6)工作人员 3 负责提供急救箱及担架。
(7)工作人员 4 负责维护通往男更衣室的秩序。
(8)工作人员 5 负责维护通往女更衣室的秩序。

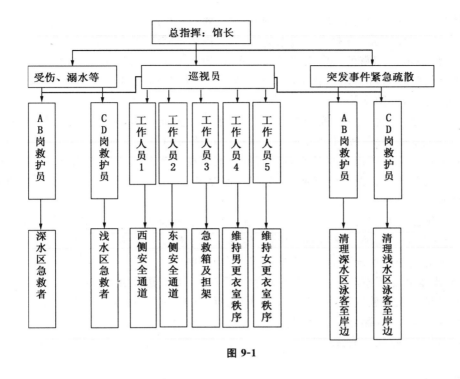

图 9-1

五、溺水事故的救治及处理程序

(一)溺水事故的救治

发生溺水的原因有很多,主要表现形式为:①游泳者自身的状况;②开放游泳场所管理存在缺陷;③救生员的漏看等。若能加强社会安全宣传教育,提高自我防范意识,狠抓游泳场所管理制度,增加救生员职业道德教育与技术培训,就一定能够减少溺水事故的发生。

心肺复苏是挽救溺水者生命的最初阶段,如果不及时或方法错误,将导致整个复苏措施的失败。因此,救生员在游泳池发现溺水者时,应该首先判断溺水的严重程度,并采取合理的评估和处置措施。所以,心肺复苏必须严格按照以下步骤实施。

1. 判断心搏、呼吸是否骤停,呼吸道是否畅通

(1)判断溺水者意识。救生员将溺水者施救上岸后,可摇动其肩部并大声呼唤,以试其反应。摇动肩部不可用力过猛,以防加重骨折患者的病症。

(2)使溺水者保持急救体位。将溺水者放置仰卧位,并使其头颈部与躯干成一条直线,且头部不能高于心脏的位置,双手置于躯干两侧。

(3)打开溺水者的气道呼吸道又称气道。溺水者处于无意识状态时,舌肌和会厌后坠以及呼吸道中的异物可能会阻塞气道,所以气道开放甚为重要,是复苏的首要环节。呕吐是心肺复苏过程中一个较为特殊的问题。在打开气道以前,首先应该清理呼吸道内的异物,包括口腔内的分泌物、血液或者呕吐物等,最好使用吸引器予以吸除,如现场无此设备,则采用手指清除法。

采用手指清除法时可将溺水者头部后仰并转向一侧,利用毛巾、指套或纱布保护好食指、中指,再抠出口腔内的阻塞物。

①仰头抬颌法:救生员一手置于溺水者前额,手掌用力向后压,使溺水者头部后仰,其呼吸道即可有不同程度的伸展,梗阻也可能会得到减轻。然后用另一只手的食指和中指向前上抬起溺水者的下颌。这样可以使其已经后坠而抵达咽后壁的舌根与会厌软骨远离咽后壁,从而解除上呼吸道梗阻。若怀疑溺水者有颈部创伤,则禁止使用这种方法。切忌手指压迫颌骨下的软组织并使头部过度后仰。

②推举下颌法:救生员以双肘支撑,双手置于溺水者头部两侧,拇指置于溺水者口角或下唇部,余指紧握其下颌角处。然后双手抬举,使溺水者下颌向前上移位。对于已经明确或者怀疑溺水者有颈部创伤的情况下,此方法是最安全、最简单的。

(4)判断溺水者是否有呼吸。如果溺水者无反应,打开气道后救生员应判断溺水者是否无呼吸或通气不足。在开放气道的情况下,通过看、听、感觉、观察并判断溺水者有无呼吸活动。保持开放气道位置,用耳贴近溺水者口鼻,头部侧向溺水者胸部,眼睛观察溺水者胸部有无起伏,面部感觉溺水者呼吸道有无气体排出,耳听溺水者呼吸道有无气流通过的声音。

2. 人工呼吸

在确定溺水者无呼吸后,应立即进行呼吸支持。目前常用的通气的方法主要有口对器械(如隔离膜、面罩)、球囊—面罩、口对口、口对鼻、气管插管以及其他替代性的、非侵袭性的先进开放气道技术(包括喉罩通气、食管气管联合导管、咽气管腔通气管以及充气口咽通气管)等。

基本生命支持阶段的心肺复苏,人工呼吸的方法分别有下列几种,救生员可以根据自身与溺水者的具体情况,即现场的具体条件选择使用。

(1)口对面罩人工呼吸

使用时将面罩置于溺水者面部,施救者用双手拇指与食指围绕面罩边缘向面部方向施压以形成完整的密闭,其余手指下压前额并推举下颌角使其头部后仰(疑有颈椎损伤的溺水者禁止仰头伸颈)以开放气道,施救者吸气后,口含面罩嘴向溺水者吹气。

使用面罩时,应选择适合于溺水者面部大小的型号;面罩封严面部,同时罩住口鼻;密切观察胃的反流物。

(2)球囊—面罩人工呼吸

球囊面罩的使用方法同口对面罩人工呼吸,只是用手捏充气气囊代替以口向溺水者吹气,这是一种成熟的人工正压通气方式。这种装置由一个手动充气气囊及一个不可逆流的单向阀门连接在通气口罩上组成,有的还附加有氧气接头以提高吸入气体的氧气浓度。使用球囊—面罩通气是一项复杂的人工呼吸技术,要求实施者有一定的实践经验。若不经常使用或者演练,则很难掌握并保持这一技术。

(3)口对口人工呼吸

潮气量与吹气频率、吹气速度是决定复苏效果的主要因素。首先应保持溺水者的呼吸道通畅开放,以拇指与食指捏住溺水者鼻翼而封闭其鼻腔,以免吹入气体从此溢出。然后救生员吸一口气,用自己的口唇包住并紧贴溺水者口唇,将吸入气缓慢、均匀地吹入溺水者口内,使之直达肺部。

(4) 口对鼻人工呼吸

口对鼻人工呼吸主要用于不能经溺水者的口部进行通气者,如溺水者的口不能张开(牙关紧闭),口部严重受损或救生员的口部不能完全紧密地包住溺水者的口唇等。操作时,一手按于溺水者前额,使其头部后仰,另一手抬起溺水者的下颌,并使口部闭住。施救者吸气后,用嘴封罩住溺水者的鼻部,吹气后离开鼻子,让呼气自动排出。

3. 人工循环

(1) 检查溺水者有无脉搏

溺水者心搏停止后,脉搏亦即消失。判断溺水者是否有脉搏,最佳途径就是触摸溺水者的颈动脉。颈动脉位置靠近心脏,容易反映心搏的情况。操作时,救生员用一只手置于溺水者前额使其头部后仰,另一只手的食指、中指在甲状软骨下摸到气管后,手指向外滑动,在气管与颈部肌肉之间的凹沟内即可以触及颈动脉。

(2) 胸外心脏按压

① 寻找按压区域:先将一手的中指沿溺水者的胸廓下部肋缘向上滑动,摸到肋弓和剑突交点处(即胸骨下切迹),食指并拢中指;另一手掌根部沿胸骨下滑一直碰到食指,该手掌中心部位应该是胸骨下 1/2 段的中点。以食指、中指沿溺水者肋弓处向中间滑移,在两侧肋弓交点处寻找胸骨下切迹。然后将食指及中指横放在胸骨下切迹上方,食指上方的胸骨正中部即为按压区;以另一手的掌根部紧贴食指上方。再将定位手移走,以掌根重叠放于另一手手背上,手指脱离胸壁,可采用两手手指交叉抬起法。

② 按压方式:救生员双臂应绷直,双肩在溺水者胸骨上方正中,垂直向下用力按压,以髋关节为支点,以肩、臂部力量向下按压。按压时要注意以下几点。

第一,按压应平稳、有节奏地进行,不能间断。

第二,不能冲击式地猛压,下压及向上放松的时间应相等。

第三,向下垂直用力,不要左右摆动。

第四,放松时定位的手掌根部不要离开胸骨定位点,但应尽量放松,勿使胸骨不受任何压力。

③ 按压频率:100 次/分钟。

④ 按压深度:成人溺水者 4~5 厘米。按压时应随时注意有无肋骨或胸骨骨折。5 组 CRP 或每 2 分钟轮换一次。

胸外心脏按压是否有效,其决定因素有:按压部位、按压频率、按压力度以及按压与放松时间比例。

(二) 溺水事故的处理程序

(1) 游泳场所是全民健身游泳的公共场所,游泳活动是高危险性的体育项目,因此,应加强游泳场所的安全管理工作。

（2）当发生溺水死亡事故时，游泳场所负责人应立即向当地体育行政主管部门上报；并在事故发生后24小时内如实填写《游泳场所死亡事故表》和详细的书面材料。

（3）当发生溺水死亡事故时，游泳场所应成立事故处理小组、确定对外发言人，以便事故的妥善处理。

（4）游泳场所可以采取为游泳者投保的形式，规避经营风险，以减轻本场所的经济损失。

（5）聘请律师以应对法律的诉讼。

知识拓展

猝死也是游泳中会出现的严重现象，但这种现象的发生频率很低，不过仍要引起注意。游泳猝死的原因主要是原发性休克；神经反射性心脏停搏；心脏及循环障碍；水压引起循环障碍等。为了防止死亡现象的发生，游泳者要做好安全工作。注意做好体检、不要空腹下水、饱食后不要立即游泳、游泳前不要做剧烈运动等。

第四节　天然游泳场的安全注意事项

在江河湖海等天然游泳场游泳，能够充分领略大自然的美好风光，更好地培养勇敢顽强的意志品质。但天然水域的条件复杂，经常会遇到一些突发情况。以下介绍一些在天然游泳场游泳时遇到突发情况的注意事项。

一、波浪

在江河湖海游泳常会遇到波浪。波浪有两种，一种是涌浪，另一种是风浪。

涌浪波顶圆、波谷深、起伏大、有规律。涌浪产生的原因很多，除风、潮汐的作用外，轮船经过时也会形成。

风浪的外形多不规则，峰顶常破裂成白色的浪花。对付波浪，主要是辨别它的方向、速度和大小，以便掌握好呼吸时机和头的朝向，避免呛水。

浪头若从正面打来，可在浪到之前深吸一口气，低头入水，等浪头过去后再浮出水面换气。浪头若从侧面打来，应将头转到另一侧去吸气。浪头若从后面打来，则应待浪过后再抬头吸气。如果遇到不规则的小风浪，换气时可将头部适当地抬高，或采用抬头游泳，如抬头爬泳、抬头蛙泳、踩水等。

二、潮汐

到海滨或近海江边游泳,应事先了解当地的潮汐情况,掌握水流运动的规律。潮汐是因月亮的引力而引起的海水周期性涨落变化,分为涨潮、高潮、退潮、低潮,在一天内(约 24 小时 50 分钟)有两次涨潮和两次退潮。

潮汐的涨落变化还因季节和地形的不同而有所不同。涨潮至高潮(或退潮至低潮)约经 6 小时 25 分钟,水流速度的规律是"慢—快—慢"。

一般来说,下江海游泳的最佳时间是高潮前的 2～3 小时。不宜在退潮时下江海游泳,以免被潮水卷离江海岸或触暗礁致伤。潮水的高潮时间可用阴历(农历)日期乘以 0.8 来粗略地估算。

知识拓展

潮汐具体可以分为 3 类。半日潮型、全日潮型和混合潮型。半日潮型:一个太阳日内出现两次高潮和两次低潮,前一次高潮和低潮的潮差与后一次高潮和低潮的潮差大致相同,涨潮过程和落潮过程的时间也几乎相等。全日潮型:一个太阳日内只有一次高潮和一次低潮。混合潮型:一个月内有些日子出现两次高潮和两次低潮,但两次高潮和低潮的潮差相差较大,涨潮过程和落潮过程的时间也不等;而另一些日子则出现一次高潮和一次低潮。

三、淤泥

在江河湖泊缓流地带,靠近岸边或浅滩处多有淤泥。游泳时要避免到这些地方去,如果不慎陷入淤泥,千万不能采取单脚站立企图拔出另一只脚的办法,否则会越陷越深。这时应先深吸一口气,上体前俯平卧水面,借助向上的浮力抽出下陷的脚,或用两手在体侧做连续快速向下用力压水的动作,同时脚尖自然伸直,并轻轻向上拔出,使其脱离淤泥。然后用平卧姿势从原路游出淤泥地带。

四、旋涡

江河中凡是水流的方向和速度突然改变的地方,都容易出现旋涡,如江峡急流水段、两条河流交汇处、桥墩水闸的下游、排水管出水口处、水底有岩石突起或其他障碍物处。旋涡的中心呈凹形,可将物体卷入水底。有旋涡的地方,水面常有杂物在打转,应注意观察,尽早避开。如果已经接近旋涡,应顺着旋涡的外沿,用爬泳快速游过。万一已被旋涡卷住,应保持镇静,身体平卧,用爬泳或侧泳沿着旋涡水流的切线方向冲出旋涡。切不可直立踩水或潜入水中,以免发生危险。

游泳救生及水上运动

五、水草

在选择游泳场所时就应该避开杂草丛生的地方。但是,万一游泳时不慎被水草缠住,应保持冷静,立即平直地仰卧水中,慢慢解开缠住肢体的杂草,然后两臂靠近体侧,用手掌拨动划水,从原路退出水草区。游泳技术不好者或自己不能解脱者,应及时呼救,千万不可手忙脚乱或直立起来,以免水草越缠越多更难解脱。

六、雷电

夏天遇雷雨天,不宜下水游泳,露天游泳池也不例外。在游泳中遇到雷雨时,应迅速上岸,寻找安全地点躲避,千万不能躲在易带电物体旁边或大树下。在空旷地带遇闪电时,不要互相拉着跑,应分散并蹲下,尽量减少身体高度和缩小身体面积,以免遭雷击。

长游是指在江、河、湖、海等天然水域进行的长时间、长距离的游泳,如游渡海峡、横渡江河湖泊、沿江河漂游等。长游前应把潮汐和潮水的流向、风向、风浪、气候、水温等因素考虑在内。长游多数是集体组织进行,也可个人进行。长游时,由于环境复杂,情况多变,加上持续时间长,体力消耗大。因此,组织工作一定要细致周密,尽量消除不安全因素。

七、暗流

暗流一般出现在两条河流的交汇处,它的流动是不规则的。有暗流的地方,水面上有些翻滚,水流迂回曲折或有些逆流,身体感觉水忽凉忽热。游泳时遇到暗流,不要潜泳,而应在水面上游,并向水流平稳有规则的水面游去。

八、暗礁

对于暗礁,应尽早发现,及时避开。到海滨游泳,下水前应观察好周围情况,不要在有暗礁的地带活动。在江河中游泳,要注意观察前方水情。在暗礁前水流一般会突然变向、出现旋涡、水面有浪花涌动,可根据这些特征来识别暗礁,及时避开,以免撞到暗礁上而出现生命危险。

第九章　游泳运动卫生保健与安全

九、船只

江河中常有船只来往或停靠岸边,应尽量避免到这种水域去游泳。若在游泳中遇到船只过往,应及早避开,以免被撞伤或卷入水底。万一不小心落入船只底下,一定要镇静,先在船只之间找缝隙呼吸,然后顺着船只的纵向潜出。切忌往横向去找出路。

第五节　游泳场馆游泳安全保障

一、严格进行安全审核

公安机关依法对辖区内的游泳场馆实施治安监督管理,配合体育管理部门及卫生管理部门做好其他方面的管理工作。其具体职能如下。

(一)安全审批

主要内容包括材料审核、安全检查、核发安全合格证。

依据本地区《游泳场馆管理暂行办法》及《实施细则》的有关规定,辖区内开办的游泳场馆,要先向公安机关申领安全合格证,再向卫生防疫部门申办卫生合格证,然后再由体育管理部门审批发放开场许可证,三证办妥方可正式开业。具体申报程序如下。

1. 申报部门

凡属"三资"企业性质的游泳场馆均须到市公安局申报安全合格证的审批。其他场馆应到所在地公安分局(区、县)申报,经批准后到所在地公安分局领取《安全合格证》。

2. 申报材料

第一,卫生防疫站已签署意见的《游泳场馆开场许可证申请登记表》。

第二,申请报告,其内容应包括企业法人代表基本情况、游泳池规格、数量、总面积、总容量,各种电器、机器设备情况。

第三,游泳场馆工程质量鉴定书、场馆平面图。

第四,安全保卫方案。包括保卫负责人、保卫人员人数、救护员人数、岗位责任、主要任务分工。

3. 办理程序

申请单位向公安机关提交上述申报材料;从公安机关领取本地区《游泳场馆安全合格申请登记表》一式三份,填好后交还公安机关;由公安机关对场馆进行安全检查及材料审核。

(二)开业前的安全检查内容

(1)游泳场馆开业前必须配备专职保卫人员及救护人员,并做到分工明确、责任到人。安全保卫人员须经过专业培训,具备一定的法律知识和应变能力,能够严格遵守纪律,有较强的责任心。保卫人员与游泳人员数量的配备应达到:季节性场馆,与游泳人员比例不得低于1:80;常年开放的场馆,保卫人员不得少于2人。

救护人员须经过市级体育运动委员会考核合格后持合格证上岗,要求心理素质好、责任心强、身体健康、游泳技术好,有较强的救生和急救技能。救护人员与游泳人员的比例不得低于1:150。

(2)安全保卫制度:包括安全检查制度、深水合格证制度等。

(3)票证制度:要严格查验票证,杜绝违禁物品被带入游泳场馆。保卫人员和救护人员在岗位上必须佩带明显的证件或标志,以便游泳人员识别。

深水合格证制度:有深水池的场馆要贯彻执行深水合格证制度,各游泳场馆可根据实际情况每年进行深水合格测试,测试合格者由区(县)体委下发全市统一制作的深水合格证。

测试标准为:连续游泳200米;头、手露出水面踩水30秒。

(4)核定最大接待人数:开办游泳场馆须按有关规定,根据各自场馆面积核定场馆容量,不得超量接待,核定的公式为:游泳池面积(平方米)/2.5(平方米)。

(5)检查安全设施情况:申请开业的游泳场馆,各项安全设施要完善、齐备、符合安全要求。安全设施主要包括救护设施、应急照明设施、广播宣传设施、疏散通道设施。

救护设施包括:救生圈、救生竿、救生筏、氧气袋、救护床(椅)、应急救护药品。另外,每个游泳池应设两个1.5米高的救护台。

应急照明设施包括:游泳天棚上的应急灯、手提应急灯(用于人员的紧急疏散)。

设置的疏散通道和紧急出口要有明显标志。疏散通道的宽度不得少于3米。

(三)核发安全合格证

申请单位申报材料齐全,经公安机关检查符合要求后,由负责审查的公安部门在本地区《游泳场馆安全合格申请登记表》上签署意见并加盖公章,然后送交所在地公安分局治安处,由治安处核发《安全合格证》。

(四)安全合格证的年度复核

已经开业的游泳场馆在每年4月到6月必须到公安机关办理《安全合格证》的年度复核手续。由公安机关重新核发《安全合格证》。

年度复核须向公安机关提交如下材料。

(1)机关核发的《安全合格证》复印件。
(2)管理部门核发的开场许可证复印件。
(3)部门核发的卫生许可证复印件。

二、加强日常安全管理工作

(一)公安机关的职责权限

经批准开业的游泳场馆应接受公安机关的治安监督管理,公安机关的分工有以下3种情况。

(1)"三资"企业(中国境内设立的中外合资经营企业、中外合作经营企业、外资企业)及宾馆饭店的游泳场馆由市公安局治安处主管。所在地分局治安处配合市局治安处实施治安管理。
(2)其他场馆由所在地分局治安处主管,有关派出所配合分局治安处实施治安管理。
(3)场馆如发生治安案件,由属地公安机关依法予以处理,如发生重大治安案件或治安事故(溺水死亡、挤死挤伤等)由市公安局会同有关分局处理。

(二)公安机关的执法手段

公安机关的执法手段适用的对象为游泳场馆的负责人。其手段有以下5种。

(1)警告。警告是公安机关在对游泳场馆实施治安管理中一种较为轻微的执法手段,适用于场馆管理中存在的一些轻微的安全问题。
(2)发《治安隐患通知书》。适用于场馆存在较为严重的问题和公安机关在对场馆予以警告后,场馆仍不改正的现象。
(3)责令限期改正。适用于公安机关在发出《治安隐患通知书》后,场馆仍未改正公安机关限定时间责令场馆必须改正的情形。
(4)收回安全合格证。适用于场馆存在重大隐患,公安机关责令场馆限期改正后场馆未按期改正,且公安机关认定该场馆继续开业不能保证安全的情形。
(5)会同体委责令停业。适用于场馆发生重大治安事件及场馆已被公安机关收回安全合格证而场馆继续营业的情形。公安机关将依法会同体委对场馆罚款、责令停业整顿直至收回《开场许可证》。

(三)场馆管理人员的治安管理责任

(1)发生治安案件或治安事故时应积极配合公安机关工作。
(2)接受公安机关的日常监督和检查,对查出的问题要采取积极的改正措施。
(3)做好日常治安情况和客流量的统计工作,常年开放的场馆在每季度最后一个月25日前、季节性开放的场馆于秋季营业结束后,将统计的情况以文字的形式报告公安机关。

三、做好场馆内的消毒工作

游泳场馆是群众聚集活动、锻炼身体的活动场所,由于人群衣着暴露,近距离接触,缺乏个人防护措施(衣服、口罩),加之更衣、休息室环境相对潮湿、密闭,极易造成相关传染病的传播流行,特别是传染性非典型肺炎流行期间,要加强管理,严格实行准入制,并开展经常性消毒工作。

游泳场馆应根据现有的条件,加强自然通风,尽量开门开窗换气,引进室外自然、洁净的空气,排出稀释游泳场馆内浑浊的空气至无害化,达到消毒的目的。开窗通风时应注意,如条件允许,最好设进风口和出风口,最大限度引进新风,增加空气的换气效果,减少室内空气的回流和滞留。若要进一步加强换气效率,可分别在进风口装上动力泵,在出风口装上排风扇,分别将自然风泵进,将室内气体排出。具体消毒方法如下。

(一)空气消毒

消毒场所为更衣室、休息室等。

1. 紫外线消毒

安装要求:每30立方米安装30W紫外线灯管1支,当紫外线灯开启消毒时,室内不得有人,以免紫外线灼伤人的皮肤;高硼管的紫外线灯在开启消毒时,会产生臭氧,消毒后,要注意开窗通风以除去臭氧异味;消毒时间要半小时以上,最好能达到1小时。

2. 臭氧消毒

在游泳场馆内放置一臭氧发生器,开启1小时后关闭并开窗通风。

3. 化学消毒剂消毒

(1)含氯消毒剂
含有效氯500mg/l～1 000 mg/l的含氯消毒剂按20ml/m^3超低容量喷雾,作用60分钟。比较常见的含氯消毒剂有液体消毒剂,如市售的"84"消毒液、"金星"消毒液、"万福金安"消毒液等。固体的消毒剂有次氯酸钙(漂白粉)、三氯异氰尿酸、二氯异氰尿酸钠制成的各种粉剂、泡腾片剂等。

(2)过氧乙酸

用15%过氧乙酸按7 ml/m³剂量熏蒸:根据房间大小将15%过氧乙酸适量盛于瓷或玻璃器皿中,加热熏蒸2小时后开窗通风。也可用0.5%过氧乙酸按20 ml/m³超低容量喷雾,作用1小时后开窗通风。消毒后应对易腐蚀的表面用清水擦拭。

(3)二氧化氯

将房间密闭后,用500 mg/l的二氧化氯按20 ml/m³超低容量喷雾,作用1小时后开窗通风。

(二)物体表面消毒

对楼层走道、电梯、楼梯扶手、墙壁、地面可用0.1%～0.2%过氧乙酸溶液或含有效氯500 mg/l～1 000 mg/l,的含氯消毒剂溶液喷洒、擦拭或拖地,作用60分钟,对人体接触较多的更衣柜、座椅、茶几、门把手、水龙头、开关等用0.2%～0.5%过氧乙酸溶液或有效氯为1 000 mg/l～2 000 mg/l的含氯消毒剂喷洒或擦拭。消毒15～30分钟后用清水擦拭化学残留。

在游泳池两次开放的时间间隔内,用75%酒精或0.5%醋酸洗必泰醇溶液浸泡使用过的衣柜钥匙、游泳场所出租的潜水镜等,作用时间不少于5分钟。

(三)游泳池水消毒

1. 含氯消毒剂

常见的消毒剂有液氯、三氯异氰尿酸、二氯异氰尿酸钠等。游泳场所应在游泳人员处于高峰期间加强余氯和游泳池水卫生学监测,如余氯不足、卫生学指标不合格应及时添加消毒剂,游泳池水不洁应及时换水,使游泳池内的水质符合国家标准。当余氯偏低时,游泳池水无法破坏传染性非典型肺炎病原体;当余氯超过0.5 mg/l时,游泳池水对泳者的皮肤和眼睛有一定程度的伤害。

2. 二氧化氯

用于游泳池水的消毒优于上述含氯消毒剂,投放量少、效果有保证、常规使用浓度下对人的皮肤、黏膜刺激小,但使用成本高。

四、做好相关人员的培训工作

随着游泳人员的增多及其层次和成分复杂化,游泳场馆从单一的游泳功能向娱乐、休闲等多功能方面发展,这就使其管理工作越来越复杂,发生治安事故和溺亡事故的概率也越来越大。因此,对游泳场馆工作人员进行安全培训是十分重要的。做好游泳场所相关人员的培训工作具有以下意义。

首先,它可以加强游泳场馆管理人员的安全意识,提高管理水平,从而带动全体工作人员形成重视安全工作的风气,以减少安全事故的发生。

其次,它可以使场馆管理人员进一步了解公安机关对游泳场馆实施行政管理的内容、程序及执法手段,从而做到互相配合,达到做好安全防范工作的目的。

最后,通过培训,可以为消费者提供良好的游泳场所,对提高社会生活环境质量起到积极的促进作用。

第十章　游泳场馆管理制度

> 学海导航

游泳场馆的有效管理和运转是健身者参加游泳活动的保证，作为游泳场馆的管理者，在管理游泳场馆的过程中要遵守游泳场馆的管理制度，进行科学化管理。本章重点介绍了游泳场馆内游泳池及训练设备的基本知识，游泳池水质的处理和卫生管理，游泳池的保养与维修等内容，以帮助管理者更好地管理游泳池及设备。

第一节　游泳池与训练设备

一、游泳池

一般来说，游泳池可分为两种：一种是用于开展游泳教学、群众性游泳活动的普通游泳池，一种是竞赛用的标准游泳池。由于二者使用的对象和功能不同，其规格、技术要求、附属设施等也有所不同。比赛池必须符合游泳竞赛规则的要求，而普通游泳池则主要考虑安全、卫生的需要。

（一）普通游泳池

1. 规格

一般情况下，普通游泳池的长、宽和形状不限，可根据环境、地形、面积因地制宜。水深以1～1.5米为宜。如果设出发台，出发台一端的水深应在1.35米以上。

2. 建筑技术要求

（1）池壁与池底必须平整、光滑、相垂直，无易引起人体外伤的突出物，颜色必须为浅色。

(2)对于深度不一的游泳池,其深、浅区应采用斜坡过渡,不应采用阶梯过渡,而斜坡过渡区池底的倾斜度不应过大。

(3)游泳池两侧必须设有安全、方便上下的扶梯,扶梯最好嵌入池壁内。如需安装在池壁之外,则扶梯与池壁的间距不得超过0.12米。

(4)游泳池上缘(或两侧)与水面齐平处,应设有外溢水槽。其宽、深度以0.15～0.20米为宜。

3. 辅助建筑与场地标记

(1)浸脚消毒池

浸脚消毒池应建于游泳场地的入口处,池深0.2～0.3米,池长、宽均不得少于2米。池底应平整、防滑,便于清洁、排水。如果有条件,可建前后两池,前池洗脚,后池消毒,以提高消毒效果和减少药物的损耗。

(2)封闭式喷淋通道

喷淋通道应建于游泳场地的入口处,可与洗脚池配套修建。上为喷淋通道,下为洗脚池。喷淋通道应完全封闭,以做到人过必淋。

(3)救生台(椅)

救生台(椅)高2.5～3米,台(椅)上应有遮阳避雨设备,前侧应有便于救生员上下的攀梯。

(4)深度与警示标记

不同深度的水域,应明确标示出水的深度。深水区与浅水区交界的水域上空或两岸,更应有醒目的警示标记。

(5)防滑标示

在湿地过道处要标明"小心滑倒""注意安全"等警示语。

除此之外,游泳池还应有更衣室、物品寄存室、淋浴室、卫生间等附属建筑,这些建筑都要符合安全、方便、卫生与实用的原则。

(二)标准比赛池

1. 规格

竞赛用的标准游泳池,长池长度为50米,短池长度为25米。游泳池长度的误差范围为±0.03米;两端池壁自水面上0.3米至水面下0.8米的范围内,必须符合此要求。池宽21米或25米。水面至池底的深度应在2米以上。

游泳池内设8条泳道,由9条分道线分隔而成,每条泳道宽2.50米。第1、9分道线距池边至少0.50米或2.50米。

2. 建筑技术要求

两端池壁必须垂直平行。两端自水面上0.3米至水面下0.8米的池壁,必须结实、平整、防滑。应在水面下至少 1.2 米的池壁上设供运动员站立的休息台,台面宽 0.1~0.15 米。固定分道线的挂钩应安装在池壁内。

两侧池沿与水面齐平,并在池沿外 0.3~0.4 米处设外溢水槽。当水浪溢出池岸时,即可通过外溢水槽排走。

两侧池壁也可高于水面,但一般要在池壁上设排水槽。

3. 辅助建筑与场地标记

(1) 出发台

出发台应正对泳道的中央,其前缘应高出水面 0.5~0.75 米。台面面积为 0.5 米×0.5 米,用防滑材料覆盖。台面前低后高,向前倾斜不超过 10°,前缘与池壁在同一垂直面上。台面厚度不超过 4 厘米,否则出发台两侧应有至少 10 厘米长、前端有至少 40 厘米长深入台体 3 厘米的握手槽。

出发台前面设有供仰泳出发用的横、竖握手器。握手器高出水面 0.3~0.6 米,横握手器与水面平行,竖握手器与水面垂直,都须与池壁在同一垂直面上,不得突出池壁之外(图 10-1)。

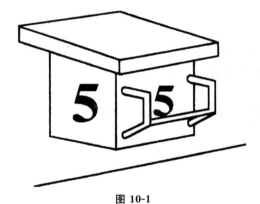

图 10-1

出发台四周应用明显的阿拉伯数字标明泳道号数。两侧的数字应尽量靠前,使裁判员能看清。其顺序应在出发一端的池边上从右至左(面对池)依次排列。

(2) 分道线

分道线长 50 米,由直径 5~15 厘米的单个浮标中间穿钢丝连接而成。对于 8 条泳道的标准游泳池(有 9 条分道线),中间 3 条分道线应为黄色,两侧向外 2 条分道线应为蓝色,两侧靠池边的分道线应为绿色。每条分道线两端开始至 5 米处的颜色应为红色。

(3) 泳道标志线

泳道标志线位于池底各条泳道的中央;线宽 0.2~0.3 米;50 米池线长 46 米,25 米池线长 21 米;两端距池壁各为 2 米;两端各有一条长 1 米、宽 0.2~0.3 米并与之垂直的对称横线;泳道标志线的颜色应深而清晰(图 10-2)。

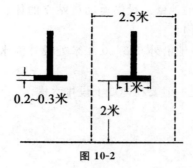

图 10-2

(4) 池端目标标志线

池端目标标志线位于两端池壁各条泳道的中央；线宽0.2～0.3米，从池的上缘一直延伸到池底；在水面下0.3米处池端目标标志线的中心上画有一条与之垂直的横线，线长0.5米，宽0.2～0.3米。

(5) 仰泳转身标志线

仰泳转身标志线为横跨游泳池的旗绳。两端固定在距池端5米的柱子上，高出水面1.8～2.5米。

(6) 出发召回线

出发召回线为结实耐用的绳，两端缚在距池端15米的固定柱子上，高出水面1.2米以上，应能迅速放入水中，并能有效地盖住全部泳道。

(7) 池边15米标记

15米标记位于距游泳池两端15米处的两侧和各泳道的分道线上，颜色应醒目。

二、训练设备

游泳的训练设备主要有水中辅助练习器材和陆上辅助练习器材两大类。水中辅助练习器材是指在游泳教学和训练中，用于降低练习难度或增强练习效果的专用器材。用于降低练习难度的辅助练习器材有浮球、浮板、浮枕等，此类器材的使用，可使练习者借助器材的浮力，进行分解动作或局部动作的练习，以专注于局部动作技术的掌握和提高。用于增强练习效果的辅助练习器材有划水板、阻力挡板、脚蹼、阻力衣等，此类器材的使用，可增大练习时的阻力，加大运动负荷，有利于练习效果的增强和运动成绩的提高。陆上辅助练习器材主要用于发展力量素质，通常使用的陆上辅助练习器材有哑铃、杠铃、各种拉力器及各种类型的联合器材。

(一) 水中辅助练习器材

1. 浮球串

浮球串供初学者练习时使用。浮球由硬质泡沫塑料制成，呈球形、梭形或正方形，每个浮球的体积不少于1 500立方厘米。使用时用绳或橡皮筋将浮球串联起来,再佩戴于身上。初学时浮球可多些,然后视掌握技术的情况逐步减少(图10-3)。

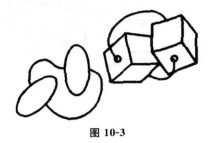

图 10-3

2. 浮板

浮板也叫打水板,供腿部或臂部动作练习使用,如扶板打腿、夹板划臂。浮板由泡沫塑料或橡胶材料制成,呈平板形。长30~40厘米,宽20~30厘米,厚3~4厘米。使用时扶其侧或夹于大腿之间(图10-4)。

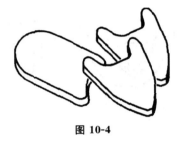

图 10-4

3. 浮枕

浮枕供腿部动作练习使用。浮枕由泡沫塑料或橡胶材料制成,多为鞍形,规格视练习者所需浮力大小而定,使用时夹于大腿之间(图10-5)。

图 10-5

4. 阻力挡板

阻力挡板用于加大划臂游进时的阻力,发展手臂力量。阻力挡板由橡胶材料制成,呈平板状,面积视使用者所需阻力的大小而定,一般为30厘米×20厘米。使用时将两脚穿进板洞,将挡板置于踝部(图10-6)。

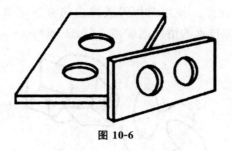

图 10-6

5. 划水板

划水板用于加大划水阻力,发展手臂力量。划水板由高强度的塑料板制成,多为掌形或长方形,面积视所需阻力的大小而定,一般为 10 厘米×15 厘米。使用时将手穿入板上的固定带中,使划水板附于手的掌面(图 10-7)。

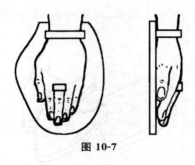

图 10-7

6. 脚蹼

脚蹼用于加大打腿阻力,提高打腿效果,发展腿部力量和踝关节的灵活性。脚蹼由橡胶或塑料制成,形如鸭蹼,面积视所需阻力的大小而定。使用时将脚套入脚套(图 10-8)。

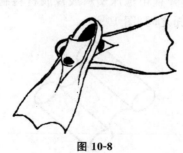

图 10-8

7. 阻力衣、裤、腰带

阻力衣、裤、腰带用于加大配合游时身体的水阻力。阻力衣、裤由耐水纤维布料制成,在衣、裤上附有多个朝前开口的口袋;阻力腰带上挂着几个开口的塑料盒子。着阻力衣、裤、腰带游泳时,因口袋兜水而使阻力增大(图 10-9)。

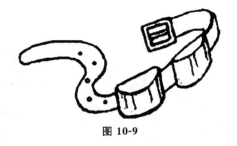

图 10-9

8. 牵引器

牵引器用于加大配合游时的阻力,发展臂、腿力量。使用时一端固定于池岸,一端通过有挂钩的腰带缚于练习者腰部。常用的是橡皮筋,游进时因橡皮筋的弹性产生向后的拉力;另一种是靠砝码的重力产生向后的拉力(图 10-10)。

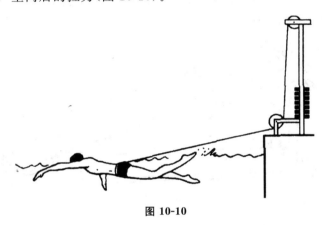

图 10-10

(二)陆上辅助练习器材

1. 简易练习器材

游泳陆上辅助练习器材中,常用的简易器材有实心球、哑铃、壶铃、杠铃等。练习者可根据自己的实际需要选择适当的重量和练习方式。

2. 拉力器

(1)橡皮拉力带

由橡皮条或橡胶管制成。此器材使用简单,效果良好,可根据需要临时安装在任何场地,是游泳教学和训练中使用最多的一种陆上辅助练习器材。练习时可采用多种姿势、方式和负荷,并可有选择地发展某一部位的力量和力量耐力(图 10-11)。

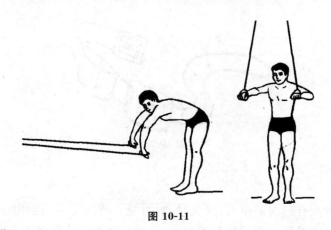

图 10-11

(2)滑车拉力器

由平板和滑动装置构成。使用时平板斜放,练习者卧于平板上,当用力拉、推把手时,平板受牵引向上运动;动作结束,平板自动下滑。使用时斜度可作适当调整(图 10-12)。

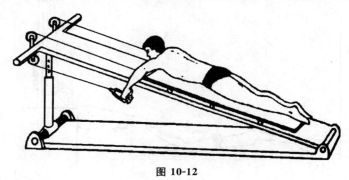

图 10-12

(3)砝码拉力器

由拉绳和砝码等构成,可通过增减砝码来调节负重量,使用方法同橡皮拉力带(图 10-13)。

图 10-13

(4)等动拉力器

在使用等动拉力器时,人体不受动作惯性的影响,无论是快拉还是慢拉,在动作全程的任何一段,均可获得与水中动作同样的效果。

①轻便等动拉力器:这种拉力器是运用摩擦力和离心力等原理通过一定的机械装置来产生等动拉力。该类器材体积小、重量轻、便于携带(图 10-14)。

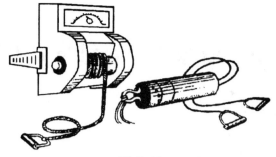

图 10-14

②电子等动拉力器：利用电子仪器产生等动拉力，可调节负荷强度，记录频率、次数和速度的变化，分析动作过程力的变化等，有目的地控制练习（图 10-15）。

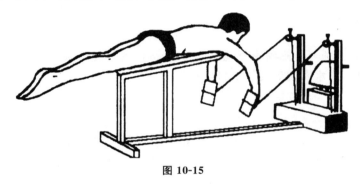

图 10-15

3. 多功能联合器械

这种器械是一种多功能的力量练习器械，可进行立、坐、蹲、卧各种姿势的推、拉、蹬、拧练习，能以不同的负荷对身体的不同部位施以影响。常见的有利用液压装置产生负荷的联合器械和利用砝码产生负荷的联合器械（图 10-16）。

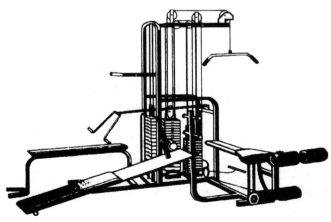

图 10-16

第二节 游泳水质处理与卫生管理

一、游泳池水质处理

(一)水质检验

游泳池的水质必须要达到国家所规定的卫生标准,游泳池应有专人负责进行各项检验,以掌握各项水质指标,为水质的处理提供科学依据。

1. pH 值

实验证明,池水最佳 pH 值为 7.2～7.6,允许范围为 6.5～8.5。池水因游泳人数的增加,pH 值向碱性转化。池水仅投加氯气而不投加碱剂进行平衡时,池水向酸性转变,并影响氯消毒效果。投加次氯酸钙、次氯酸钠,pH 值向碱性转化;投加铝盐混凝剂,pH 值向酸性转化。从效率、经济综合角度考虑,游泳池水 pH 值的平衡范围是池水消毒净化的基础。

2. 浑浊度

池水浑浊度不超过 5°,否则就表示池水已受到污染。池水产生浑浊的原因是净化处理措施不得当所致。

3. 耗氧量

池水耗氧量应不超过 13 毫克/升。所谓耗氧量,是指由于水中存在易被氧化的物质而消耗高锰酸钾的量。一般来讲,游泳池水污染增加,水的耗氧量也增大。有实验结果表明,如耗氧量达到 12 毫克/升以上,水中的细菌数即迅速增长。

4. 余氯

余氯是指池水用氯消毒后,在水中残存的氯,它是消毒池水、预防游泳池传播疾病的主要措施。余氯可分为游离型有效氯(游离余氯)及氯胺类化合型有效氯(化合型余氯)。水中游离余氯可使病原菌在 15～30 秒内死亡的条件,是在室温下池水 pH 值为 6.2～7.4。一般认为,水中游离性余氯不低于 0.2 毫克/升时,其杀菌作用是完全的,但为安全起见,留出安全系数,故规定为 0.4 毫克/升以上,但不宜超过 0.6 毫克/升。因为游离性余氯过多会刺激黏膜,并能使人头发褪色。游泳池氯化消毒应严格遵守规定总余氯量,不能过多或过少。

5. 尿素

尿素是表明游泳池水受人体污染程度的一项重要指标。池水中的尿素主要来自人体的分泌物和排泄物,尤其是以人尿中的尿素含量为主。儿童越多,排尿的比例越多。国际上普遍认为,游泳池水质尿素标准暂定为不超过 3.5 毫克/升。

6. 池水温度

适宜温度一般为 24℃～27℃,儿童池水温还应稍高一些。

7. 细菌总数

细菌总数是指 1 毫升水样在营养琼脂培养基中,于 37℃经 24 小时培养后,所生成的细菌总数。检测细菌总数可以了解池水消毒是否彻底,一般规定,游泳池水的细菌总数不应超过 1 000 个/毫升。

8. 大肠菌群

大肠菌群数系指每升水中所含有的大肠菌群的数目。大肠菌群在水中存在量多时,即意味着水已受到了人粪便的污染。在污水中,大肠菌群比其他肠道病原菌等对氯的抵抗力略强,因此,认为大肠菌群灭杀的时候,其他病原菌也已杀灭。

9. 藻类

池水如不消毒,2～3 日内即可有大量藻类产生,一般有加氯设备的游泳池,每周应作一次过氯化处理,建议水中游离余氯为 3～4 毫克/升,池水 pH 值在 7.2～7.6 之间。

10. 氨氮

氨氮是估算游泳池水污染状况的一项重要的指标。如果游泳池水受到污染,水中氨氮的含量可明显地增高。因此,游泳池中的水应定时用氯进行消毒。

(二)水质处理

游泳池多是群众性体育活动的场所,游泳池水会随着游泳人数的增加、大气中尘埃的散落和酸雨的影响而发生污染、变质。如果不及时处理,就可能损害游泳者的健康,甚至导致某些传染性疾病的传播。目前,国内通常采用的水质处理方法有循环过滤和吸污两种。

1. 循环过滤

(1)设备:循环过滤设备由过滤罐、加氯器、加热器、毛发阻截器、水泵、电机、管道等部件组成。过滤设备模式如图 10-17 所示。

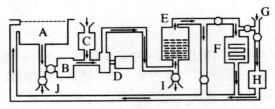

图 10-17

A—池；B—毛发阻截器；C—消毒剂入口；D—水泵；
E—过滤罐；F—加热器；G—自来水入口；H—加氯器；
I—污水出口；J—排水口

(2)过滤：过滤是维持水质正常的日常工作，应不间断地循环进行，可根据游泳人数、气温及水的污染程度，确定循环次数。过滤单位为滤水量与每池水量之比，称为"回数"。每日过滤回数用下式计算：

$$回数 = \frac{过滤器过滤量（立方米/小时）\times 24 小时}{池水容积（立方米）}$$

例如：池容量为 2 000 立方米，过滤量为 500 立方米/小时，每日可将水过滤 6 个回数，即循环了 6 次。

过滤程序：启动抽水机（电机、水泵）—池水由入水口进入—经毛发阻截器阻截水中毛发—加入消毒剂消毒—进入过滤器过滤—进行加热处理—加氯（液氯、气氯）—水经出水管道回到池中。

(3)排污与补水：尽管循环过滤对维持水质正常有显著的效果，但仍会有沉淀物在水中逐渐沉积，并不易排除，必须通过"吸污"的方法进行处理。排污后，根据损耗的水量补充新水。

2. 吸污

(1)设备：吸污用的吸污器由抽水机（水泵、电机、载机小车）、吸盘（底部有毛刷、滚轮、铁丝滤网）、吸管、牵引绳等 4 部分组成。平盘式吸盘的外形示意图如图 10-18 所示。

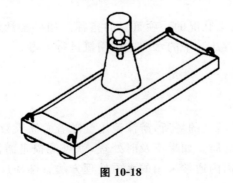

图 10-18

(2)操作程序

①投放凝聚剂。每次要在吸污前检测池水的 pH 值，以决定是否要加碱中和酸性。吸污前 8～10 小时向水中投放凝聚剂（碱式氯化铝、硫酸铝、明矾等）和助凝剂（碱、石灰水），促使水

中的漂浮物和游离物凝聚、沉淀。凝聚剂和助凝剂的投放量应根据吸污间隔时间和水的污染程度而定。例如,50 米×21 米×2 米的游泳池,每次应加碱式氯化铝 50~60 千克(或硫酸铝 40~50 千克,或明矾 60~65 千克),碱 40~50 千克(当 pH 值小于 6.5 时投放)。投放凝聚剂和助凝剂后应进行搅拌,使之与水拌和均匀,以增强凝聚和沉淀的效果。一般在傍晚 7:00~8:00 投药较好,布置好吸污设备(尤其要按每间隔 1.5 米吸管系好浮具)试运行一遍,以免影响次日(凌晨 4 点左右)吸污工作的顺利进行。

②吸污。投药 8~10 小时后,池中的沉淀物与清水完全分离时,即可开始吸污。吸污时应首先启动抽水机,待有污水排出后,再沿游泳池的短边往复牵拉吸盘使其在池底移动,即可使池底的沉淀物被吸盘上的毛刷刷起,再经过吸管被抽出池外。吸污时牵拉吸盘的速度应慢而均匀,一般以不扬起沉淀物为准。例如,50 米×21 米×2 米的游泳池,每台吸污器每次吸污 3~4 人操作,需 3~4 小时。但吸污时间的长短主要取决于吸污器的吸力大小、工作台数和操作者的熟练程度。

③补水。吸污结束后,应立即补充新水。补充水量应稍多于被抽出的水量,以使水面的漂浮物能从外溢水槽排出。

④投放消毒灭菌药物。补水结束,池水停止外溢后,应投放消毒灭菌药物(漂白水液氯、二氯异氰尿酸钠)。例如,50 米×21 米×2 米的游泳池,每次应加漂白粉浸泡的水液氯 80~100 千克(或二氯异氰尿酸钠 3~3.5 千克)。

⑤投放除藻、调色剂。补水、投药后,可根据水中藻类繁殖情况和水的颜色,投放适量的硫酸铜,一般应在夜间或开场前投放。

在没有电机水泵等设备的情况下,也可以利用"虹吸"原理进行吸污。但并不是所有的游泳池都能进行"虹吸",只有排水管口低于虹吸管入水口时才可以利用"虹吸"原理进行吸污。这对游泳池的结构性有一定的要求。

知识拓展

游泳池水吸污操作要点

(1)吸污前,应认真检查电气线路和接地线,如需人员下水处理吸污盘内缠绕杂物,则必须先切断电源。

(2)吸污过程中,如为潜水泵吸污盘,吸污时则严禁任何人员下水。

(3)应在清晨吸污,否则,池水随气温变化产生温差而上下对流,易造成沉淀物翻动上浮,降低沉淀效果。

(4)吸污应从浅水处开始,绕池周边先吸一圈,将池内周边的沉淀物吸排干净。然后由浅至深,使吸污盘沿池横轴往复移动,直至将整个池底的沉淀物全部吸完为止。

二、游泳池卫生管理

游泳池的卫生管理工作是非常重要的,其任务是建立、健全卫生管理制度,全面贯彻、落实国家卫生防疫部门对游泳池卫生的各项规定,使游泳池的各方面符合基本的卫生要求,这对于游泳者的身体健康具有重要的意义。游泳池的卫生管理主要包括以下内容。

(一)游泳者需遵守的卫生规则

加强宣传和教育,使游泳者自觉遵守卫生规则,是维护游泳场所卫生的重要工作。我国卫生部和国家体委发布的《游泳场所卫生管理条例》中对游泳者必须遵守的卫生规则作了如下规定。

(1)游泳者应经过健康检查,持有当年健康合格证,凭证购票入场,无证者不予售票。凡患有肝炎、心脏病、皮肤癣疹(包括脚癣)、重症沙眼、急性结膜炎、中耳炎、肠道传染病、精神病及酗酒者严禁游泳。

(2)游泳者入池前后,必须通过淋浴冲洗和含有效氯1‰~1.5‰浸脚消毒池,才准入池。

(3)游泳者应穿不褪色的游泳衣裤入池,禁止出租游泳衣裤和着白色游泳衣裤入场。

(4)禁止在游泳池边吃食物、吸烟、吐痰、擤鼻涕等。

(5)游泳完毕后应用眼药水滴眼。

(二)游泳池的环境卫生

游泳池的环境卫生是非常重要的,一个良好的游泳环境不仅可以提高游泳卫生的质量,同时还能使游泳者产生愉悦的心情。游泳池的环境卫生除游泳池周边及洗脚池、喷淋通道外,还包括淋浴室、更衣室、卫生间等附属设施。游泳池的环境卫生应注意以下几点。

(1)游泳池周边及附属设施的清洁卫生,应有专人进行维护。池岸、溢水槽必须经常冲洗(每日2~3次),应无痰、鼻涕及其他污物。

(2)浸脚消毒池必须保持清洁,开放时每4小时更换池水一次,并加入足量的氯或漂白水,水中的余氯应在1~1.5毫克/升之间。

(3)淋浴室、更衣室应经常冲洗,定期消毒,做到室内无污物,无积水。更衣室应注意通风和采光。

(4)卫生间应经常冲洗、消毒,便坑、便槽内应无积污。

知识拓展

水藻及其预防控制

水藻是单细胞或多细胞丝状体绿色植物,进入游泳池的途径一般是雨水或风所携带的灰尘中有水藻孢子。当游泳池水游离余氯低于0.2毫克/升、水温26.6℃以上、水中富含氨氮类化合物和溶解的CO_2时,在水的pH值相对偏高的状态下,孢子可在24~48小时内将游泳池水面全部覆盖成水藻。

可通过以下措施预防和控制游泳池中生长水藻。

(1)将水中游离余氯保持在1毫克/升,pH值保持在7.2~7.6之间。

(2)每周保证一次24小时不间断循环过滤。

(3)非过滤游泳池,在7—8月份时,每天抽底一次。

(4)水质检测发现pH值突然变高,又无其他影响原因时,预示水藻孢子在肉眼不能观察到的情况下开始进入大量繁殖阶段,应及时控制。

(5)由于硫酸铜对人体有潜在不安全的影响因素,因此,凡使用液氯作为消毒剂的游泳池,不建议使用硫酸铜作为除藻剂。

第三节 游泳池保养与维修

游泳池要反复使用,因此要注意保养和维护。游泳池的保养和维修不仅仅是指游泳池本身而言,对其周围有关的设备设施等也要保养与维护好,这样才能提高游泳池的利用率。下面重点介绍一下一般体育场馆设备设施的维护及游泳池的保养与维修。

一、一般体育场馆设备的维护

一般体育场馆设备的维护应做到"三好、四会、五良好"。"三好"即对设备用好、修好、管理好;"四会"即对设备会使用、会保养、会检查、会排除故障;"五良好"即使用性能良好、密封良好、润滑良好、坚固良好、调整良好。在维护重要设备时还要采用预防性维修,防止设备出现大的故障,要加强日常的保养和维护。

(一)设备的保养

1. 维护保养的内容

(1)清洁

在体育场馆内,若是大气中有灰尘进入设备内,会加快设备的磨损和引起局部的堵塞,还会造成润滑剂的恶化和设备的锈蚀,致使设备的技术性能下降、噪声增加,所以设备的清洁工作看似简单,实际上是维护保养工作中很重要的一种方式。

(2)紧固

场馆内的设备运行一段时间后,会出现一定的问题,如因多次启停和运行时的振动,地脚螺栓和其他连接部分的坚固件可能会发生松动,随之导致设备的更大振动直到螺帽脱落、连接尺寸错位和设备的位移以及密封面接触不严形成泄露等故障,因此必须经常检查设备的坚固程度。在进行固件调正时,用力应该均匀恰当,坚固顺序按规定进行,确保坚固有效。

(3)润滑

润滑管理是正确使用和维护设备的重要环节。润滑油的型号、品种、质量、润滑方式、油压、油位及加油量等都有严格的规定。润滑管理要求做到"五定",即定人、定质、定时、定点、定量,并制定相应的润滑管理制度,建立润滑站、润滑卡。此外,对设备的清洗、换油也应有合理的计划,确保润滑管理工作的正常开展。

(4)调正

设备零部件之间的相对位置及间隙是有其科学规定的,因设备的振动等因素,零部件之间的相对尺寸会发生变化,容易产生不正常的错位和碰撞,造成设备的磨损、发热、噪音、振动甚至破坏,因此必须对有关的位置、间隙尺寸作定量的管理,定时测量、调正,并在调正以后再加以坚固。

(5)外观表面检查

指从设备的外观做目视或测量观察、检查。包括:设备的外表面有无损伤裂痕;磨损是否在允许的范围内;温度压力运行参数是否正常;电机有无超载或过热;传动皮带有无断裂或脱落;震动和噪声有无异常;设备密封面有无泄露;设备油漆有无脱落,外表面有无锈蚀;设备的防腐、保温层有无损坏。

同时,对不同类型的设备,应根据其使用特点,采取不同维护保养方式。如对空调设备应在季节变化之前进行检查保养;对水箱类设备需要定期清洗、换水等。

2. 设备维护保养的方式

(1)日常维护保养工作

设备操作人员要定期对设备进行外观检查;按操作规程操作设备,定时巡视记录各运行参数,随时注意运行中有无异声、振动、异味、超载等现象;在班后对设备做好清洁工作。在冬天,如设备即将停用,应做好停运后的观察保养。日常维护保养工作是设备维护管理的基础,应该坚持实施,并做到制度化,特别是周末或节假日前更应注意。

(2)定期维护保养工作

定期维护保养以操作人员为主、检查人员协助进行。它是有计划地将设备停止运行,进行维护保养。根据设备的用途、结构复杂程度、维护工作量以及人员的技术水平等来决定维护的整个周期和维护停机时间。

定期维护保养工作需要对设备进行部分解体,做好以下工作:彻底内外清扫、擦洗、疏通;检查运动部件运转是否灵活及其磨损情况,调整配合间隙;检查安全装置;检查润滑系统油路和油过滤器有无堵塞;检查油箱,检查油位指示器,换油;检查电器线路和自动控制的元器件的动作是否正常。

设备的定期维护保养能够消除事故隐患,减少磨损,延长寿命,发挥设备的技术功能和经济特性。

(3)设备点检

①设备的点检。设备的点检就是对设备有针对性地检查。一些主要的设备在出厂时,制造厂商会提供该设备的点检卡或者点检规程,其内容包括检查内容、检查方法、检查周期以及检查标准等。设备点检时可按制造厂商指定的点检点和点检方式进行工作,也可根据各自的经验补充增加一些点检。设备点检时可以停机检查,也可以随机检查。检查时可以通过听、看、摸、闻等方式,也可利用仪器仪表进行诊断。通过设备的点检,可以掌握设备的性能、精度、磨损等情况,及时清除隐患,防止突发事故,不但保证了设备的正常运行,而且为计划检修提供

了正确的信息依据。

设备的点检包括日常点检和计划点检。设备的日常点检由操作人员随机检查。日常点检的内容主要包括：运行状态及参数，安全保护装置，易磨损的零部件，易污染堵塞、需要经常清洗更换的部件，在运行中经常要求调整的部位，在运行中出现不正常现象的部位。

设备的计划点检一般以专业维修人员为主，操作人员协助进行，计划点检应该使用先进的仪器设备和手段，可以得到正确可靠的点检结果。计划点检的内容主要有：记录设备的磨损情况，发现其他异常情况；更换零部件；确定修理的部位、部件及修理时间；安排检修计划。

②设备点检制。设备点检制是以点检为中心的设备维修管理体制。这种制度被广泛地应用于实行TPM的企业，是现代设备管理中比较科学的一种管理制度和管理方法。专职点检人员负责设备的点检，又负责设备管理，是操作和维修之间的桥梁与核心。点检员对其管理区内的设备负有全权责任，严格遵守标准进行点检，制定维修标准、编制点检计划、检修计划、管理检修工程、编制材料计划及维修费用的预算。点检体系由5个方面组成：岗位操作人员的日常点检、专业点检人员的定期点检、专业技术人员的精密点检、专家的技术诊断和倾向性诊断、技术专家的精度测试检查。

设备点检汇集操作人员、专业点检人员、专业技术人员、维修技术人员等"全员"的力量，在不同专业和不同阶段协调于同一目标下，使这些各类专业技术的各个层次的人相互配合、协调，形成完善有效的设备管理体系。点检系统工作体系如图10-19所示。

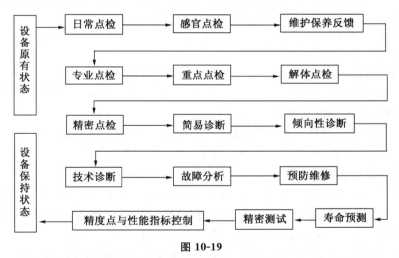

图 10-19

对专业点检人员要求很高，要求他们具有相当的专业知识和实际工作经验，掌握各种技术和管理标准，能制定维修计划、材料计划、资金预算，分析故障及处理意见，提出改善设备的对策等。制定设备点检作业卡、周点检计划卡、长期点检计划表等，使点检成为标准作业。

点检制有"三位一体"及五层防护线的概念，"三位一体"指岗位操作员的日常点检、专业点检员的定期点检、专业技术人员的精密点检三者结合起来的点检制度。五层防护线是：第一层防护线：岗位操作员的日常点检；第二层防护线：专业点检员的定期点检；第三层防护线：专业技术人员的精密点检；第四层防护线：对出现的问题进一步通过技术诊断等找出原因及对策；第五层防护线：每半年或一年的精密检测。

点检制的特点就是八"定"。

A. 定人：设立兼职和专职的点检员。
B. 定点：明确设备故障点，明确点检部位、项目和内容。
C. 定量：对劣化侧向的定量化测定。
D. 定周期：对不同设备、不同设备故障点给出不同点检周期。
E. 定标准：给出每个点检部位是否正常的依据。
F. 定计划：作出作业卡、指导点检员沿规定的路线作业。
G. 定记录：定出固定的记录格式。
H. 定流程：定出点检作业和点检结果的处理程序。

(4) 设备的自主保养

设备的直接应用涉及两方面的人员：一是生产使用人员，二是保养维修人员。如果两方面的人员都把自己看作各自孤立的一方，我们是生产者只管使用，你们是维修保养者，设备的好坏由你们负责，这样当然不会产生好的结果。生产使用和维修保养是一个整体的两个方面，只有二者齐备互相配合，才能充分发挥出设备的效能。生产使用部门并不是只管生产和使用就够了，它也应承担起设备保养的基础工作，即"防止劣化的活动"。只有生产使用部门搞好了"防止劣化的活动"，维修保养部门才能发挥出其所承担的专职保养手段的真正作用，才能使设备得到真正有效的保养。我们把生产使用部门进行的以"防止设备劣化"为中心的保养活动叫作"全员参加的自主保养活动"，通常称为自主保养。在自主保养活动中，为了充分发挥设备的能力，必须实行"自己的设备由自己管理"，做一个不仅会操作设备，还会保养设备的人。因此，操作人员还须具备以下4个方面的能力。

①能发现异常的能力。能发现设备异常，并不单纯是已产生了故障或产生不良时才发现异常，而是当似乎要发生故障，似乎要产生不良时，能对这些故障原因之类的异常一目了然，只有这样，才能称作为真正的"发现异常能力"。

②能正确、迅速地处理异常的能力（处理复原能力）。对于已发现的异常现象，要能及时使之恢复至原来的正确状态，发挥设备本来的功能，而且还应能根据异常的程度来决定是否向上级及维修保养部门报告，该怎样处理。

③条件设定能力。发现异常的能力常常取决于各人的水平和经验，由于水平和经验的不一，就可能影响对异常的发现。为了防止这种现象，应该决定一个确定的量，以判断设备是否正常。判断基准应定量。以温度为例，其定量应确定为"t应在××度以下"，而不能模糊地描述为"不得有异常的发热"。这里要强调的是，与其重视判断基准的正确度而延迟了执行，还不如先定一临时基准，再多次修正，以定出更为合适的基准。这种方法更具现实意义。

④维持管理能力。设备发生了故障再维修总没有预防在先的好，为此，就必须确实地遵守既定标准，比如"清扫、加油标准""自主检查标准"等。能力是如何形成的？它主要靠工作中的不断学习和积累，因此工作本身就是一种学习，能力的不断提高可取得更多的工作成果，它们三者之间是一种相互依存、相互促进的关系。要培养出能驾驭设备的操作人员，要形成自主保养的体制，一方面要注重人才的培养，另一方面要根据其实际能力对工作有切实的效果，也即这个效果是能得到维持的。在开展自主保养时，不可寄希望于一下子解决许多问题，为此应将目标和内容整理为7步，这就是"步进式自主保养"。理想的方法是，彻底地做到每一步，待达

到一定程度,再进入下一步。

从自主保养的过程来看,可分为 7 个步骤。

第 1 步:初期清扫。

初期清扫就是以设备为中心彻底清扫灰尘、垃圾等。我们要将清扫变检查,检查能发现问题,发现设备的潜在缺陷,并及时加以处理。同时通过清扫,有助于操作人员对设备产生爱护之心。

第 2 步:寻找发生源、困难部位的对策。

为了保持和提高第一阶段初期清扫的成果,就要杜绝灰尘、污染等的根源(发生源),为此可采取消除或加盖、密封等对策。对难以维护保养的部位,如加油、清扫、除污等,也应采取有效对策,提高设备的可维护保养性。

第 3 步:编写清扫、加油基准。

根据第 1、第 2 步活动所获得的体会,编写一个临时基准,以保养自己分管的设备,如清扫、加油,紧固等基本条件。

第 4 步:综合检查。

为了充分发挥设备的固有功能,要学习设备结构、功能及判断基准,检查设备各主要部分的外观,发现设备的缺陷,使之复原,同时使自己掌握必要的检查技能。再者,对以前编写的基准可考虑不断完善,以利检查。

第 5 步:自主检查。

在第 3 步编写的清扫、加油基准的基础上,加上第四步学到的内容,并完全遵照执行,这就是自主检查基准。在学习和执行的过程中,还要不断学习和熟悉设备的操作和动作、质量和设备等的关联性,具有正确操作设备和早期发现异常情况的能力。

第 6 步:整理、整顿。

从现有的以设备为中心的活动向外围设备、整个车间扩大活动范围,在掌握了上述 5 步能力的基础上,发展为实现并维持整个车间应有的形象。

本步所说的整理是指明了车间内的工夹具、半成品、不良品等,并制定出管理基准,减少物、事等管理对象,尽量简化。

整顿就是要遵守(维持)既定基准并逐步完善,以便作业人员易于遵守。车间实行目视管理和管理实行标准化。

第 7 步:自主管理的彻底化。

通过以前 6 步的活动,已获得了不少的成果,人员也得到了很大的锻炼,所以这一步就要建立起不断改善的意识,不断地进行 PDCA 循环,结合公司的方针、目标,制定出适合自己的新的小组活动目标,做到自主管理的彻底化。

(二)设备的修理

1. 设备的计划检修

对在用设备,根据运行规律及计划点检的结果,可以确定其检修间隔期。以检修间隔期为基础,编制检修计划,对设备进行预防性修理,这就是计划检修。实行计划检修,可以在设备发生故障之前就对它进行修理,使设备一直处于完好能用的状态。

根据设备检修的部位、修理工作量的大小及修理费用的高低,计划检修工作一般分为小修、中修、大修和系统大修4种。

(1)小修。主要是清洗、更换和修复少量易损件,并作适当的调整、紧固和润滑工作。小修一般由维修人员负责,操作人员协助。

(2)中修。除包括小修内容之外,对设备的主要零部件进行局部修复和更换。

(3)大修。对设备进行局部或全部的解体,修复或更换磨损或锈蚀的零部件,力求使设备恢复到原有的技术特性。在修理时,也可结合技术进步的条件,对设备进行技术改造。

一般来说,中修、大修应由专业检修人员负责,操作人员只能做一些辅助性的协助工作。

(4)系统大修。这种检修方式是一个系统或几个系统甚至整个物业设备系统的停机大检修。系统大修的范围很广,通常将所有设备和相应的管道、阀门、电器系统及控制系统都安排在系统大修中进行检修。在系统大修过程中,所有的相关专业检修人员以及操作人员、技术管理人员都应参加。

设备的计划检修不能绝对消除计划外检修(偶然性的故障抢修和意外事故的恢复性检修),但如果认真贯彻各项操作规程和规章制度,认真完成设备的日常维修和计划检修工作,那么计划外的检修是可以减少或者避免的。

2. 抢修

建立适合于体育场馆特点的设备维修保养方案,要遵循"安全、经济、合理、实用"的原则,有计划、有步骤地进行,做好设备的预防性维修保养,将设备故障隐患消灭在萌芽状态,才能更好地保障场馆举办的各种社会活动的顺利进行。但无论如何,也需考虑现场各种特殊情况的出现,必需的设备设施故障应急预案有:供电突发性事故的应急措施、中央空调系统应急处理方案、电梯故障应急处理方案、故障或停电困人救援方法、液化气泄漏应急预案、水浸应急预案、抢修服务工作程序、严重漏水泄水应急措施等。

3. 经验维修与规范维修

经验维修是最常见的维修方式,维修人员依据过去的维修经验进行检查或诊断故障,检修时间快,但人员因素影响很大。经验作为优秀的维修人员的必备条件,在维修行业得到认可。在面对维护要求越来越高的现代设备设施时,经验不足是普遍现象,经验维修方式常常无力应对复杂多样的现代设备。科学规范维修则是经验维修的继承和发扬,它把维修纳入了科学严谨的轨道上,是先进有效的维修方式。

经验维修是一种很有效的工作方式,通过积累维护经验,可以在排故过程中少走弯路,找到快捷有效的方法。例如总结更换部件的过程、使用工具和更换先后次序,下次再更换时就会优化程序,缩短时间。在结构相对简单的设备面前,机械传动部件较多,部件之间往往通过机械传动连接,出现故障一般都是由于某个机械部件磨损老化造成的,所以故障总会重复出现在一个地方上。通过总结经验可以缩小排故范围,很快找到故障点。

但是现代设备都是机械和电气综合的机电设备，一旦出现故障，判断的难度也大大加强。再依靠以前的经验维护，往往工作一夜也不一定能排除故障。因为经验代替不了科学的分析检查，所以经验维修在现代设备维护中的作用降低了。并且经验维修容易使人主观片面，忽视故障隐患。经验维修依靠的是人在维护过程中反复操作所积累起来的感觉和总结的方法。人在社会实践中总是希望以最小的代价获取最大的利益，维护经验最后往往被总结成一些小经验、小窍门。这非常容易使人陷入主观片面。如果过分依赖维护经验，会使我们忽视很多细节，从而让故障隐患在眼皮下溜走。所以经验维修像一把双刃剑，使用得好可以给工作带来便利，盲目相信经验就会给自己带来伤害和悔恨。

只有在经验维修中注入科学规范才能更好地发挥它的作用。科学规范维修才是现代维护的根本方法。大量最新科技成果被运用到各种设备上，这要求每一位维护人员必须提高自己的业务理论水平，坚持以科学规范的维修态度和方法去维护设备，才能保证设备安全。科学规范维修是经验维修的升华，它以严谨科学的维护方式对待设备问题。

科学维修管理可以使维修系统发挥更大的效率，规范日常维修工作是保证设备安全运行的根本因素。规范维修的根本就是依法、科学、按照相应技术手册的规定去从事维修工作。有人说："什么都按规章走，做事就做死了，要灵活。"这种态度在维修工作中是错误的，任何技术文件上的安全规范对于安全生产具有非常强的指导性，任何一个工作单上要求检查的项目都是经过严谨科学的论证得出来的，必须严格执行。要把规范维修落实到实际工作中，无论做什么工作，手里只要有工作单，就要按照工作单要求一项一项地完成，既不能超越要求自作主张，也不能省略步骤。例如，有人嫌拿单子干活不方便，相信自己记住了检查项目，结果工作一多就丢三落四，很多该看的项目没有检查，未能及时发现隐患，给自己和单位造成损失。所有这些都是因为不能正确对待规范维修，不依靠科学维护造成的。

过去，优秀的维修人员都应具备丰富的维护经验和过硬的维修技术。现在，要通过加强新技术的学习和掌握，普及科学的工作和管理方式，将旧的维护经验注入科学规范的新内涵，使它焕发新的生命力。以前的维护经验很多是停留在主观意念上的，是孤立的，往往存在不考虑环境条件盲目照搬的缺点。但是它也有很多优点，老的维修人员听设备声音就可以判断工作是否正常，看一眼部件就能马上说出固定螺栓的大小尺寸等，这都是值得学习的宝贵经验。所以对待经验维修应该采取扬弃的态度，吸收优秀的，放弃不符合发展需要的。科学规范维修和经验维修并不是冲突的，它是经验维修的升华和提高，只有在科学的前提下总结出来的经验才是经得起考验的方法。

4. 维修工程的管理

（1）内部维修

维修主管部门应根据年度检修计划及设施、设备运行情况填写《维修工程审批表》，制定维修方案及预算，上报审批。

维修主管组织维修工按照设备维修操作规程进行维修。

设备维修完成后，维修主管应及时组织设备责任人及值班人员进行试运行。设备鉴定标准参照国家部级行业验收规范执行。

维修内容及结果要详细记录在《设施维修保养记录表》中。

(2) 委外维修

合同内的保修或难以处理的问题,由专业供货方或其他专业厂商解决。

外方检修时,维修主管部门应在施工现场设置标志,并要求检修人员或单位做好围挡或安全护栏。维修主管部门对施工现场要进行监督检查。

如果需要将设施设备业务实行外包管理,就应选择在服务质量和服务价格方面均满足企业需要的合格承包方。

① 承包方评估。通常要从以下几个方面对承包方进行评估:企业品牌状况,企业规模,资信信誉,技术能力(是否具备相关技术资质证书等),企业质量保证能力(如是否有质量保证体系),管理维护计划、标准、预算价格、付款方式。

在评估时应注意:选取多家单位进行综合价格比较;同等条件下原承包方优先;不以价格为唯一选择标准;评估参与人与承包方有特殊关系时应予回避;秉承公开、公正、公平的原则;根据分包项目的内容,采取资料审核、现场考察、分项评分、逐级审核、评估会议等方式对承包方进行评估。

② 订立外包管理合同应注意的事项。由于设施设备的重要性和发生故障所产生的损失和影响可能较大,在合同起草和签订过程中,应特别注意以下几个方面。

A. 在签订合同时要注意保证签约主体与实施主体一致。

B. 在合同中应明确因设施设备故障、事故造成的人员、财产等损失,明确在出现问题时的责任方,以免在出现问题时产生纠纷。

C. 应在合同中明确服务的技术指标标准,并尽量采取量化形式,便于检验。

D. 委托方应尽量保留受托方在服务过程中的有关质量记录文件,既便于监督服务过程,也便于掌握设施设备状况,保证设施设备历史资料的完整性。

③ 外包管理合同实施应注意的问题。

A. 建立针对承包方的检查监控制度并落实专人负责实施。

B. 建立与承包方的定期沟通会议制度,及时解决合同履约过程中出现的问题。

C. 建立定期效果评估制度。对评估过程中发现的较大或普遍存在的问题,以书面形式通知承包方,并提出整改要求,限期整改。

D. 定期对承包方的基本情况进行全面更新,以及时掌握承包方的企业状况,适时采取对策,确保承包方有能力持续履行服务合同。

(3) 维修的监督

维修主管部门定期全面检查监督保养维修工作,发现问题及时处理,并记录在相应的专门表格中。日检、周检、月检、季度检查和委外检修都应有专门的记录。将设备及设备检修情况、重要零部件更换情况在档案中予以记录,并在相应的《设施维修保养记录表》中予以记录,以便今后维修工作的开展。应设专人负责保存必要的、与运行设备设施相符合的技术图纸、产品说明书及相关资料,以便系统地、历史地掌握设备状态。

二、游泳池的保养与维修

(一)大众游泳池(馆)的维修和保养

(1)对群众开放前后都应将溢水槽洗刷一遍,并将堆积物排除,使排水口通畅,同时要捞出池水表面的杂物。另外,要用电动水下吸物器将池底污物吸除。

(2)最好每周清理一次池底,以保证池底无沉积物。同时要根据实际情况,一天多次或定时循环过滤或全部将泳池水抽换。

(3)更衣室、通道和池边走道在开放前后都应用水清扫、擦洗、消毒,以防游泳者将不洁物带进水中。

(4)厕所要保持清洁,应用消毒液消毒。

(5)淋浴室及浸脚池应每天多次进行打扫消毒,尤其是浸脚池应每2小时换水下药1次。据不完全统计,人群中患脚癣者达3.3%~21.5%。

(6)游泳馆内室温一定要比水温高出2℃~3℃,以保证水温相对稳定。水温一般在26℃左右为好。

(7)泳池外的地面,一定要保持清洁,做到岸边无青苔、无杂物。每天应打扫1~2次,并用水清洗。

(二)室外游泳池的维修和保养

1. 游泳池的保养

(1)停止开放后晾池。大约在10月中旬用稻草帘铺盖池面、池壁和池底,以防冬季冻裂池子(此法大多为北方地区使用)。防冻应有专人负责,防止发生火灾。

(2)放水保养。即使用后不放水,用水温保护池子。此法大多为南方地区采用。在北方只有深水池铺不了稻草帘时才用此法。如池水结冻,则应每天早、晚两次用棍棒敲碎池边冰块,以防胀坏池子。

(3)将池水放掉后,顺其自然,不再进行任何人工保养。此法会缩短游泳池寿命,不宜提倡。

2. 循环过滤系统的保养

(1)停场后,将淋浴室和厕所等处的喷头和把手以及饮水器之类拆下来,妥善保存,以免腐蚀,以利于再用。

(2)冲洗过滤罐和滤料。闭场2个月后,要把过滤罐中的滤料倒出来晾晒和过滤,排除杂物。然后用水冲洗滤罐。滤料冲洗晾干后,再一层层装好,以便再用。

(三)过滤机安全操作规程

(1)开动过滤机前要加油,并全面检查机器设备和电压。一切正常方能启动。
(2)开泵后要检查水温是否合适。正常水温应在26℃左右。
(3)合、关电闸时,操作人员必须戴安全手套。
(4)值班人员必须坚守岗位,随时观察设备运转情况,发现异常和故障要及时处理排除。
(5)经常检查设备,每月冲洗1次过滤罐。
(6)过滤机房严禁无关人员进入,保持机房清洁卫生。

(四)氯气使用安全操作规程

(1)氯气为剧毒物品,使用前必须检查氯气阀门。先打开自来水,再开氯气。
(2)开氯气瓶嘴动作不要过猛,以防损坏瓶口跑气。
(3)过滤机开启后,再开氯气。过滤机关停时,一定要先关闭加氯机,20分钟后再停过滤机水泵。亦即先关闭氯气阀门再关水,以防氯气泄漏。
(4)使用氯气消毒时,水中含氯气量应为0.4~0.6毫克/升。
(5)氯气房内必须有防毒面具,使用氯气时操作人员必须坚守岗位,如发现跑气,要立即关闭氯气阀门,并戴好防毒面具进行抢修。
(6)氯气房要严禁无关人员进入,并且要有消防设备。

(五)游泳后的器材保管

在游泳结束后,游泳器材要有专人妥善保管。基本的要求是同类器材放在一起,不要混放,以免丢失。游泳分道线(水线)要用专用大车轮缠绕起来,推列池边放好。

器材保管主要是防潮、防霉变。人工用秒表要专人保存,以防丢失。电动触板要竖着安放保存,不可压叠,以免降低其灵敏度。自动计时装置,尤其是大显示牌,即使无大比赛或使用不频繁,也要每3个月通电1个小时,以便去除湿气,防止损坏。

知识拓展

游泳池水质标准

建设部于2007年3月8日批准发布了《游泳池水质标准》(CJ 244—2007)城镇建设行业标准,于2007年10月1日起实施。标准的主要技术内容如下。

1 游泳池原水和补充水质要求
1.1 游泳池原水和补充水水质必须符合GB 5749的要求。
2 游泳池池水水质基本要求
2.1 池水的感官性状良好。

2.2 池水中不含有病原微生物。
2.3 池水中所含化学物质不得危害人体健康。
3 游泳池池水水质检验项目及限值
3.1 游泳池池水水质常规检验项目及限值应符合表10-1的规定。

表10-1 游泳池池水水质常规检验项目及限值

序号	项目	限值
1	浑浊度	≤1NTU
2	pH 值	7.0～7.8
3	尿素	≤3.5mg/L
4	菌落总数(36±1℃,48h)	≤200CFU/mL
5	总大肠菌群(36±1℃,24h)	每100mL不得检出
6	游离性余氯	0.2～1.0mg/L
7	化合性余氯	≤0.4mg/L
8	臭氧(采用臭氧消毒时)	≤0.2mg/m³；以下(水面上空气中)
9	水温	23℃～30℃

3.2 游泳池池水水质非常规检验项目及限值应符合表10-2的规定。

表10-2 游泳池池水水质非常规检验项目及限值

序号	项目	限值
1	溶解性总固体(TDS)	≤原水 TDS+1500mg/L
2	氧化还原电位(ORP)	≥650mV
3	氰尿酸	≤150mg/L
4	三卤甲烷(THM)	≤200μg/L

3.3 常规检验微生物超标或发生污染事故时，池水还应按当地卫生部门要求的附加水质检测内容和非常规微生物检测内容进行检测。
3.4 本标准中未列入的消毒剂和消毒方式，其使用及检测应按当地卫生部门相关要求执行。
3.5 竞赛池举办世界级比赛时的水质标准，应符合国际泳联的相关要求，可参照附录A的水质标准。

附　录　游泳场所卫生规范

第一章　总则

第一条　依据

为加强游泳场所卫生管理，规范经营行为，防止传染病传播和健康危害事故的发生，保障人体健康，依据《中华人民共和国传染病防治法》《公共场所卫生管理条例》《公共文化体育设施条例》《突发公共卫生事件应急条例》等法律、法规，制定本规范。

第二条　适用范围

本规范适用于中华人民共和国境内各类游泳场所，包括人工游泳场所、天然游泳场所和水上游乐设施。

第三条　用语含义

（一）本规范所称游泳场所，是指能够满足人们进行游泳健身、训练、比赛、娱乐等项活动的室内外水面(域)及其设施设备。

（二）循环净化给水系统，是指将使用过的游泳池池水，按规定的流量和流速从池内抽出，经过滤净化使池水澄清并经消毒杀菌处理后，符合相关水质标准后，再送回游泳池内重复使用的系统。

（三）直流式给水系统，是指将符合生活饮用水水质标准的水流，按设计流量连续不断送入游泳池，再将使用过的池水按相应的流量连续不断经排水口排出游泳池的给水系统。

（四）直流净化给水系统，是指地面或地下水，经过滤净化和消毒杀菌处理达到游泳池水质标准后，按设计流量连续送入游泳池，再将使用过的池水按相应流量排出游泳池的系统。

（五）浸脚消毒池，是指为使游泳者在进入游泳池之前强制接受脚部消毒而在通道上设置的含有消毒液的水池。

（六）强制淋浴，是指为使游泳者在进入游泳池之前强制接受身体清洗而在通道上设置的淋浴装置。

第二章　场所卫生要求

第四条　选址、设计及竣工验收

（一）天然游泳场所应设在污染源的上游，上游1 000米、下游100米以内不应有污水排放口，岸边100米以内不应堆有污物或存在渗透性污染源。水底与岸边地质适宜，不应有树枝、树桩、礁石等障碍物和污染物。水流速度不大于0.5米/秒，并应划定卫生防护区。严禁血吸虫病区或潜伏有钉螺地区开辟天然游泳场所。

（二）新建、改建、扩建的游泳场所工程选址、设计，在可行性论证阶段或设计阶段以及竣工验收前，应当委托具有资质的卫生技术服务机构进行卫生学评价。游泳场所应将设计说明、水质处理设计参数、场所总平面布置图、装修原材料、池水循环净化消毒装置及其工作规程、空调通风系统的设计安装情况以及其他有关资料,报当地卫生监督机构备查。

第五条 环境卫生

游泳场所的内外环境应保持整洁、卫生、舒适、明亮、通风,空气质量符合国家有关卫生标准。

第六条 人工游泳场所设施与布局

(一)人工建造游泳场所应设置游泳池及急救室、更衣室、淋浴室、公共卫生间、水质循环净化消毒设备控制室及库房。并按更衣室、强制淋浴室和浸脚池、游泳池的顺序合理布局,相互间的比例适当,符合安全、卫生的使用要求。

(二)急救室应按《体育场所开放条件与技术要求》GB 19079 要求设置,配有氧气袋、救护床、急救药品和器材,救护器材应摆放于明显位置,方便取用。

(三)更衣室地面应使用防滑、防渗水、易于清洗的材料建造,地面坡度应满足建筑规范要求并设有排水设施。墙壁及内顶用防水、防霉、无毒材料覆涂。更衣室应配备与设计接待量相匹配的密闭更衣柜、鞋架等更衣设施,并设置流动水洗手及消毒设施。更衣柜宜采用光滑、防透水材料制造并应按一客一用的标准设置。更衣室通道宽敞,保持空气流通。常年开放的室内游泳池宜设有空气调节和换气设备、池水温度调节设施。

(四)淋浴室与浸脚消毒池之间应当设置强制通过式淋浴装置,淋浴室每 20~30 人设一个淋浴喷头。地面应用防滑、防渗水、易于清洗的材料建造,地面坡度应满足建筑规范要求并设有排水设施。墙壁及顶用防水、防霉、无毒材料覆涂,淋浴室设有给排水设施。

(五)为顾客提供饮具的应设置饮具专用消毒间。

(六)设有深、浅不同分区的游泳池应有明显的水深度、深浅水区警示标识,或者在游泳池池内设置标志明显的深、浅水隔离带。游泳池壁及池底应光洁不渗水,呈浅色,池角及底角呈圆角。游泳池外四周应采用防滑易于冲刷的材料铺设走道,走道有一定的向外倾斜度并设排水设施,排水设施应当设置水封等防空气污染隔离装置。

(七)淋浴室通往游泳池通道上应设强制通过式浸脚消毒池,池长不小于 2 米,宽度应与走道相同,深度 20 厘米。

(八)室内游泳池应有符合国家有关标准的人员出入口及疏散通道,设有机械通风设施。

(九)游泳池应当具有池水循环净化和消毒设施设备,设计参数应能满足水质处理的要求。采用液氯消毒的应有防止泄漏措施,水处理机房不得与游泳池直接相通,机房内应设置紧急报警装置。放置、加注液氯区域应设置在游泳池下风侧并设置警示标志,加药间门口应设置有效的防毒面具,使用液氯的在安全方面应符合有关部门的要求。

(十)游泳场所应配备余氯、pH 值、水温度计等水质检测设备。

第七条 天然游泳场所设施与布局

(一)天然游泳场围护区域内应设置明显的安全防护网与安全警示标志,海滨游泳场应在岸边选择适宜地点设置更衣室、淋浴室、指挥台、公共卫生间、急救室;指挥台内应配备望远镜、通讯广播设备;急救室应配备救生圈(船)、救生人员及有关物品等。

(二)天然游泳场所应有平坦的入水走道通向水域,通道应保持清洁。在天然游泳场所水面应按一定水深范围分别设置不同颜色且颜色鲜艳的浮筒,并有告示说明其所代表的水深范围。

(三)天然游泳场所应配备pH值等水质检测设备。

(四)天然游泳场所应设立天气预报、水温告示牌。

第八条 公共卫生间

(一)在游泳场所淋浴室的区域内应配备相应的水冲式公共卫生间。公共卫生间地面应低于淋浴室,地面与墙壁应选择耐水易洗刷材料铺设。男卫生间每60人设一个大便池和二个小便池,女卫生间每40人设一个便池。

(二)公共卫生间内便池宜为蹲式,采用座式便池的宜提供一次性卫生座垫。卫生间内应设置流动水洗手设施,卫生器具宜采用感应式水龙头和冲洗阀。卫生间应有独立的排风设施,机械通风设施不得与集中空调管道相通。

第九条 通风、照明与水质

(一)室内游泳场所应保持良好通风,机械通风设施正常运转,空气细菌总数、室温、相对湿度、风速、二氧化碳等空气监测指标应符合国家相关卫生标准的要求。使用集中空调通风系统的游泳场所,其空调通风系统应符合国家相关规定。

(二)室内游泳场所自然采光系数不低于1/4,夜间人工照明,距离水面1米高度的平面照度不低于180勒克斯,开放夜场应当配备足够的应急照明灯。天然游泳场所游泳区水面照度应能够满足救生安全需要。

(三)游泳池水质应符合国家有关标准要求,提供的饮水设施设备及饮用水水质应符合国家相关卫生标准。

第十条 废弃物存放与预防控制病媒生物设施

游泳场所应在适宜位置设置废弃物盛放容器,容器应加盖密闭,便于清理,并能有效预防控制病媒生物孳生。

游泳场所应设有预防控制病媒生物的设施。

第三章 卫生操作要求

第十一条 人工游泳场所应当制订以下操作规程:

(一)池水循环、净化、补充、消毒操作规程。

(二)浸脚消毒池水更换消毒操作规程。

(三)公共用品用具清洗消毒操作规程。

(四)集中空调通风系统清洗消毒规程。

(五)池水循环净化设备维护、污水处理排放等操作规程。

第十二条 公共用品用具采购

游泳场所使用的公共用品用具、净化剂、清洁剂、杀虫剂、消毒药剂、消毒设施、饮水设备、急救物品及设施、池水循环净化设备等各类用品用具应到证照齐全的生产厂家或经营单位购买,采购时应建立验收制度并做好记录,按照国家有关规定索取检验合格证和生产企业卫生许可证或有关产品卫生许可批件。使用的消毒剂、净化剂、清洁剂、杀虫剂、急救药物等不得对人体产生危害。使用的循环、净化、消毒、通风保暖等设施设备不得对人体安全造成损伤。

第十三条 公共用品用具储藏

库房应存放一定数量的公共用品用具、消毒药剂、急救物品与设施等,物品应分类存放,标记明显。库房内不得堆放杂物。库房应有预防控制病媒虫害的设施和措施,设有机械通风装置,保持良好通风。消毒药剂和急救药物应有专人负责管理,专间或专柜存放且密闭上锁,并应严格执行使用登记制度。按药品有效期分类存放,并及时清理过期药品。

第十四条　公共用品用具消毒

游泳场所提供游泳者使用的公共用品用具(包括拖鞋、茶具等)应一客一换一消毒。消毒后的饮用具应存放于保洁柜。

第十五条　人工游泳池水净化消毒

(一)经净化消毒的游泳池水质应符合相关国家卫生标准的要求。采用臭氧、紫外线或其它消毒方法消毒时,还应辅助氯消毒。

(二)游泳池水(包括儿童涉水池连续供给的新水)应保持游离余氯浓度为 0.3～0.5 毫克/升。

(三)浸脚消毒池池水余氯含量应保持 5～10 毫克/升,应当每 4 小时更换一次。

(四)游泳池水循环过滤净化设备每日应进行反冲洗,反冲洗水应排入下水道。

(五)池水水质消毒液投入口位置应设置在游泳池水水质净化过滤装置出水口与游泳池给水口之间。

第十六条　游泳场所消毒

(一)人工游泳场所每班开场前和散场后均应对游泳池外沿、池边走道及卫生设施进行清扫、擦洗或冲洗一次。发现有污染时,用含氯消毒液喷洒消毒后再进行擦洗。

(二)淋浴室应经常刷洗,地面要定期消毒。更衣柜应于每日开放结束后做好清洁消毒工作。公共卫生间和垃圾箱(桶)应每天及时清洗消毒,防止孳生蚊蝇。

(三)饮水、消毒、抢救等设施设备以及急救室应定期做好清洁消毒。

第十七条　设备设施维护

(一)人工游泳场所水质循环净化消毒、补水、保暖通风等设备设施应齐备完好,应建立并执行定期检查和维修制度,做好相应记录。

(二)设施设备发生故障时应及时检修,采取应急处理措施,确保设施设备正常运行。水循环设备检修超过一个循环周期时,不得对外开放。

第四章　卫生管理

第十八条　证照管理

游泳场所及从业人员应证照齐全,卫生许可证应悬挂在场所醒目处。

第十九条　机构及人员职责

(一)游泳场所的法定代表人或负责人是该场所卫生安全的第一责任人,对场所的卫生管理负全面责任。

(二)游泳场所应当建立健全卫生管理制度,设立卫生安全管理组织机构或部门,明确卫生安全主管负责人,配备专(兼)职卫生安全管理人员。游泳场所水质净化消毒、水质监测、督浴、浸脚消毒池、救生、巡视监护等岗位应建立相应的管理制度,并明确管理人员及岗位责任。

(三)游泳场所应做好从业人员健康检查和卫生知识培训的组织安排工作,并根据健康检查的结果,对患有不宜从事游泳场所服务工作疾病的,调离其直接为顾客服务的工作岗位。

第二十条　培训、管理制度

(一)游泳场所应建立卫生及专业知识培训考核制度,定期对本单位的工作人员进行卫生及专业知识培训和考核并做好记录。

(二)建立自身检查制度,对场所卫生状况、从业人员个人卫生、操作卫生、日常清洗消毒等工作进行经常性检查,并做好清洗消毒的记录。

(三)人工游泳场所应设置专人负责池水净化消毒工作,并配备足量、符合国家卫生要求的净化、消毒剂。每场开放前、开放时均应进行池水余氯、pH 值、温度等检测,检测结果应公示并注明测定时间,且记录备查,检测结果应每月上报卫生监督部门。开放期间每月应由当地卫生检验部门进行检测,并出具检验报告。游泳池每年开放前和连续开放期间应对卫生标准规定的全部项目进行检测。

(四)天然游泳场所每年开放前应经卫生部门水质监测合格后方可对外开放,同时应根据国家有关标准要求中规定的项目定期进行水质检验,每月不少于 1 次,监测结果应向公众公示。

(五)游泳场所应当建立禁止出租游泳衣裤管理制度。

第二十一条　环境卫生管理

游泳场所应配备足够、干净的清扫工具,定期做好卫生清扫工作并做好记录,及时清运废弃物并统一处理。

第二十二条　传染病和健康危害事故应急预案、事故报告

(一)游泳场所应当制定预防传染性疾病传播、氯气泄漏等健康危害事故的应急处置工作预案。当发生传染病或健康危害事故时,应及时抢救受害者脱离现场,迅速送病人到附近医疗机构救治,采取预防控制措施,防止事故的继发。

(二)游泳场所负责人及卫生负责人是传染病和健康危害事故报告责任人。当发生下列传染病或健康危害事故时应及时报告当地卫生、体育行政部门;导致死亡或同时发生 3 名以上(含 3 名)受害病人时,事故报告责任人要在发生事故 24 小时内电话报告:

1. 室内空气不符合卫生标准所致的虚脱休克;
2. 水质受到污染所致的介水传染性疾病流行;
3. 公共用具、用水和卫生设施受到污染所致传染性疾病、皮肤病流行。

第二十三条　档案管理

游泳场所应建立完善本单位卫生管理档案。档案内容应包括以下几方面:

(一)有关证照:许可证、营业执照、从业人员健康合格证和卫生知识培训合格证以及岗位资质证明等。

(二)卫生管理制度:包括培训考核制度、自身检查制度、水质循环净化消毒制度、水质监测制度、公共用品清洗消毒更换制度等。

(三)组织领导机构和人员岗位职责。

(四)预防控制传染性疾病传播的应急预案,健康危害事故应急处置工作预案。发生传染病或健康危害事故后的处理情况。

(五)各种操作规程:包括游泳池水循环净化消毒操作规程、设备维护操作规程等。

(六)有关记录:包括游泳池水水质循环净化消毒记录、水质监测记录、公共用品清洗消毒更换记录、自身检查记录、培训考核记录、集中空调通风系统清洗消毒记录等。

(七)有关资料及证明:包括相关法律法规、标准、规范;卫生学评价资料;总平面布置图;集中空调通风系统布置图;装修原材料;池水循环净化消毒装置资料;有关消毒设施、消毒药物、饮水设备等卫生许可证或卫生许可批件的复印件等相关资料。

各项档案中应有相关人员的工作记录并签名,档案应有专人管理,各类档案记录应进行分类并有目录。有关记录至少应保存三年。

第五章 人员卫生要求

第二十四条 游泳场所工作人员的健康管理

(一)游泳场所直接为顾客服务的从业人员应每年进行一次健康检查,取得健康合格证明后方可上岗。

(二)健康合格证明不得涂改、转让、倒卖、伪造。

(三)患有痢疾、伤寒、甲型病毒性肝炎等消化道疾病(包括病原携带者)、活动性肺结核、化脓性或者渗出性皮肤病以及其他有碍公共卫生的疾病,治愈前不得从事直接为顾客服务的工作。

第二十五条 游泳场所游泳者的健康管理

场所入口处应有明显的"严禁肝炎、重症沙眼、急性出血性结膜炎、中耳炎、肠道传染病、精神病、性病等患者和酗酒者进入"标志。

第二十六条 卫生知识培训

(一)游泳场所从业人员应加强业务和卫生知识的培训学习,完成规定学时的卫生知识培训,掌握有关卫生法规、基本知识和卫生操作技能等。卫生知识培训每两年进行一次。新参加工作的从业人员应取得卫生知识培训合格证明后方可上岗。

(二)对从事较强技术性工作的人员,如水质处理、消毒、监护和急救等人员应按照有关法律、法规和行业有关规定要求参加相关培训合格后上岗。

第二十七条 个人卫生

游泳场所从业人员应备有两套以上工作服,工作时应穿着整洁的工作服并佩戴标志,保持良好的个人卫生,勤洗澡、勤换衣、勤理发,不得留长指甲和涂指甲油。

参考文献

[1]唐亮.水上运动技巧[M].北京:中国社会出版社,2008.
[2]董范,国伟,董利.户外运动学[M].武汉:四川地质大学出版社,2009.
[3]胡小明,虞重干.体育休闲娱乐理论与实践[M].北京:高等教育出版社,2004.
[4]郑正.学校户外运动安全指导[M].成都:四川大学出版社,2008.
[5]张建新,牛小洪.户外运动宝典[M].武汉:湖北科学技术出版社,2008.
[6]国家体育总局职业技能鉴定指导中心.游泳救生员:游泳池救生[M].北京:高等教育出版社,2010.
[7]刘明辉,游泳健身指南[M].厦门:厦门大学出版社,2004.
[8]杨建华.游泳与救生[M].成都:西南交通大学出版社,2013.
[9]陆一帆,方子龙,张亚东.游泳运动训练生理生化及运动医学的理论与实践[M].北京:北京体育大学出版社,2005.
[10]冯燕.游泳运动与身心健康[M].乌鲁木齐:新疆人民出版社,2000.
[11]黄卫.游泳运动[M].长沙:湖南师范大学出版社,2007.
[12]王正伦.蛟龙戏水——游泳[M].南京:江苏科学技术出版社,2006.
[13]杨雪雄.游泳(第三版)[M].北京:高等教育出版社,2007.
[14]郭爱民.高校水上救生项目开展的方略研究[M].长春:吉林大学出版社,2013.
[15][美]克斯蒂尔,马格利索,查理德森.游泳[M].温宇红,译.北京:人民体育出版社,2001.
[16]刘明辉,方千华,蔡惠玲.全国高级救生员培训班的教学初探[J].游泳,2002(5).
[17]于荣等.游泳[M].南京:江苏科学技术出版社,2012.
[18]李伟,黄海涛.游泳[M].北京:化学工业出版社,2012.
[19]李文静,温宇红.现代游泳技术教程[M].北京:高等教育出版社,2010.
[20]吴河海,狄建.蝶泳技术与练习[M].北京:人民体育出版社,2002.
[21]吴河海,谭政典,等.游泳技术丛书[M].北京:人民体育出版社,2001.
[22]温宇红,李文静.爬泳技术图解——游泳[M].北京:人民体育出版社,2004.
[23]黄宇顺.游泳快速入门及进阶技术[M].成都:成都时代出版社,2014.
[24]温宇红,李文静.蛙泳技术图解——游泳[M].北京:人民体育出版社,2004.
[25]黄宇顺.游泳:必备基础&实用技巧[M].成都:成都时代出版社,2009.
[26][英]杰兰特·约翰,基特·坎贝尔.游泳馆与滑冰场设计手册[M].苏柳梅,等译.大连:大连理工大学出版社,2003.
[27]张力.运动场地管理[M].北京:中国劳动社会保障出版社,2005.

[28]谭成清.体能训练[M].长沙:湖南师范大学出版社,2012.

[29]黄文聪.优秀游泳运动员力量训练阶段生理生化指标的评价及机制[M].北京:北京体育大学出版社,2006.

[30]张峰筠.体育场馆管理实践指导[M].上海:复旦大学出版社,2013.